数据模型值得依赖吗？ VaR为何得宠？

我们真的可以

市场风险可以被预测吗？ 信任数字吗？

计量分析模型可靠吗？ 数字何以致命？

那些不惜冒险攫取高薪的交易员们

如何利用VaR达到目的？

THE
NUMBER
THAT KILLED
US

致命数字

帕布罗·特里亚纳〔Pablo Triana〕 [著]

何 乐 厉 鹏 毛建林 廖 骥 [译]

WILEY 🏛 中国金融出版社

责任编辑：张智慧　王雪珂
责任校对：潘　洁
责任印制：丁淮宾

北京版权合同登记图字 01 - 2012 - 4923
《致命数字》中文简体字版专有出版权属中国金融出版社所有，
不得翻印。

图书在版编目（CIP）数据

致命数字（Zhiming Shuzi）/（美）特里亚纳著；何乐等译 . —北
京：中国金融出版社，2013.9
　ISBN 978 - 7 - 5049 - 7106 - 7

　Ⅰ.①致…　Ⅱ.①特…②何…　Ⅲ.①金融危机—研究—世界
Ⅳ.①F831.59

　中国版本图书馆 CIP 数据核字（2013）第 200184 号

出版
发行　**中国金融出版社**

社址　北京市丰台区益泽路 2 号
市场开发部　（010）63266347，63805472，63439533（传真）
网 上 书 店　http：//www.chinafph.com
　　　　　　（010）63286832，63365686（传真）
读者服务部　（010）66070833，62568380
邮编　100071
经销　新华书店
印刷　保利达印刷有限公司
尺寸　169 毫米 ×239 毫米
印张　18.5
字数　236 千
版次　2013 年 9 月第 1 版
印次　2013 年 9 月第 1 次印刷
定价　49.00 元
ISBN 978 - 7 - 5049 - 7106 - 7/F. 6666
如出现印装错误本社负责调换　联系电话　（010）63263947

对《致命数字》的评价

终于有一本书将风险价值（VaR）置于金融危机的聚光灯之下，让世人一睹其庐山真面目。从美国信孚银行出的绝佳点子到贻害国际金融市场二十余年的毒瘤，帕布罗·特里亚纳娴熟地把 VaR 的前世今生娓娓道来。在 20 世纪 80 年代末期，金融创新开始在国际金融市场喷涌迸发。此时，凭借简单明了的数据分析，与 VaR 相类似的计量分析模型似乎成为测量市场风险的可靠工具。然而，帕布罗·特里亚纳的深入研究却显示，监管当局愚蠢地将 VaR 引入评估市场风险的监管标准之中，最终导致市场灾难的发生。让人抓狂的是，即使已经发生了若干起与 VaR 相关的危机——亚洲货币大幅贬值、美国长期资本管理公司的倒闭，以及最近的次级贷款和 CDO 市场危机等，VaR 仍依旧光彩照人，继续曲解市场风险并引发金融动荡。这本书就是一个发人深省的故事。

法兰克·帕特罗尼，美国圣地亚哥大学法学院

VaR 是稳健风险管理体系中的关键组成部分。

——菲利普·乔瑞教授，1997 年 4 月

我相信，VaR 只不过是银行家们玩弄欺骗股东的一个幌子罢了。借助这个道具，银行家让股东们（出手相救的纳税人）看见成堆的报表数据，显示自己有多么勤勉尽责，甚至使后者相信他们遭遇的投资失败不过是因为无法预见的市场环境以及偶发事件所导致的，而不是因为他们从事了过多自己难以驾驭的高风险交易。我坚持认为，VaR 鼓动许多并未接受专业训练的金融从业者，不惜拿股东的投资和纳税人的钱进行盲目冒险。

——资深市场交易员、畅销书作家

纳西姆·塔勒布，1997 年 4 月

大规模金融危机和随后的大规模公共援救行动……

这个鼓动华尔街冒险进行金融交易而不受惩罚的风险度量模型失败了，人们正在意识到，没有任何一种计量分析可以代替老式的尽职调查。VaR 没有觉察到市场崩溃的范围。过去数月已经暴露了基于历史价格数据进行分析的金融风险度量工具的弊端。

——财经记者　克里斯蒂·哈勃，2008 年 1 月

反观历史，VaR 这样的风险度量工具漏洞百出。事实证明，当危机发生时，VaR 起到了误导作用。

——英国金融服务管理局主席　特纳勋爵

献给那些关心市场、
经济和社会安危的人们

目　　录

引　言

意味深长的领带

2009 年 9 月 10 日，畅销读物作家、曾经的交易员纳希姆·塔勒布（Nassim Taleb）做了一件罕见之举——他竟然系上了一条领带！这位黎巴嫩裔美国人的举动明显违背了其个人信条（塔勒布曾公开表达过对领带甚至包括喜欢系领带的人的厌恶之情，认为它是可恶的阻遏血液流动的人工制品）。显然，他希望通过此举让全世界都知道，这一天对他来说有多么特别，特别到足以违背神圣的个人意志而暂时作出牺牲。

那么，到底是什么原因让这位《黑天鹅》的作者甘愿系上这种被他视做外星生物才会佩戴的服饰呢？谜底在于，他受到一位地位崇高之人的邀请，去出席一场极其隆重、礼仪讲究的活动。这一邀请恰恰是塔勒布渴望已久的。事实上，他已经为此等待了十余年，没有任何理由能够阻碍他参加。对于塔勒布而言，他的绝大部分职业和精神生活都与这项活动的宗旨保持一致。它代表了塔勒布行为和思想的原动力，近乎于一种痴迷，或者类似于一种身份定义。这些年来，他一直在向公众发出警告：一旦人们以与他的主张相反的方式采取行动，大危机迟早将会被引发。然而，他的大声疾呼没有引起人们的足够重视（事实证明，这对社会造成了严重伤害）。但现在，他获得了一个令他无法抗拒的走上讲坛的机会。对他来说，这将是一个意义深远的事件，或许这一次，整个世界都只能选择洗耳恭听。

2009 年 9 月的一个清晨，当塔勒布迈进华盛顿特区附近国会山众议院雷伯大厦时，他一定满心期待，甚至有一种多年沉冤终于昭雪的感觉。当他到达会议室时，已经有几位男士和女士等待在那里，众议院科学和技术委员会即将就风险价值模型（VaR）在本次金融危机中所承担的责任举行听证会。在那一刻，塔勒布或许正骄傲地回忆，长期以来面对各种尖锐的反对意见，他一直在不屈不挠地警告所有人：在金融领域广泛使用 VaR 可能成为这个系统的致命威胁。VaR 造成的损害如此严重，以致世界上最强大国家的立法机构已经开始对这一工具展开调查。塔勒布再也不会像一只在荒野里孤独咆哮的狼，而更像是帝王般的先知。

那么，VaR 的问题究竟出在哪儿？而塔勒布又为何对其危害如此关切？更为重要的是，为什么 VaR 应该对2007—2008年的信贷危机负责？VaR 是在给定的置信水平下，根据某项交易资产组合所预测出的未来最大的交易损失额度，它主要存在两方面问题：（1）由于模型的分析基础和真实的市场状况存在显著差异，VaR 注定会得出一个错误的预测结果；（2）尽管具有这样（众所周知的）的缺陷，它仍然在过去的二十余年里成为了对金融领域影响至深的力量，足以影响到许许多多大型银行的内部决策。换言之，我们让交易行为受 VaR 的主导，实际上已将经济的命运交由一个缺陷深重的风险管理机制掌握。不仅仅在本次危机中，以前也是一样，这样的缺陷都可能带来未知的隐患。

VaR 的主要问题在于，它极其容易严重低估市场风险。鉴于这一模型在金融领域得到广泛使用，对市场风险的低估将导致银行鲁莽而不计后果的过度冒险行为。一个更为严重的问题是，VaR 不仅仅可能放大普通资产所承受的风险和杠杆率，对于有毒资产而言也同样如此。作为一个忽视资产基本面属性的风险管理工具，VaR 很容易给明显的风险贴上非风险的标签。VaR 能够如此完美地掩饰风险，以至于当各式各样的风险敞口已经充塞于整个金融体系时，你仍然会觉得这个体系是安全的，仍然会被这个所谓的风险分析雷达所释放出来的玫瑰色信号催眠。VaR 使大量有毒交易资产的累积成为了可能。总而言之，VaR 在不知不觉中成为风险的温床。

　　VaR 对未来市场风险的测算是可疑且危险的。之所以作出这样的评价，一个主要的理由在于：VaR 基于历史数据作出风险测算。从本质上讲，这种方法假定某项金融资产（股票、债券、衍生品）的未来风险是由主观上任意选取的某段历史时间（一年、五年等）市场表现的重现。如果过去发生的一切都是温和的（没有巨大的回调，也没有深度的震荡），那么 VaR 会通过统计知识告诉我们可以踏踏实实地歇着了，因为并没有什么不好的事情会发生。举例而言，在 2007 年经济危机爆发之前的几个月里，华尔街大公司所测算出的 VaR 值相对都非常低，显示出刚刚过去的那段日子都是被不间断的好时光和可以忽略不计的波动所占据的。对于复杂的抵押衍生产品而言更是如此，投资银行们在其资产负债表上疯狂积累这些资产。在 95% 的置信水平下，5 000 万美元的日 VaR 值是很典型的，并且预估损失也非常保守：在这一水平上，一家公司有把握认为，一年里有 95% 的时间其交易头寸损失不会超过5 000 万美元（换言之，在一年 250 个交易日里，只有 12 天公司的损失可能超过 5 000 万美元）。这些华尔街巨头们拥有的交易资产往往超过数千亿美元，而最终损失仅是区区几十亿美元。这些没有灵魂的数据后视镜可能难以侦查到什么风险，但这显然并不意味着金融系统里最具危害性的一类风险没有泛滥成灾。在瞬息万变的金融行业里，市场行为的历史表现不能被简单地视做一出序幕。然而，有人却在使用 VaR 时有意无意地忽略了这一点。

　　事实上，VaR 背后的数学工程倾向于假设市场是服从正态分布的（即假设发生极端变动的几率是微乎其微的，但这显然与实证经验大相径庭），这也导致模型往往将重大损失排除在外，从而得出不切实际的较低数值。同样，这样的假定也使 VaR 依赖于相关度这一统计概念，即基于不同类别资产过去市场表现的相互关联程度，计算出未来的市场变动趋势。如果一个投资组合中的各项资产恰好不相关，或者曾经表现出负相关，VaR 会理所当然地认为各个风险敞口之间应当互相抵消，得出整个投资组合风险较低的预测结果。然而，任何一个经验丰富的交易员都会告诉你，仅仅因为几项资产是负相关的，并不能就此推断说它们在下个月里不会串联变动（即正相关，这意味着它们有可能会同时下跌，造成更为严重的整体风险）。历史上充斥着这样的案例，一些资产的变动本来应该是互相独立的，但却可能在相同期间均表现得很糟糕。金融业中的相关程度并不能用数学方法简单概括。

不仅如此，我们也不应当忘记 VaR 所测算的风险是在一定的统计置信水平之下（一般是 95% 或 99%），这就排除了所谓"尾部事件"或市场中较低概率事件的可能性。然而，正是在那些极端事件中潜伏着发生巨大损失的可能性，不过由于已经超越了 VaR 的疆域，模型并不会将这些可能性考虑进去。当然，另一种合理的做法是对 VaR 的结果有所保留。如果考虑到发生在相关历史样本中最为严重的损失，比如说5 000 万美元，那么 VaR 的值将不会高于 5 000 万美元。因为模型的统计范围不会 100% 地覆盖过去所有糟糕的情景，而只有 95% 和 99%（假如样本中第 99 个坏结果发生，比如说是 340 万美元，那么在 99% 置信水平下的 VaR 值显然会大大低于最糟糕的 5 000 万美元）。模型不会覆盖最不可能发生的情景，但最不可能发生的情景也许才是我们最应该担心的。所以，即便模型背后的工程学是正确的（也就是说，即使有 95% 或 99% 概率 VaR 做出了一个正确预测），但鉴于 VaR 忽略了有 5% 或 1% 概率发生事件可能对金融市场造成的严重影响，它仍然不是一个完全值得信赖的测量风险的方法。即便我们在 95% 或 99% 的置信水平下能够信任 VaR 的结果，VaR 仍然无法捕捉那些难以预测而影响巨大的事件，而这些偶然事件往往能够迅速摧毁许多投资组合。

迄今为止，警觉的读者也许注意到，VaR 的主要问题远远不止这些。VaR 是一个基于历史经验的分析工具，其分析基础无疑存在缺陷（忽视对一项资产风险进行基础的常识性分析），难以获得人们的充分信任。它的预测不可能是准确的，但却能够很容易让人得到一个较低的

VaR 值，从而允许越来越多的风险累积（在申报一项 10 亿美元的交易计划时，当 VaR 测算出最大损失是 1 000 万美元而非 2 000 万美元，显然该计划将被视做低资本消耗类型的交易而更容易获得批准；而那些也许难以获批的计划，则因为 VaR 值正好比较低而获得通过）。你只需要寻找到一个投资组合，其中的资产恰好最近都表现稳定，并且（或者）它们之间的相互关联度甚小。如果你能够拼凑出这样一个组合，VaR 模型就会向全世界宣布你所进行的是一项稳健的、无风险的操作。这就是 2007 年底之前华尔街发生的一切。根据 VaR 来看，市场形势一片大好，没什么可担心的。

VaR 的弊端是原罪之一：试图精准地度量金融风险或许是完全无望的。市场价格变动有且只有一个理由：不可预知、难以辨认以及混乱无序的人类行为。谁能预料到谁会去买、谁又会去卖？何时？以何种频度？我们真能用数字描绘那些野蛮疯狂的市场情绪吗？看起来很难。对于一组由股票、货币和期货组成的投资组合而言，人们市场行为的变化引发资产价格的变动并相应导致特定时点的可能损失，只有在 95% 或 99% 的情况下，其每日最大损失为 5 000 万美元时，投资者才会认为该投资组合的日 VaR 值为 5 000 万美元是可信的。但这一定会发生吗？我们能够在损失发生之前就能确认吗？事实上，模型的分析再复杂，也很难相信它能够预言未来的市场变动。

所以，VaR 的"预测"注定会出错，并且一错再错。你可能漏掉真实的上行风险（VaR 高估风险），也可能漏掉下行风险（VaR 低估风险）。后一种情景自然更令人担忧，不仅仅是因为其后果更加具有危害性，导致在过分宽松的损失预测支持下风险敞口过度积累，而且在于模型的本质往往倾向于低估风险。由于 VaR 有极大可能性提供出不合实际的较小数值，而历史数据根本无法捕捉下一次前所未见的巨大危机，并且正态分布假设又将极端情况排除在外，此外还有其他因素在发生作用，这些都进一步导致 VaR 值更低。众多金融从业人员都有十足动力尽可能地将 VaR 值控制在低点，交易员渴望更大规模的交易，但同时也累积了巨量的高风险资产；既然金融业监管者让金融机构自己决定如何来计算投资的 VaR 值，则银行家为追求更高的资产杠杆比例，想方设法获得低 VaR 值。通过不断博弈，VaR 系统最终可以让你得到你想要的那个数据。对于持有明显低风险偏好的交易员和希望通过高杠杆率获得更优资本回报的银行家而言，他们正通过低估风险为个人谋取私利（以奖金的形式）。数据库是可以玩弄于股掌中的，波动性和相关程度的计算也可以被人为扭曲，而投资组合的构成也可以被任意更改，一切的目的都是为了获得一个最低的 VaR 值。VaR 估值偏低的风险也很容易被低估，这一方面是因为模型自身的结构特质，另一方面也因为这样会令众多利益相关者十分开心。VaR 如掩耳盗铃一般倾向于描绘一幅乐观景象。

如果 VaR 并没有在市场中扮演相关角色，那么上述错位的繁荣景象就不会成为巨大的隐忧。然而更加不幸的是，这一工具已经重要得不能再重要了。简言之，VaR 也许是金融史上一项最有影响力的度量工具，没有其他任何一个数字能够像风险价值这样深刻地影响、塑造、扰动市场（甚至经济）。VaR 对事关重大的风险所进行的不精确预测危机四伏。

在 20 世纪 80 年代末华尔街发明 VaR 后，VaR 迅速成为金融交易室普遍接受的必备市场风险评估工具。VaR 的高低开始决定交易决策和交易员报酬：如果模型推算出的数值高到令人无法接受，那么交易员所能够摆布的资金头寸就会相应削减；如果 VaR 数值令人满意，交易员就能够获得更多的资本。如果你凭借低 VaR 值赚了大钱，那么你就是老板眼中的英雄，一个能够以小风险博取大收益的家伙。显然，交易员会因此而萌发出百分之百的动力，去组建一个具有低 VaR 值的投资组合。而这就成为了一个长期奉行的传统的开端，鼓励人们设法使模型为我所用以便获得一个较低的数学风险预测值。在 VaR 模型被引入金融市场 20 年后，这项自欺欺人的数学游戏最终让我们在危机期间自食其果。

除了成为金融机构内部计算和管理风险的方法之外（向外界披露公司的风险状况，VaR 通常以显著位置出现在银行监管报告和年报上），更重要的是，政策制定者也将 VaR 作为一项重要参考指标来确定金融机构的强制资本要求。但交易都不是免费的。不久之前，国际监管当局决定对市场征收资本税，即要求银行的每一个交易头寸都应当对应一定数量的资本，以便为未来可能出现的市场波动做防护性缓冲。自然，资本要求的规模对银行持有交易资产的数额（和类型）将起到至关重要的作用。如果资本要求过于严苛，那么积累的资本会越来越多（也就意味着成本高昂）。或许你想建立一个 10 亿美元的交易头寸，但若资本要求是 2 000 万美元，你可能会认为这太浪费资本从而放弃这一交易；又也许你根本连 2 000 万美元的启动资金都没有。另一方面，如果资本要求只是 100 万美元，那么你肯定会继续建立（这一数额现在非常经济的）头寸了。

从本质上看，资本要求的规模决定了银行在交易中所实现的杠杆率。如果资本要求是适度的，交易员只需预付一份金额不高的保证金即可拥有大量资产，即允许他们通过借款为其投资组合融资。也就是说，将 VaR 作为资本要求的决定因素，监管者在本质上已经将银行杠杆程度交给并不具备任何可靠性的数学模型来决定。经济危机的历史表明，在各种对经济造成严重危害的影响因素中，几乎没有任何事件能与金融机构的高杠杆率以及累积风险相提并论。如果银行的杠杆化程度过高且风险过大，金融机构就很容易面临倒闭等问题，并最终在危机暴露的过程中销声匿迹。通过赋予 VaR 决定银行资本要求以及杠杆率高低的力量，政治家们使其成为了一个能够塑造世界的神奇数字。

正如前文指出的那样，由于 VaR 天然倾向于（或被人故意计算得出）低值，这样很容易导致在 VaR 被广泛使用时造成极具危害性的高杠杆率的大量使用。不仅仅如此，VaR 还会导致最糟糕的高杠杆运作大行其道。VaR 不能从本质上区分不同的资产类别，比如说当其对未来风险进行评估时，会将国债和次级 CDOs（2007—2008 年经济危机中心设计的复杂的住房抵押类证券，本质上是对次级抵押品的再次证券化）同等对待。VaR 评估市场风险的关键在于给定资产的近期表现，而非其明显的本质特征。事实上，从定义来看，国债较 CDOs 具有更小的风险且更为稳健，但这对 VaR 影响甚微。VaR 并不知道国债是由美国政府发行并担保的，而复杂的抵押衍生产品里则充斥着有毒的 NINJA 贷款①。VaR 不"看"报纸也不"看"电视，不知道从本质上看美国政府比一个失业的抵押借款者的风险要小得多。对 VaR 而言，国债和 CDOs 是没有区别的：两者都只是电脑屏幕上的历史数据而已。如果 CDOs 数据（比如近两年的）碰巧比国债的波动性更小，模型会一本正经地告诉你 CDOs 的风险要小于国债。

这一切并非纸面理论，它们在现实中真真实实地发生了。即便是最具风险的资产类别也会在相当长的时期内不发生价格回调，并随着资产泡沫的累积持续增殖（事实上，可以说在不可避免的价格崩塌之前，最毒资产给人展示出一个欣欣向荣的美好景象，VaR 则一直处于很低的水平；因此，应该说 VaR 严重低估了这类资产的风险）。这正是 2007 年前半年次级 CDOs 市场上发生的一切，也是为什么那些华尔街公司会根据 VaR 持有这些资产却没有遭遇任何麻烦的原因，否则他们会被要求准备更多的防御性资产。任何有脑子的人都知道，次级 CDOs 绝非低风险投资。但不幸的是，VaR 却压根儿不长脑子。最终的结果是，VaR 允许投资银行以一种高度杠杆化的形式累积数不清的、极度缺乏流动性的有毒资产。就在危机之前，在华尔街和伦敦金融城内，典型由 VaR 决定的金融交易杠杆率是 100:1，甚至 1 000:1。也就是说，对应每 100 美元的资产（或 1 000 美元），银行仅需要投入 1 美元，这是极高的杠

---

① 译者注：指不需要贷款者出具资金、工作或者收入证明的贷款。

杆率。在这种情况下，投资组合价值最不起眼的下跌也会将你迅速洗白。鉴于投资组合是由如此稀少的权益和如此巨额的债务组成（由于 VaR 对资产的本质一无所知），并且充斥着有毒资产，因此很容易理解为何当危机最终不可避免地爆发时，会是如此令人震惊得迅猛突然。随着 2007 年美国住房抵押市场的崩溃，资产价格骤降，银行根据 VaR 数值所建立起的巨额高风险交易头寸开始出现天量亏损，并迅速吞噬由其决定的少得可怜的基础资本。风暴之中，银行业一夜之间变得资不抵债。

过度承受风险的交易行为需要通过大量举债来获得融资，这一切都是拜 VaR 所赐，模型在统计学的伪装下隐藏了巨大的风险。次级债券和次级 CDOs（银行积累了上千亿美元的这类资产）会在转眼之间就丧失几乎全部价值，因而本应为之准备大量的缓冲资本，但 VaR 告诉人们并不需要在资本问题上慷慨解囊。毕竟，这些有毒证券至今看起来仍然风平浪静。

那么一个不使用 VaR、没有数学计算、以常识为基础的方法是否能够允许出现如此危险且高企的杠杆率呢？不，它不会允许的。一个理性的人绝对不会允许在一个充满问题的投资组合里出现 100∶1 或 1 000∶1 的杠杆率。当非理性的模型主宰了人们的判断标准时，原本让人不可接受的交易也会获得批准。

通过赋予 VaR 决定银行持有头寸和杠杆率水平的权力，监管者实际上将世界的命运交到了一个具有天然低估风险倾向的分析工具手中。不仅仅 VaR 内部结构很容易导致风险的低估，而且由于许多问题资产在过去表现得相当稳定，投资组合内的资产变动也可能完全因为巧合而表现得不相关。正态分布赋予极端事件的概率大大低于我们在现实中所实际观察到的情况，过去发生的危机也并不会预示出下一次无法预知、甚至更为严重的危机。此外，银行能以任何一种他们喜欢的方式计算自身的 VaR。考虑到银行家们大多更愿意持有规模更大、杠杆化更高的交易头寸，他们都有充分的动机去炮制出尽可能低的 VaR 值，这往往最终会导致对计算方法进行更彻底的人为操纵。一旦模型的结构性缺陷与获得更高杠杆率的人为动机结合在一起，风险预测和资本要求显然都可能因 VaR 的存在而受到抑制。

VaR 的支配地位几乎使整个金融体系陷于更大的风险之中，并且变得更加脆弱。模型太容易通过各种渠道获得非常适中的数据。银行可以雇佣一大堆数量分析专家来构建合适的资产组合，采用似是而非的统计花招，通过貌似合理的计算方法，以确保其 VaR 值尽可能达到最低。VaR 使金融市场的赌客们得以在无风险的面纱之下累积了巨大的风险。

如果风险被低估，更糟糕的风险和更大规模的杠杆化将接踵而至。不过，令人感到悲哀并且具有讽刺意味的是，这一切都是出自谨慎的名义：VaR 理应帮助控制风险，而非导致更多具有危害性的风险。过去所使用的没有模型的传统方法被丢弃在一边，因为模型被认为能够提高风险预测的准确性，并让所有人感到更加安全。然而，谨慎的需求却导致了一个非常不谨慎的现实，世界的命运交给了一个倾向于隐藏和放大风险的分析工具。无疑，最终一切都变得糟糕透了。

纳希姆·塔勒布自身的经历帮助他从一开始就明白，一旦 VaR 获得足够影响力，它可能促使金融机构积累大量具有毁灭性的有毒风险资产。塔勒布曾经是一个老练成功的期权交易员，经历过好几轮原以为不可能发生的市场动荡（同样因 VaR 背后相同的理论所导致）。塔勒布很快意识到尝试去衡量风险根本就是徒劳之举，因为风险是不可能被精确衡量的。市场行为太过狂野、难以被人们驯服与辨识。在一个任何事情都可能发生的环境中，试图从历史经验里得到启示基本是痴人说梦，下一个无法预料的危机也许就潜伏在不远处。作为一个受过数量分析训练的人，塔勒布太了解 VaR 背后那些无用的数学只会让事情变得更糟糕。对塔勒布而言，一个毫无疑问的事实就是：VaR 只能使市场暴露出更严重、更糟糕的风险，却无法帮助我们了解、控制和降低风险。基于上述原因，在 20 世纪 90 年代中期，他开始大张旗鼓地掀起了一场反对 VaR 的运动。在当时，反对 VaR 的人还被视做异教徒一般让人觉得不可理喻。这个分析工具在当时的学术界、理论界以及监管当局的圈子里具有不容置疑的地位。它的捍卫者们立即对塔勒布进行了无情的指责，说他根本无法欣赏和理解数量风险分析工具所带来的神奇力量，对他如对待一个粗鄙无知、忧虑满腹的商贩一般进行排斥。VaR 的拥趸们宣称：金融风险终于被征服了，终于屈服于一个通过精确分析而得到的不容置疑的、精确简洁的数字。怎么还会有人胆敢批评这样的奇迹？这个黎巴嫩来的家伙是疯了吗？

在 1997 年和 1998 年，塔勒布第一次被证明是正确的。亚洲金融危机以及大型对冲基金——长期资本管理公司（LTCM）所引发的灾难，让全球市场动荡不安；随后 VaR 存在严重功能隐患的问题被揭发出来。当真实的交易损失不断攀升，并远远高于 VaR 的预测时，风险模型坚如磐石般的声誉遭受到了严重的挑战。更糟糕的是，由于鼓励银行迅速、大量地将其交易头寸变现，加速了破坏性极大的雪崩似的市场溃逃，VaR 自身也成为加剧扩大市场损失规模的罪魁祸首之一。那次危机可以看做是十年后危机的一场预演，VaR 不仅无法对危险作出预警，还从本质上促成了灾难的发生。

尽管声誉暂时受损，但在这些令人不快的插曲之后，金融界并没有将 VaR 弃之不用。事实恰恰相反。过去一直信奉该工具的监管者不仅没有对 VaR 进行必要的反思，反而一意孤行继续对 VaR 听之任之。此外，另一个新的同时也是具有重要影响力的成员也决定加入进来。2004 年，美国证券交易委员会制定出一项规则，即允许华尔街大型交易商（如高盛、摩根士丹利、美林、贝尔斯登和雷曼兄弟公司）使用各自的风险管理方式来确定资本要求，这自然意味着资本要求在新的监管模式下将会更低。可以预见，VaR 被当做计算资本充足水平的主要方法之一。正如我们了解的那样，原本应当从资本中进行 100% 扣减的（大概按 1:1 的比率，这使购买此类证券的代价异常高昂）非流动性证券（用行话来说是"无市场证券"，即"no ready market securities"），现在通过 VaR 的处理之后变得让金融机构能够承受了。这是因为，这类资产被认为是更为保守、更为传统的替代投资品。如果 VaR 计算出来的数字正好比较低，那么所需的资本拨备就会相应较低。

如此一来，对于那些美国投资银行业的巨擘而言，肆意从事风险投资活动立刻变得更为成本低廉、简便易行。那段时期，VaR 值正处于不切实际的低水平区间，将许许多多真实的风险都隐藏了起来。面对由数额极小的交易资本带来的巨大收益，以及由此而显得异常漂亮的投行季度财报，即便因 VaR 而导致放松监管，大概也使人难以抗拒这种巨大的诱惑。结果当然是形成了一个高度杠杆化、资本却严重不足的金融产业，其命运交到了次级债券和交易员的手中。换言之，这是一个不久之后就会爆炸的定时炸弹。2007 年的危机是金融交易高度杠杆化导致的危机，其中 VaR 低估风险带来的恶果不可宽恕、难逃其咎。

美国证券交易委员会（SEC）于 2004 年随大流般加入到 VaR 拥护者的队伍中，这使塔勒布对 VaR 的预言在三年后得到了第二次且更为强有力的验证。如果美国证券交易委员会没有采取后来被谴称为"贝尔斯登期货破产法案"的政策，那么本次危机很有可能并不会发生（原因在于，那些致命的有毒证券本来不会累积起来，或者金融机构原本会准备更多用于缓冲的资本），纳希姆·塔勒布当然也就不用在 9 月的清晨还为要不要打个领带而大费周章。

自然，关键的问题是"为什么"。为什么监管者会选择采纳这一明显存在根本缺陷并且在现实世界中大错特错的模型呢？这些金融官员的动机何在？为什么 VaR 会成为最为重要的金融风险度量方法呢？本书将就这些对众人避而不谈，但实际上却又异常急迫需要解答的问题展开讨论。

1994 年 10 月，JP 摩根向整个世界揭开了风险度量工具—Riskmertics 系统动人的面纱。技术文件、分析软件和数据的大拼盘成就了 VaR 的首次全球社交舞会。这家美国投资银行成为了风险数量管理的早期先行者之一，它通过普及其内部程序，将 VaR 带入了金融体系的主流世界，并成功奠定了其在同类计量分析工具中的领先地位。事实上，如果没有如此高调的展示，整个金融行业也许并不会如此迅速和深入地接纳 VaR（如果真的会发生的话）。通过帮助其他实力较弱的金融机构计量市场风险，JP 摩根确保其他所有重要的金融机构也会跟随采取同样的方法。这反过来使监管当局相信，既然银行界已经找到了一个神奇的方法来征服风险，那么最明智的行动当然是给予支持并加以推广。正是这样，直至今日仍然占据市场主流地位的现代交易机制诞生了。

JP 摩根采取的方法的确具有坚实、规范的金融理论基础，它相信正态分布以及历史案例对未来资产变动和相关度的指示作用。然而，将现实中不存在的统计假设和幼稚的风险分散概念进行致命的结合，极有可能产生一个过低的 VaR 值。JP 摩根的发明及其在金融领域的广泛传播，成功地将 VaR 塑造成为了一个值得信赖的风险测量方法；它赋予了这个概念无限的可靠性，而且那本充斥着公式的数百页计算手册确实迷惑并深深打动了监管当局。让人难以置信的是：在世人面前进行如此强势高调的智力展示，但其中却并没有金融市场所最为珍视的稳健性和准确性。Riskmetrics 系统就像蛋糕上的樱桃一般可口诱人，吸引着政策制定者们争相加入这场由 VaR 发起的盛宴。

从这个角度看，1994 年 10 月应当是 2007—2008 年危机的真正起点。当初对 VaR 的隆重加冕，注定了在未来的某一个时刻，金融业将以一种近乎疯狂的高杠杆交易形式囤积大量的证券（包括非常复杂的证券品种）。VaR 模型中的各种影响因素（较为长期的平静市场，看上去没什么风险又极其容易上市交易的有毒资产，低利率，恰当的数学相关性）调整到最佳位置，并掀起一股成本低廉、杠杆程度畸高的致命投机风潮，这一切的发生只是一个时间问题。

尽管几乎每个人都曾经或仍然把三年前发生的金融市场动荡称为抵押贷款危机或次贷危机，但事实上，这种说法一点都不正确。这场危机的罪魁祸首并非是抵押贷款或者 CDOs，而是 VaR。如果人们有足够耐心等待的话，一个像 VaR 这样的市场分析工具终将出来兴风作浪，不可避免地导致金融风暴的爆发。这是一场无法避免的 VaR 危机，或许会提前几年发生也可能推迟若干年发生，但悲剧的结果早已命中注定。那些次级贷款危机的说辞只是一个幌子，次级贷款在危机中仅仅扮演了短暂的危机传导机制作用。事实上，危机可能在任何时候、在任何一种类型的有毒资产身上发生。VaR 并不关心资产的本质，只要后者能够满足必要条件使 VaR 值变得很低就足够了，因此人们不免把不计后果的高杠杆交易行为当成 VaR 的替罪羊，而真正推动这种行为畅行无阻的 VaR 却逃脱了指控。VaR 模型中的各种风险因素调整到最有利状态，且有毒资产也以恰当的形式出现在市场中，这些现象的出现都只是时间问题。本次危机最终暴露出的问题来自房地产业类证券，但隐藏在 VaR 危机背后的也可能是股权、货币或者期货等任何种类的金融产品。只要这些资产在过去一段时期的市场表现相对平稳，只要能围绕这类资产在市场中推出还算理智的卖点，只要在宽松货币政策下能够获得购买这些资产的资金，VaR 作为资本之王的统治地位就能够确保过度杠杆化泡沫的出现，而一旦资产价值发生一丁点儿变动，这些泡沫随时就可能破裂。

VaR 耐心地等待着，直到全球流动性泛滥的那一天来临。VaR 在金融系统中永远都是一个结构性的缺陷，一个即将发生的严重事故，一个晚期癌症患者无法治愈的肿瘤，而政策制定者们却茫然无措，无视危机正一步步走向爆发，甚至在其中推波助澜，协助 VaR 成为更强大的市场工具，以致危机导致的损失被放大到极限。

JP 摩根 VaR 的创始人（最早提出该构想是在 1989 年左右）当初并没有预料到，最终有一天他们开发的分析工具会和金融动荡联系在一起。我们更愿意相信，他们的初衷是善良的。他们或许认为，将其所热爱的数量分析工具和经济理论结合在一起，一定能够成为金融风险管理领域的有益补充。少数早期 VaR 先行者或许预料到 VaR 模型波澜起伏、神秘莫测的普及运用过程，并且确定它将在金融动荡时期扮演重要角色。后来的事实证明这一切都发生了。VaR 最终成为了一项精彩绝伦、颇具影响力（多数时候为负面）的发明，并且超出了每一个发明者的想象。作为栖居于金融、经济领域的一个个独立的经济个体，我们通常希望危机事件不要太过复杂，发生危机的频率不要太过频繁。人类对各种力量本源的好奇心塑造了我们的世界，但这并不意味着我们就应该对有罪者视而不见。尽管我们可能感觉到危机造成的损害缺少足够的补偿，但至少可以确定的是：在 VaR 的故事里，不会缺少有趣的对白、重要的场景、卓越的成就、吸引眼球的演员以及最终市场崩溃的那惊人一幕。

我非常享受这部书的写作过程。如果说我此前的作品《教会鸟儿飞行》（约翰·威利和桑斯出版社，2009）是受到外界鼓励的结果（一些非常了不起的人认为我应该写并且告诉我要这么做），《致命数字》则是一部由我自己主动为之的作品。在我完成《教会鸟儿飞行》之后，VaR 对其 2007—2008 年信贷危机中所需担负的责任已经难辞其咎，我认为分析和讲述这个故事的时机成熟了。我意识到，有很多内容值得向世人阐明。所以我不停地打扰约翰·威利和桑斯出版社编辑，直到他们同我签下这本书的合同。

迄今为止已经有大量关于 VaR 的书籍出版，但他们全都是从纯技术的角度出发（其中很多都是高度数学化的）。我自然不想重走老路。对 VaR 背后的公式（或大多数金融理论）我并不十分感兴趣，令我感兴趣的是 VaR 对整个世界的影响。并且，坦白地说，我们不需要熟悉那些令人讨厌的细节，因为即使不了解 VaR 背后精确的计量方法，也能理解那些影响自何而来。事实上，我们所需要知道的就是 VaR 是建立在历史数据上并且是服从正态分布的统计指标。这已经给我们足够的背景知识去讨论 VaR，理论上，VaR 永远不能成为值得市场信赖的指引，将它视做风险雷达特别是作为监管资本要求的标尺显然是错误的选择。通过阅读银行的报告，可以大大改善我们的分析水平。事实上，VaR 确实炮制出极低的数值，并最终导致危险的杠杆率和不靠谱的损失预估。这就是本次危机应当对 VaR 提出的所有指控，而我们并不需要进一步深入挖掘实际的计算技术。

实际上，尽管我们对 VaR 是怎么计算出来的一无所知，但只需要看看报告中的数据我们就可以得出结论，它确确实实在创造危险的杠杆率，并且无法正确预估损失。纵然我们并不知道 VaR 的数据来自哪里，这本书仍然能够完美地为读者呈现基本的事实。一旦我们对 VaR 的概念和分析实质有了基本的认知，我们就会更加确信它罪无可恕。这本书将揭露 VaR 如何破坏搞垮金融世界的秘密，而不是描述如何计算 VaR 值的小细节。我相信，这正是本书独一无二的地方。

这本研究 VaR 及其对金融危机责任的书让我沉迷的理由非常明显。了解导致危机的真实原因对我颇具吸引力，一方面是因为这个主题能够引发我的沉思，另一方面也是因为能够通过这本书分享有影响力的观点。长期以来，我一直对金融理论如何对市场和世界产生影响非常关注。我禁不住有点自鸣得意：对未来如何防止此类危机的再次发生，本人总算也做了点贡献，至少我令人们反思金融领域的技术诡计，以及让世人警惕政策决策者对这些诡计的支持。

然而我也在寻求辩护，并不仅仅为我本人，也为其他那些向世人敲响警钟的人。我希望告诉人们，这些年来，那些极少数怀揣自由思想的怀疑论者一直警告危机随时可能发生，但他们却遭到技术派拥护者的责难，我们只能眼睁睁看着他们的真知灼见，被政策制定者和金融专家当做陈词滥调而受到忽视。这些观点叛逆、特立独行的反对者并没有其他企图，他们只是希望将金融领域建设得更为强健安全，更少受到市场波动的影响而已。他们敏锐地觉察到（在十多年以前），VaR 将给金融市场带来巨大的灾难。他们试图警告我们，也在试图保护我们。但那些受 VaR 利益惠及和受该方法"科学性"和"严谨性"蛊惑的人们（以及那些害怕引起对这个已经神化了的风险标准过多怀疑的人们）联合在一起，不允许出现任何对 VaR 的抱怨反对，并且无情地打击那些胆敢说"不"的异议者。于是这个世界再难听见（也不了解）逆耳忠言。作为"金融界的诺亚"，塔勒布和其他少数人已经看见洪水正汹涌袭来，他们试图挽救整个星球不被淹没，但最终却没有成功。那些引发了这场致命洪水的人们阻止消息传播，也没有采取防护性的措施（注意那些聪明透顶的投资者，他们在暴雨来临之前早已登上塔勒布的方舟寻找避难所；2008 年塔勒布的破产对冲基金为其支持者赚到了数百万美元）。在此过程中，那些粗暴冷酷地将本应拯救人们于水火的警世良药弃之不用的权势人物，应该为这场危机承担责任！

　　我希望每个人都认识到，有那么一些人曾经试图阻止过 VaR 洪水的爆发。我将这本书看成是对这些人的一个回顾总结。我认为他们应该受到世人的褒奖。

2004 年 4 月 28 日

斯蒂芬·柏拉图得偿所愿；世界遭难

试想，一个陪侍服务公司提供两种类型的女伴：一个女伴资质平平，个性沉闷，整体上也不怎么吸引人；另一个却是美艳不可方物，极具迷人的诱惑力。当然，两者差异还远不止于此：你显然需要为更具吸引力的女伴支付更多的费用。日复一日地同她两厢厮守在一起是需要付出高昂代价的；比较起来，如果你不希望沉闷的女伴作为陪伴，那么你需要付出更多。但这也不是问题的全部。选择"最好"的陪伴不仅仅在经济上成本更大，肉体上也可能付出更大代价。你瞧，这个性感尤物正在和一个俄罗斯暴徒约会，而他并不怎么喜欢与别人分享。如果这个人看见你和他的洋娃娃频繁约会，他也许会给你穿上水泥靴子并带你到水里走一遭。因而，向相对更有魅力和前途的姑娘屈尊可能要承担更大的风险。而与那个不太有吸引力的女伴在一起，则不仅仅意味着你善待了自己的钱包，同时也能让你睡得更加安稳。正如俗话所说，回报越少意味着风险越小。换言之，更大的回报总是与更高的风险携手并肩的（屈服于那个暴怒男友无情的幻想）。即便能够承受更为刺激的未来，你或许也会因为考虑到女伴带来的威胁而躲避开来。如果你更看重自身的安全，也许你就会同意和不太具有吸引力却同样不那么容易出事的女伴在一起。

2004 年 4 月，美国证券交易委员会（SEC，美国证券监管部门）到底做了些什么，而这一决定最终导致整个世界的膝盖都在颤抖，就好像是金融界在更具吸引力的（市场）女伴——美国投资银行的陪伴下开始了没有尽头的冒险。按照 SEC 的监管政策，拥有回报率更高的资产组合（或者说异类资产，指高收益、高风险的交易资产）与持有回报率不高、吸引力不强的资产组合（即标准资产，通常指低收益、低风险的交易资产）相比，即便不能说前者的交易成本更低，也可以说两者之间几乎变得相差无几。银行不顾一切地积累了大量、目前来看很经济的异类资产。"你的意思是，现在那位可爱的性感尤物的收费标准已经和其他女孩一样了？请给我订六个星期!"有人也许会问，不是还有那个暴徒吗？更有吸引力的选择会带来怎样的风险呢？银行家难道不介意最后会和鱼群一同沉睡在河底吗？即便陪侍女郎大幅降价很诱人，但也真值得赔上老命去冒这个险吗？

来自华尔街的答案通常总是模棱两可，究其原因有好几种解释。比如，每当一个交易员找到一个漂亮的女陪侍招摇过市（每逢他积累了一些高收益资产），他的老板就会在黑板上给他记上一分的奖励。到了年底，如果黑板上的分值很高，交易员就能够通过奖金的形式获得一大笔钱。显然这将大大地激励你付清已经打了大折扣的费用（谢谢你，SEC!）。当然，黑板上你得到的分数越高，离那个俄罗斯暴徒失去耐心的日子也就越近（即离异类资产丧失价值直至最终出现问题的日子也就越近）。但你并不担心，因为华尔街的街头规则并不一定会真正施行，即哪怕风险真的发生了你也并不一定会灭亡。最糟糕的情况不过就是你不得不拿着刚刚赚到的百万美元去另谋高就而已。嗨，说不定由于政府的救助，你已经得以保全了你的工作，死于暴徒之手的可能是其他人。也许尽管你才是那个将暴徒逼到失去耐心的人，但真正受到折磨的却是其他受害者，甚至包括一些无辜的路人。

被 SEC 遗忘的是，如果对两类金融资产的资本要求一致，那么银行家们（至少有许多）永远会去囤积那些给他们带来美好回忆和丰厚回报的资产，而完全忽略这一选择需要承担的（通常是系统性）风险。他们或许并不在乎什么风险，只在乎投资这些资产的交易成本。他们或许也并不在乎拥有这些资产可能带来什么负面结果，而只在乎这些资产价格是否昂贵。广泛存在的不平衡薪酬结构证明这些风险并不令交易员们感到畏惧，事实上，风险还是受到欢迎的。当你躺下来享受高风险带来的高回报时，再糟糕的结果也被抛之脑后。正是这样的原因促使银行家们疯狂找寻金融领域里的性感尤物，却对给其他人可能造成的致命伤害置若罔闻。在金融市场中，正如之前的陪侍服务故事一样，麻烦和危险总是伴随着最有吸引力的娱乐活动。复杂、冒险、代价高昂的资产在一时间可能产生出色的回报，但也可能会突然由于其内部风险暴露造成价值骤减，最终将金融机构带入深渊。如果那些诱人玩具的费用标准设置得过低，以至于银行机构可以毫无顾忌地胡作非为，那么你实际上已经为其他人签订了死亡审判书。

2004 年 4 月，SEC 在制定新的监管资本计算规则时，武断地将有毒的、缺乏流动性的诱人的高风险资产（如次级抵押债务工具 CDOs）与保守乏味的低风险资产（如国债）等同起来。监管资本是一种强制性的风险缓冲资本，通常以核心股东权益的形式存在，旨在确保帮助银行抵御市场动荡。监管资本应当能够吸收可能的未来损失，并在发生严重市场下挫时保护银行不会破产。监管资本的要求越低，同样份额的资本"押金"就能够获得更多的融资，交易的成本也就越低。事实上，监管资本是决定投机活动承受度的一个价格标签。更重要的是，监管资本还决定了银行的杠杆化程度（比如说，资本要求为资产的 3% 和 10% 相比，3% 的资本要求可以允许金融机构通过更大的杠杆率获得更多交易头寸的融资债务），并由此决定金融机构在可能突发的金融市场震荡面前承受的风险暴露水平（依靠债务获得的头寸越多，权益资本缓冲越容易被损失"吞噬"，越容易受到糟糕消息的影响）。直到 2004 年 4 月，一些明显风险更高的产品（如由最糟糕抵押贷款构成的次级 CDOs）都较国债具有更高的资本要求，因为从常识来看，前者要比后者危险得多。

　　2004 年 4 月之后，新的 SEC 法规对两种资产类别采用了同样的计算方法。在这种不公平的环境下，更大胆的赌注的缓冲资本要求与普通的交易相同甚至更少。如此一来，风险更大、缺乏流动性的替代投资品种与更为稳健、流动性较好的选择相比就变得成本更低。尽管最终的结局并非一定如此，但新的 SEC 法规允许这样的可能性发生正是问题的症结所在（值得指出的是，异类投资交易所需的监管资本要求并不一定与交易国债相同或者甚至更少以至于使银行家们产生淘金的冲动；只要当其特定的资本要求大大降低且 SEC 的法规能作出确保时，就足以让交易员们以低廉的成本贪婪地大量积累有毒资产）。SEC 在 2004 年进行的监管改革推动华尔街投行在资产负债表上积累大量高回报的问题资产，而这种可预见的资产减值也为 2007—2008 年信贷危机埋下了伏笔。

　　如果你想保持全球金融市场的平静，那么你就不能投机于高度迷人却又极度危险的东西，比如说成本低廉、回报很高的次级 CDOs。如果你和一个漂亮迷人却又有致命危险的美女一起吹了个泡泡，就不应该为随之发生的毁灭感到意外。

　　1996 年 12 月 31 日，斯蒂芬·柏拉图（Steven M. Benardete）给 SEC 写了一封信。收信人是当时的 SEC 主席，令人尊敬的亚瑟·莱维特（Arther Levitt）先生。信件的标题如下："回复：对净资本规则的修改建议"。柏拉图先生（写这封信时，其身份是摩根士丹利资深衍生产品主管）以当时刚刚成立的证券行业协会——华尔街交易员服务的游说组织——风险管理委员会主席的身份写了这封致 SEC 的信件。当然，他希望获得来自莱维特先生和 SEC 的特别照顾：监管层采用 VaR 模型来确定与交易相关的资本要求。需要再次强调的是，资本要求决定了银行为参与交易游戏所需要一次性投入的资金量，强制性资本要求越低，他们能够通过债务为其交易活动提供融资的数额就越大。事实上，这封信是一项持久的游说尝试。这封信央求金融行业的警长允许让华尔街的交易商用 VaR 模型来确定其市场活动的资本水平。"其他的监管者已经同意商业银行使用 VaR，为什么我们不能呢？莱维特先生？"这封请愿书的中心思想就是"行行好，让华尔街参加 VaR 的聚会吧。"

纽约交易室的主人有若干加冕 VaR 为资本之王的理由。然而排除那些特别牵强附会的理由之外，我们不能不得出一个结论，华尔街如此希望 VaR 取代旧的资本原则，也许，只是也许，华尔街认为 VaR 能够比旧方法更好地帮助他们达到目标吧。如果柏拉图先生和他的朋友们如此地希望 VaR 取胜，我们不得不假设 VaR 里有什么东西可以让他们更快乐。正如有些人会为金钱结婚一样，虽然被爱慕的对象本身有其被爱慕的内在特质，但这并不是隐藏在你浪漫序曲后的主要原因；你实际上寻找的是只有特定伴侣才能满足的一种物质上的好处。华尔街或许是因为 VaR 的内在之美而真正爱上了它，但那并非柏拉图坐在书桌前草草写就"情书"的主要原因。他这么做的主要原因或许是他认为，只有 VaR 能帮助他和他的朋友们获得一些金灿灿的东西。

为什么华尔街会如此热情追求 VaR 呢？什么是华尔街真正追逐的东西？请记住这一根本原因：正如我们了解的那样，VaR 天然倾向于不切实际的低值，它能够给交易活动包括那些最有毒类的资产设定极其低廉的资本要求。能够让赌博者们爱上的东西不过是以便宜、高度杠杆化的方式去押注，特别是押在那些特异且高收益的资产上。为什么？因为杠杆程度越高，头寸价值的增加带来的资本回报就越大；一项高度杠杆化的赌博进行顺利的话，能够创下傲人的资本回报记录和薪酬（当然，杠杆化也会产生另一个结局：如果你的大型投资组合只有一点点权益作为支撑，那么当你的头寸价值下跌，即使只是一点点，你都可能就被彻底击垮，因为你的权益无法弥补那些损失）。在随后的篇章里我们将继续阐述有关内容，现在让我们将注意力集中在柏拉图的实际言论上来吧，看看他是如何向监管当局兜售他所深爱的 VaR 的。下面，让我们看看华尔街是如何向 SEC 争取 VaR 的。

如您所知，VaR 模型越来越多地被大型银行和证券公司作为市

场和信贷风险的内部管理工具。我们相信，作为确定监管资本标准
的数学方法，这类模型是非常严谨可靠的，银行监管当局允许银行
使用模型来评估其资本要求的行动已经说明了一切。

如果要将以上文字进行通俗翻译，那便是：请允许我以资本的目的
同 VaR 结婚。

信件内容后面，柏拉图引用了几个关于 SEC 净资本规则（净资本
规则是有关交易商资本要求的一系列政策）的研究，以确定证券公司
资本充足程度是否能够满足其他方法。这些研究得出的结论是，通行方
法（所谓的复杂方法）和以 VaR 为基础的方法相比满意度相差很大。
研究者指出，"使用前一种方法，投资组合的相对风险和资本要求数额
之间没有相关性"。这意味着（当时和现在一样），通过模型对过去市
场数据和统计指标分析所获得的 VaR，能够将资本要求和一项资产的
"真实"风险对应起来，并通过其波动性表现出来，将成为较之以往的
一个重大改进。正如本书后文的全面分析，这一主张实际上根本站不住
脚：被 VaR 称做是"风险"的不过是虚假的危险，其实什么也不是。
但无论如何，对于 VaR 推崇者而言，这一点已经足够成为卖点了。

在接下来的信件内容中，当谈及另一个潜在的应用时，斯蒂芬·柏
拉图又为 VaR 唱起了赞歌，即设定交易对手间的交易保证金（担保
物）。在这个方面，华尔街希望现有的通行法则完全被 VaR 这个无与伦
比的有用工具所取代。

我们相信，对资本充足问题所采取的原则应当同样适用于保证
金……投资组合保证金方法是一个更为有效的体系，能够为风险敞
口提供担保并且与基于 T 规则所制定的策略（一个同净资本规则
类似的方法）一样防范市场风险，其担保程度仅仅是 T 规则要求
的一小部分。由于 VaR 模型引入了更为严格的统计指标以衡量风
险，我们希望委员会能够开展修改监管法规的尝试。

信中的最后一句话最为关键。华尔街将 VaR 科学外表下的"严格"作为一个促销利器,这也是 VaR 推崇者的另一项传统做法。VaR 分析的魔力已经能够帮助它在传播过程中见招拆招。VaR 的数量特质足以让其他人缴械投降(有哪个笨拙的乡下人胆敢反对这样复杂的模型?快来拥抱 VaR 模型,加入聪明人的行列吧),华尔街是诚实地向 VaR 模型俯首称臣或是为了私利假意奉承并不是关键,重要的是计量分析的粉饰已经足够打动其他人。事实上,大多数人很容易对充满数学符号的东西望而生畏,更何况其持有者看上去不仅一本正经还拥有崇高的学术成就。至少 VaR 在最初拥有深厚的理论分析构架(如果你不相信我,可以去看看 VaR 发明者 JP 摩根的原始文件),这很可能为该工具赢得了很多加分。如果 VaR 不是如此的技术化,华尔街推广 VaR 的努力肯定不会这么成功。复杂的数学模型其实是很有市场的。

在这封 1996 年发出的信件结尾处,斯蒂芬·柏拉图再一次作出了爱的宣言,"我们相信,VaR 模型是目前量化由分散型金融工具组成的投资组合市场风险最为有力的工具,VaR 能够进行跨风险品种、跨市场的全面风险评估"。

随后,柏拉图再次作出游说的努力:"将 VaR 模型整合进对交易商的监管计划,有助于在内部风险管理和监管标准之间创立更为紧密的联系,也有助于在监管当局、交易员和风险经理间建立一个检验和讨论风险问题的统一框架。"这句话的潜台词是:我们已经创建并且完善了一套风险指引,这套风险指引在我们这里使用得蛮好,现在可在政策层面上采用它,让它成为统治这片金融领地的法律,我们就可以成为最好的朋友啦。

2004 年 4 月 28 日,SEC 终于同 VaR 成功"联姻"。作为对同意接受更为严格监管的回报,美国五大投资银行看见它们的梦想成真。从那时开始,VaR 允许被用于计算交易成本、交易的可承受度以及杠杆率。由于亚瑟·莱维特不再掌舵 SEC,回复柏拉图请愿的责任落在了他的继任者肩上（前任投资银行教父 Bill Donaldson）。柏拉图当初的请愿被压缩在刚好三页纸内，而如今 SEC 却用 100 多页的信纸作出了回应，尽管时间有所延迟但细节却异常丰富。

2004 年的回信题目为《对合并监管机构交易商的另项净资本要求》，信件开头如是说：

> 委员会正在修订"净资本规则"以便为交易商建立起一个自愿、备选的方式来计算净资本。在修订案中，持有一定最低数额资本的交易商可以向委员会申请有条件地豁免适用标准化净资本计算方式。作为豁免条件，交易商的控股公司必须同意委员会对其集团进行全面监管。该修订案通过改善对交易商的监管并为交易商提供实施强健的风险管理能力保障，应当能够帮助委员会保护投资者并维持证券市场的整体稳定。在备选方式下，以监管为目的，拥有强健内部风险管理能力的公司可以使用包括风险价值（VaR）模型在内的特定数学模型方式来管理自身的经营风险。

这段话的意思是：如果你（投资银行）同意我们进行更为深入的监管，那么我们会改革一些旧的市场资本规则；而且，我们可以让你使用你真正喜欢的方式来取代那些你不喜欢的旧规则。

SEC 的宽容远不止于此：金融警察不仅同意将华尔街中意的资本武器交到他们自己手上，还公开承认这一武器能够给市场带来的好处，"使用备选方式计算净资本，交易商对市场和信贷风险的减记可能少于标准净资本规则"。换言之，今后所有的交易成本都会降低，资本要求越少，你的融资规模就越多，在给定净资本程度下你能够控制的头寸就越多。这一观点在后文中还有详细阐述。好像是为了驱散华尔街心中的疑虑——SEC 完全一门心思给予它们想要的所有东西："如果持有某种头寸的监管成本降低，交易商手中的头寸组合就可能发生变化。我们预测交易商使用备选资本计算方式平均能够减低资本要求的大约 40%。"

无论这些预估的实际准确度到底怎样，确定无疑的是监管当局发出了如下信息：我们坚信 VaR 将会在一定程度上减少资本要求，并大大改变投资组合的构成。让成本低廉的交易统治时代开始吧！

我们也许永远不会知道斯蒂芬·柏拉图的那封信到底在扭转监管当局的态度上起了多么关键的作用，但我们能够确定的是，来自摩根士丹利的大人物们终于得偿所愿了。最终，华尔街可以凭借其最满意的异类资产交易开展无尽的冒险；曾经那些最诱人的金融玩具贵得难以承受的日子一去不复返了。在以前没有 VaR 的时候，在"复杂的"制度下，投资银行在非标准化资产的投资交易上往往倾向于关注避税和提高资本使用效率等问题。累积高风险、高收益的异类资产头寸本来也需要同等数量的防护性权益资产（鉴于非标准化证券价值损失的速度和强度，此举完全出于谨慎考虑），但进入 VaR 统治时代之后，华尔街能够仅用一点点权益和大量的债务来建立一个巨大的异类资产交易头寸。对于银行而言，累积大量的风险资产变得极为方便低廉，当然这也使投资机构更加容易突然破产，从而给全球经济和社会稳定带来致命威胁。

为什么华尔街会如此迫切地为 VaR 展开游说？真的，为什么会如此鬼迷心窍呢？这究竟是浓情真爱还是私利之爱？让我们还是首先从善意的角度来评判吧。也许斯蒂芬·柏拉图和其他人真的相信，旧的"直觉型"金融风险管理法则需要（不，应该是要求）一剂更具治愈效果的"严谨型"的良药。在充斥着巨额赌注和复杂衍生产品的冒险新世界里，旧方法看上去也许过时了。如今，准确测量风险是很紧急的一项任务。根据这一判断，引入计量分析手段正当其时。从故事情节的发展来看，资本要求不能再依据标准方法，不能再武断地选取不同的资产类别并预先设定一些毫无弹性的固定数字了（对权益类资产的资本要求为 x，公司债券类为 y，政府债券为 z，等等）。现代的华尔街，VaR 拉拉队员们已经在真诚地呼唤，不能再让过去老掉牙的方式继续其至高无上的统治，它们真的已经无法再继续应对市场风险敞口了。时代要求更为有效和更有智慧的新型分析高科技工具来驯服风险。这大概是华尔街 VaR 推销过程中最天真的版本,那些更为慈悲为怀的人可能会选择完全相信它。

但即便是最慈悲的宽容也必须承认,在 VaR 拉选票的背后存在花言巧语,甚至另有所图。20 多年前就开始的 VaR 市场推广行动会不会真的是有意识地为了将其写入监管法规,从而允许金融交易商大量囤积高度杠杆化的异类资产,并最终导致 2007 年的信贷危机呢?

在这稍显玩世不恭的故事版本里,VaR 同此前已经存在的方法比起来,并没有因为其(声称的)管理金融风险的神奇能力而获得整个世界的支持。更确切地说,它被认作是能够实现众多华尔街人狂野梦想的、一辈子只能遇到一次的赚钱工具。人们只是非常希望获得只有 VaR 能够计算出来的极小的资本要求和风险预测值,特别是它可以令高额回报资产交易的成本更加低廉,所以,即使你不相信它的分析基础也无所谓。也许华尔街并没有看到(如广告里吹嘘的那样)VaR 能够通过它的魔棒,向我们提示风险并且保护整个金融体系永远远离危机,实现新的风险管理新典范;又或许,在华尔街眼里,所有关于 VaR 的说辞不过是掩盖其将手伸向百万美元钞票的障眼法。当然关键问题是,华尔街是否有人最初就意识到,像 VaR 这样的工具不仅只是可以交出美好的报告卡片,也很容易误导并滋生不负责任的交易,并很可能最终导致金融体系分崩离析?是否有华尔街人意识到将 VaR 作为预防危机发生的小工具大肆推销的同时,也同时播下了金融动荡的罪恶种子?他们是否意识到,在推动 VaR 立法的过程中也同时打开了地狱的大门?

即便如此,难道一切都是意料之外吗?华尔街人同其他商业人士一样,都在千方百计寻找机会争取获得额外收益并提高报酬。为牟取私利而为 VaR 背书乃至编造谎言则是非法的,甚至可以说是诈骗。如果以更平和的心态来观察这个世界,你会发现这个世界毕竟还是追求自私自利的,这并不值得我们出离愤怒。华尔街是一个吸引人们去赚大钱的地方，如果他们发现了（在 VaR 这个例子上，实际上是发明了）一种能够支持他们赚钱的机制，请不要奇怪他们对其顶礼膜拜。如果华尔街人得出 VaR 能够令他们的收入翻倍的结论，当他们摆脱所有推销的束缚并且将这一工具描绘得天花乱坠时，我们难道还应当感到奇怪吗？

真正难以解释的是，围绕 VaR 展开的行动不仅来自于银行家，而且还有监管当局。即便我们尽可能地去理解，仍然觉得缺少合理的理由去诠释为什么金融警察会支持这个有缺陷的方法。市场警察的任务是制止犯罪和保护人们免于犯罪，然而，他们却给华尔街暴徒们配备了大规模杀伤性武器，这无疑成为金融史上的一个难解之谜。

坦白地说，鲜有像监管当局支持 VaR 成为资本之王这样有悖于其公共使命的先例。不止于此，2004 年 4 月的新监管法规给了华尔街一张无拘无束、可以随意填写更高杠杆率的空白支票。值得再次强调的是，比整体杠杆率本身更为重要的是，这类杠杆是在写入法规的 VaR 的帮助下产生的。在新的监管规则之下，对高风险资产和安全资产的资本要求是一致的，这样会造成数不清的金融动荡。

华尔街是如此迫切地希望摒弃旧规则，糟糕的杠杆率曾经昂贵得难以置信，但通过 VaR 计算，原本难看的杠杆率却变得非常经济。如果你把这块肥肉悬挂在求薪若渴的交易员前面，银行肯定会把它们的资产负债表填满有毒资产。很早之前，监管当局就承认他们已经完全了解让 VaR 成为市场主宰可能造成的后果。不仅如此，正如我们所看到的那样，他们非常乐意承认由于整体交易成本的大幅降低，势必会造成杠杆率的攀升；诡异的是，他们同时还预见到由于杠杆率的增加也会造成整个资产组合的改变。让我们记住这句 SEC 在 2004 年 4 月 28 日作出的，势必完全改变金融界的最危险的预言："如果持有某种头寸的监管成本降低，那么可能造成交易商手中混合头寸的改变。"难道委员会里没有一个人意识到"某种头寸"的增长意味着其可能成为毒害并威胁整个金融体系的垃圾吗？

伟大的爱情常常以悲剧和痛苦告终（想想罗密欧与朱丽叶）。SEC 和华尔街炙热的 VaR 爱情故事也同样延续了这一传统。我们完全赞美爱情，但监管当局和华尔街之间厄运缠身的 VaR 之爱令整个世界为之付出了高额的代价。为了今后世界经济和社会的健康发展，假如当初 SEC 拒绝了来自交易室的款款柔情就好了。斯蒂芬·柏拉图的游说原本就应该被拒之门外。

第一章

不为人所知的伟大故事

致命杠杆■导致过高杠杆率的致命数字

■金融风险管理

■太多例外事件

■被忽略的教训

自 2007 年国际金融危机爆发以来,在所有围绕危机进行的华而不实、空泛无稽的报道分析中(如"资本主义已经穷途末路了!美国式道路注定失败!绞死所有穿细条纹西服的人!"),人们很容易忽略那些真实发生过且真正引发这场大灾难的事件。举个简单例子。在危机爆发之前,一小撮忙碌在各家大型金融机构内部的男男女女们,基于次级房地产市场(主要是美国)的健康状况进行着高杠杆、高度复杂而且规模巨大的赌博。实质上,这些最有影响力的金融机构正在赌那些还款能力存疑的低收入住房抵押贷款者,最终能够承担起看似不可能负担的债务。当次级房地产市场不可避免地出现崩溃势头时,这些大肆进行的疯狂赌博必然使那些先前参与其中的金融机构血本无归,有些机构倒闭破产,有些机构被迫廉价抛售资产,而所有这些机构最终无不投入公共援助的温暖怀抱。就在这些金融巨头们痛苦挣扎之时,金融体系乃至整个经济也都同样陷入困境。昔日的踌躇自信消失不见,银行借贷萎缩停滞,金融市场处处是一泻千里的暴跌。投资者亏损严重,工薪阶层则纷纷失业。

这场危机并非预示着资本主义就此走向没落,危机并非象征着我们的现有体制到底有多么腐朽。可以肯定的是,尽管这场危机造成了异常惨重的损失,但它并非意味着我们要对现有的经济政治体制进行伤筋动骨的根本改造。不过,它却昭显出我们先前某些愚蠢错误的做法必须得到彻底纠正。之所以爆发这场危机,原因在于我们未能成功阻止一小群经营抵押贷款和金融衍生产品的金融机构,让后者毫无顾忌地置危险于不顾,陷身在疯狂的金融赌局之中。事实上,监管机构对那些活跃在华尔街和伦敦城的金融机构大开方便之门,允许它们透过高度复杂的管道进行危险的赌博。这场赌局之所以能够继续延续下去,其中的一大关键在于:金融机构寄望于那些亚拉巴马州没有工作、没有收入甚至没有一点资产的贫穷阶层可以归还轻易获得但却难以承受的贷款。面对这种局面,恐怕列宁从墓里爬起来一瞧也会大惊失色。如果 2007 年 5 月资本主义是没有缺陷的，那么如今它仍然应该如此。

与其将目前看来运转良好的经济制度改得面目全非，倒不如让我们静下心来专注于到底发生了什么，确保今后不再犯同样的错误。如果我们不能准确指出和解决问题，而是将时间精力浪费在一些老生常谈的事情上，那么今后我们注定还会在同样的问题上反复栽跟头。我们当然不愿意在 5 年之后再一次大唱资本主义的挽歌，不是吗？

那么，关键的问题应该是：究竟是什么原因使肆无忌惮的赌博长期存在？这里面存在着若干因素，而它们在很大程度上还将继续为这样一种混乱局面的存在负责。

关于这场危机，传统的罪犯名单里通常包含以下几个关键角色：难言完美的商业银行薪资结构，复杂证券化金融产品的滥用，坐视不管的监管当局，漏洞百出的抵押贷款规则，盲目贪婪的投资者，行事荒谬的评级机构。很明显，以上这些因素中的每一个都在危机中扮演了重要角色，都理应承担相当大的责任。不过，在这份为世人所熟知的罪犯清单中，却唯独少了一个我眼中的首犯名字。由于前述的各种危机因素给人形成了先入为主的印象，而这场浩劫的规模又远远超乎人们的想象，以至于让这个光鲜照人同时却又被人忽视的罪犯迟迟没有走上前台。在这里，我提出的观点是：一个变量（确切地说，一个数值）最终使这场世纪大赌博和随后爆发的危机成为现实。

这个数字就是 VaR 值。毫无疑问，凭借在证券交易室里所发挥的关键性的市场风险测量角色，特别是作为银行监管资本要求规则中交易头寸评估工具，VaR 怂恿投资银行大量累积高杠杆交易头寸。基于 VaR 值，人们天真地认为自己所下赌注的风险是可以忽略和承受的，以至于不顾一切进行大规模的投资活动。假如不是因为这些不切实际而又毫不起眼的风险估测数值，人们也不至于疯狂积累有毒证券，最终导致银行倒闭和危机蔓延。正是因为 VaR 值的出现，银行内部普遍实行内部授权证券交易，而这些交易原本需要耗费大量代价昂贵的资本支持。

在通过高杠杆积累大量交易头寸之前，银行需要得到监管当局的许可。如此高杠杆水平的交易头寸是否可行，完全取决于决策者制定的资本监管规则。然而，针对市场风险的资本监管规则却受到 VaR 的左右。在低风险价值评估（如对规模达 3 000 亿美元资本投资组合的风险价值评估仅为 5 000 万美元）的障眼法掩盖之下，VaR 最终帮助毁灭性的高杠杆率招摇过市、蒙混过关。

假如交易决策和监管政策是基于传统共识而制定的，那么导致危机、违反所有审慎监管规则的有毒高杠杆率就根本不可能得到允许。但按照 VaR 法则，不可能发生的事情也会变得可能。仅仅是基于一套数学虚把式和历史数据，VaR 就将人们的关注目光从传统的监管共识转移到自己身上，并顺利让新制定的监管规则允许风险更高的交易发生。VaR 可以在评估市场风险敞口之时做到瞒天过海，将高风险投资行动划归到低风险一类，从而让有毒资产得以肆无忌惮地大规模累积。VaR 完全无视金融资产的本质属性，严重低估真实的风险，让人产生虚幻的安全感，从而鼓励银行家们大量积累高风险资产，而让监管者执行低资本监管要求。VaR 允许银行采取本不应该执行的交易头寸和高杠杆策略，而后者则最终反过来摧毁了这些银行。

正因为如此，我们并不需要进行大张旗鼓的全方位改革。真正需要做的是，找准潜藏在危机废墟背后的致命力量（尽管它至今仍不为人们所知晓），全心全意地改革完善金融风险管理和银行资本监管规则。将 VaR 驱逐出金融领域——而非经济国有化或者把马克思的《资本论》从书堆中刨出来——才应该是我们最为现实的目标，也只有这样才真正算得上抗拒危机的明智之举。

然而时至今日，仍鲜有评论人士或权威专家将注意力投向 VaR。在 CNBC（全美广播公司财经频道）或彭博一小时金融危机专题报道中，你恐怕从未听到节目曾谈及 VaR。这种情况令人感到相当困惑：VaR 模型在危机爆发中扮演了如此重要的角色，而若干权威专家也已就此站出来高姿态地大声疾呼，但媒体如此明目张胆地对 VaR 在危机中的系统性破坏作用视而不见，使普通大众对将经济安危和社会稳定系于 VaR 毫不知情。事实上，VaR 的身世中隐藏着一个不为世人所知晓的伟大故事。

让我们不妨想象如下场景：有人驾驶一辆红色法拉利，在法国南部的沿海公路上遭遇严重车祸。车祸不仅造成驾驶员丧生，而且车辆失控之后一头冲入当地一个市场，当场夺去了好多人的性命。这场突如其来的灾难造成如此惨烈的后果，不禁让每个人都想知道这场车祸中究竟发生了什么，以及这个血腥事件是如何发生的。在震惊愤怒之余，公众纷纷要求找出这场灾难的幕后真凶。

在进行了现场模拟碰撞技术测试之后，专家发现法拉利车存在若干严重故障的零部件。正是这些零件的存在，注定了交通事故的发生不可避免。于是，人们很快得出结论：这辆车存在机械故障。且慢，虽然这些零件应该为这场灾难担责，但我们真的就应该将所有的指责对准汽车制造商吗？对出现如此质量问题的汽车出具合格评估报告，汽车管理机构又该当何责呢？难道不是管理机构的合格审查鼓励了粗心的驾驶员购买了这辆四轮猛兽吗？在这个意义上，我们反该将更多的责备指向汽车管理机构而非汽车制造商。

不过，事情并未就此结束。仅仅因为汽车管理机构为法拉利的超级汽车工艺背书，并不意味着你就一定能拥有这辆车。尽管在汽车管理机构的认可之下，驾驶员最终下定购车决心，但问题远非如此简单。是的，汽车管理机构的认可仅仅是购车行为的必要而非充分条件。如果不是这名驾驶员断然决定买下这辆红色跑车，他绝对不会杀死所有车祸中的受害者。而为了拥有一辆法拉利，你首先必须能够支付足够的资金。

　　事实上，我们这位虚构中的粗心肇事司机并没有足够的钱来购车，他的购车款来自急于将钱借出去的贷款人。他接受了极为宽松的借款条件，以极高的负债杠杆比例购买了那辆法拉利，其付出的代价只是被要求以一小笔存款作为质押。此后，这位司机曾留下莽撞驾驶的记录，并卷入一连串交通事故。似乎很明显，这位司机总有一天会制造出重大交通事故。让普通人超过自己的支付能力，拥有一辆功率强劲、实则致命的汽车怪兽，汽车贷款人不仅不以为意，反而感到沾沾自喜。如果不是因为这种令人疑惑的好心肠，未来的汽车杀手本不可能有能力买下交通肇事工具。

　　的确，在这起交通事故中，司机显然应该承担个人责任，而汽车制造商和汽车管理机构也在其中扮演了关键角色。所有这些因素促成了灾难的发生。不过，假如肇事司机当初没有购车，所有这些因素也就都算不得什么了。这样一来，如果真要追究这场发生在法国南部海岸的惨烈车祸的祸首，你就应该把矛头指向那不负责任的汽车贷款人，是他以不恰当的方式最终帮助那位速度狂人称心如愿购买到一辆存在缺陷的汽车，而后者则听信了专家对汽车质量的误导，最终在事故中搭上了自己和其他无辜者的性命。

　　以上这个杜撰的故事有助于我们理解，为可爱诱人的玩具提供高昂的债务支持实在是危险的举动，同理也就不难解释2007年金融危机如何会发生了。如果将鲁莽的肇事司机替换成投资银行，将红色法拉利替换成有毒证券，将汽车管理机构替换成信用评级机构（穆迪、标普），将汽车贷款人替换成金融监管当局，那么我们就可以得到一幅能够显示金融危机如何爆发的全景图。当然，要让这场金融灾难变成现实，你还需要盲目的银行家疯狂下注，为赌博提供便利的交易机制（你不可能在没有次级抵押贷款和债务抵押证券CDOs的情况下让次贷危机发生），以及轻易获得AAA评级。到了后来，监管当局的所作所为更是让所有以上因素都发挥了巨大的破坏作用，即让VaR模型等理论方法进入了监管规则，从而允许银行机构以极低的资本代价来为其大规模的债务投资活动兜底。一旦你囫囵吞下如此高杠杆水平的有毒资产，最终的结局注定将是血淋淋的金融灾难。

假如 VaR 值更高一些（更能反映银行机构面临的真实风险状况），那么交易头寸就可能会变得更小、更安全。这无疑是一个次级 CDO 的危机，因为 VaR 模型允许银行以很小的代价积累大量的 CDOs。如果没有 VaR 模型，这些高风险证券的资本成本会高出许多，这样反倒有助于金融体系的运作更加稳健。

在真实的金融世界中，为何高杠杆投资交易会有如此巨大的危害作用？杠杆交易究竟错在何处？为何资本准备不足的银行产业会对世界经济安危产生严重威胁？简而言之，一家执行高杠杆交易策略的银行很容易在短时间内破产倒闭。假如对于一国经济产生巨大影响的众多银行都在执行高杠杆交易，那么情况又会怎样呢？在这种情况下，任何促使银行采取高杠杆交易行为的因素都会给普通百姓带来灾难。高杠杆交易的一个坏处在于，它将显著放大负面事件的潜在不利影响。比如，由于高杠杆负债，即便所持资产发生市场价值的小幅下跌，也会轻易将一家银行推向破产境地。与之相反，一家银行的杠杆水平越低，其经营就越稳健，也就能在危机来临时逃过一劫。

所谓银行的杠杆率是指资产与核心股权资本（包括盈利和股本）的比率。资产与所有者权益之间的差额就是银行的负债，包括长期和短期负债。对于一定规模的资产而言，杠杆水平越高，有相应资本对应支持的资产就越少，因此就需要通过负债来获得融资。也就是说，财务杠杆水平表明银行在获得资产时的外部债务融资状况。接受监管的金融机构面临最低水平的资本要求，其实质是为银行执行的杠杆水平规定了最高标准。一家资本规模达 150 亿美元的银行可以持有 2 000 亿美元的资产，但如果政策决策者将杠杆率水平降低至 10%（最低资本要求为 10%），如此监管规定意味着 150 亿美元的资本只能匹配 1 500 亿美元的资产，那么银行要么增加 50 亿美元的额外资本，要么将资产规模缩小至 1 500 亿美元。假如监管者变得更加宽容大方，比如将最大杠杆率水平放宽至 20%（最低资本要求从 10% 降至 5%），那么在现有资本水平下，银行可持有 3 000 亿美元的资产，而无须增加任何额外资本。很明显，最低资本要求的相关监管规则将会直接影响到银行资产负债表的规模大小：如果规则宽松，那么银行就可以在较低的资本基础之上积累大规模的资产。就 VaR 而言，它可以轻易地导致银行业资本不足，而银行业资本不足将产生异常严重的经济和社会问题。

如果一个经济实体没有资本，而资产价值与负债相等，那么它可以算得上一文不值。如果资产价值下跌，相应的损失必须在资产负债表的所有者权益一方得到体现；如果这些损失相当严重，整个资本基础都有可能在实现增资之前被轻易抹去，从而使这个经济实体陷入破产清偿境地。因此，故股权资本越雄厚，银行就可以在面临困境时支撑得越久。

那么，银行是不是就应该持有与资产相同规模的资本呢？毕竟，银行的管理层一定会尽最大的努力来保卫企业的安全。不过，问题并非如此简单。按照定义，银行一定是通过杠杆操作来经营的企业，否则就很难获取可观的回报。不管怎样，获取可观的资本回报是吸引投资者的首要条件。同时，筹集股权资本也代价昂贵（与贷款人不同，股权投资者不能对企业资产拥有所有权，并且在承担企业损失时首当其冲，因此他们需要以更高的资本回报作为补偿）且程序复杂（新股东的进入会稀释老股东的股本，从而导致董事会成员结构的变化），特别是当债务融资成本很低且来源充足时，更是如此。因此，几乎不可避免的，银行都会经营若干倍于股权资本规模的资产。换句话说，杠杆就是银行生命不可缺失的一部分。因此，从概念上来讲，负债经营并不一定具有破坏作用。

一旦负债规模过大或者债务资产质量低下，那么银行很可能面临大麻烦。如果一家银行以 1 000 万美元的资本来支持 1 亿美元的资产

（10∶1的杠杆率），那么即便资产价值出现1%的跌幅也会蚕食10%的股本。不过，如果这家银行以1 000万美元的资本支持5亿美元的资产，面对同样的资产价值跌幅，股本的亏损幅度则会飙升至50%。问题的关键在于资产价值下跌的可能性到底有多大。如果我们相信概率为零，那么即便对操作保守的银行而言，采取更高的杠杆率也是明智之举，即如果资产价值不会下跌哪怕1个百分点，50∶1的杠杆率水平也是可以接受的，因为资产价值的增加会带来股本回报率的提高。如此一来，假如购入的资产能够确保价值不会下跌，高负债经营也会如低负债经营一样不会有什么风险，反而会使资本回报率更高。

从另一方面来看，当资产价值处于不断上升的趋势时，杠杆率的高低会产生巨大差别。此时，杠杆率越高，资本回报也就越高。这就是为何银行更倾向于高杠杆而非低杠杆的重要原因。显然，50%的资本回报率要远远好于10%。在交易操作的资本回报率为50%时，交易员及其上司可以获得相较10%的回报率更为可观的奖金。因此，对他们而言，加大杠杆比率具有很大的诱惑。VaR模型可以在降低资本要求的同时，轻易帮助交易员们达到上述目的。不过，以上情况只有在投资组合的市场表现良好的时候才管用，一旦市况不佳，50%的回报率很可能陡然变为50%的亏损率。

当然，在现实世界中，没有人敢担保资产价值不会出现下跌。既然一个看起来最稳健的投资组合也可能不值一文，那么提高杠杆率似乎就比降低杠杆率更讨人喜欢。有人曾经说过，投资组合的本质决定了杠杆率的审慎程度。一个更高的杠杆率是否是一个导致更大损失的错误决定，取决于资产负债表中资产一方的质量状况。对于10∶1的杠杆率水平，有人会觉得明智慎重，有人则觉得鲁莽冒险。之所以会有如此大的区别，原因在于人们所谈论的资产类型存在巨大差异。缺乏流动性、复杂而有毒的资产往往会突然出现市价大幅下跌，很有可能导致1 000万美元的资本缓冲顷刻间化为乌有。而相对更加保值和更具流动性的资产，比如微软股票和世界银行的债券，则很少会遭遇市价崩溃的局面，从而使 1 000 万美元的资本缓冲稳如泰山。事实上，即便是 30∶1 的负债比率，市场表现稳定的资产也比 10∶1 负债比率的有毒资产更加安全。这是因为，有毒资产发生 10% 幅度市场价格变动的可能性要远远大于高质量资产市场发生 3% 幅度价格变动的可能性。

自然，最可怕的情况是银行机构不仅进行高杠杆的负债活动，而且其投资组合主要由高风险的资产组成。采取这样的投资策略，不啻是服下一剂夺人性命的毒药。由于 VaR 模型以及其他为短期借贷提供方便之门的融资工具大量存在，银行机构的资本要求被允许处于极低的水平，大多数国际金融巨头得以在本世纪头几年大规模进行上述交易行为，直至危机最终爆发。银行杠杆化债务融资并非是 VaR 所创，它的出现远远早于后者。同样，超高水平的杠杆交易也并非是因为 VaR 而诞生。然而，VaR 的出现的的确确意味着一场事关银行负债经营的金融革命——也可以说导致既有金融秩序陷入混乱局面——的到来：正是因为 VaR 模型，针对有毒资产的大规模高杠杆投资活动得以变为现实，而按照 VaR 出现之前的监管政策，这种局面是绝对不会被允许发生的。

始于 2007 年夏季的金融海啸是金融监管缺陷导致的结果，在此监管框架下，众多大型金融机构以极低的成本购入了太多的金融"法拉利"。作为金融市场的警察，监管机构本应该实施审慎监管，确保整个金融体系的安全。但在过去大约 15 年间，世界范围内的金融机构享受到金融监管当局极为慷慨宽松的金融政策。这套监管规则积极鼓励疯狂的高杠杆投资活动，而且其赌注并非只针对政府债券等相对安全的资产，而且还包括大量很容易出现价格暴跌的有毒资产。在危机爆发前几年，微不足道的资本要求使银行机构放心大胆地大肆积累致命的有毒资产，其中既有交易类资产也有信贷类资产。加之可以轻易获取低成本融资，银行家们喜不自禁地纷纷满负荷投资于次级 CDO 和其他高收益金融产品。假如没有因贪图一时之利而最终导致巨额亏损，贝尔斯登、雷曼兄弟或美林这些昔日的金融巨鳄就不会在一夜之间土崩瓦解，也就不会发生后来的金融大灾难。

为何说监管规则的风险测量标准唆使银行采取胆大妄为的高杠杆交易策略，并最终使整个世界走向歧途？在挨个儿仔细分析各种可能的原因之后，我们不得不说，那个致命数字就是这场危机的罪魁祸首。如果你想刨根问底，那证据就在甜美可口的布丁之中。直到2007年8月31日，在贝尔斯登总规模达4 000亿美元之巨的资产负债表上，其资产一方包括了价值为1 410亿美元的金融工具，其中与抵押贷款相关的金融工具达560亿美元。所有这些资产所对应的自有资本则仅为130亿美元。这意味着，在爆发危机之时，贝尔斯登的债务杠杆率超过了30倍。让我们再来瞧瞧雷曼兄弟。在2007年5月31日，其以210亿美元的自有资本支撑着6 050亿美元的资产，其中一半为各种复杂的金融工具（其中有800亿美元与抵押贷款相关）。与前两者相似，在2007年9月31日，美林拥有1万亿美元的资产（2 600亿美元的交易类资产，其中560亿美元与抵押贷款相关，220亿美元与次级抵押住房贷款相关），而其自有资本只有380亿美元。这三家在华尔街大名鼎鼎的金融巨头，债务杠杆率都超过了30倍的水平，其交易头寸与资本的比例在10∶1左右，抵押贷款资产（其中一些是质量极低的资产）的规模则超过了其资本的总规模。如果亏损额仅仅是资产价值的3%，银行也会因整个资本缓冲消耗殆尽而倒闭。让我们粗略估算一下可疑资产的规模以及在短时间内可能遭受的资产价值损失，那么我们就不难想象这些华尔街巨擘其实就正端坐在一堆吱吱冒烟的火药桶上！

不过，故事还没有结束。2007年9月28日，瑞士银行业巨头瑞银集团（UBS）的资产规模达2.2万亿美元（390亿美元的美国次级住宅抵押贷款产品，其中有200亿美元CDO属于垃圾级别），而自有资本却只有420亿美元。很显然，这家自负无比的瑞士银行并不满足于50倍的债务杠杆率，同时还在进行一场与自身股权资本规模相当的惊天大赌局，天真地相信那些远在美国工作朝不保夕、收入极其有限、财产随时可能被剥夺的可怜人，会去偿还其本无法承担的购房贷款。

同样，一些声名显赫的传奇金融机构也深陷高负债经营的泥沼。直到2007年10月，高盛还在用420亿美元的股权资本勉力支撑着4 520亿美元的交易类资产（总资产规模达1.1万亿美元）。与此同时，摩根士丹利则以310亿美元的资本应对随时可能遭受损失的3 750亿美元金融产品（其总资产规模也达1万亿美元）。

很明显，银行机构已经处于过度负债的境地，但事情正在变得更糟。以上这些数字并未完全反映交易活动中的真实负债情况。此前的分析只是从整体上反映了银行的自有资本水平。危机爆发之前，针对市场风险的资本要求处于很低的水平，从而使杠杆率高得离谱，而交易活动的失控状态则到了无法无天的程度。可以说，投资银行在其交易活动中所执行的杠杆率远远大于其30:1的整体负债比例。

国际清算银行（BIS）曾对若干银行2007年的交易类资本结构进行了研究。结果发现，尽管各家银行的交易类资产占总资产的比例从27%至57%不等，交易风险资本则仅占总资本要求的4%～11%（不必诧异，那家交易类资产占到总资产57%的机构，其交易风险资本占总资本的4%）。换言之，与银行账户相比，针对交易账户（资产扩张大部分源自此，而绝大部分有毒资产也放置其中）的资本要求要低出许多。进一步来看，交易账户风险监管资本是远远不够的。此外（请坐稳了），BIS还有一个令人吃惊的发现，这些银行的市场风险监管资本占交易类资产的百分比，基本处于0.1%到1.1%的区间（其中仅有1家银行的监管资本超过其交易账户资产规模）。是的，这意味着银行机构执行了1 000倍至100倍的超高杠杆率。如果资产价值下跌哪怕1个或0.1个百分点，交易账户所对应的风险监管资本就会立马损失殆尽。瞧，这是多么完美的杠杆率啊！此时，交易账户内的众多资产都身披垃圾标签，银行不停地将数以亿计的美元投入到次级CDO和其他相关证券产品，而交易账户的资本监管规则受 VaR 所控制（与信贷相关、缺乏流动性的银行账户恰恰相反，交易账户的资本标准一直以来都低于银行账户）。

当把资本监管标准之王的桂冠授予 VaR 之时，金融监管当局让银行机构得以确信，他们可以毫无顾虑地以很低的代价进行一场最具风险的金融狂欢。VaR 可以为他们搞定极低水平的资本监管标准。对于每100 美元的交易类资产，VaR 仅要求 1 美元甚至 0.1 美元的风险资本。很显然，VaR 使银行轻而易举地实现其不计后果的冒险行为。这同样也使银行将自己暴露在极具毁灭性的风险之中。在这种高风险交易策略之下，哪怕交易头寸出现不足 1 个百分点的跌幅，银行也可能面临破产之灾。可以说，VaR 本质上决定了这些银行终将难逃一劫。交易类风险监管资本标准的广泛执行，使投机性的高杠杆交易活动盛行，最终导致2007—2008 年的金融风暴。

正如前面所述，对缺乏流动性而同时又复杂异常的金融资产执行高杠杆比率，如此交易策略注定导致无法承受的风险。正如著名的基金经理大卫·艾恩霍恩（David Einhorn）所言，假如贝尔斯登面临的麻烦仅仅是持有 290 亿美元流动性不足、难以市场定价的资产，而对应的所有风险资本只有 105 亿美元，这也是一个相当激进、冒险的交易策略；此时，一旦以上高风险交易头寸面临市场暴跌——比如市价跌幅一半——的极端情况，贝尔斯登就会因此轻易损失所有的资本。但实际上问题远不止于此，贝尔斯登的自有资本还需支持其余 3 660 亿美元的资产。这种情况下，金融市场出现任何风吹草动，贝尔斯登都难逃一死。也就是说，按三倍于有形资本（tangible equity）规模购入低流动性的有毒资产已属危机四伏；此时再加上 12 倍于资本规模的其他类型资产，其经营境况的险恶之状可想而知。这正如咔咔作响的定时炸弹，耐心地等待着血腥爆炸的那一刻。

2006 年和 2007 年交接之际，美林和雷曼兄弟置信度 95%、持有期

1 日的 VaR 值为 5 000 万美元，而贝尔斯登则为 3 000 万美元。法定监管资本标准大致定为 10 日 99% 置信度下 VaR 值的 3 倍，大致相当于每日 VaR 值的 9 倍。这一标准可谓银行资本规模的底线。按照这种计算方法，美林和雷曼的监管资本规模大致为 4.7 亿美元，贝尔斯登应为 2.8 亿美元。当时，美林资产负债表中的交易类资产规模为 2 030 亿美元，雷曼和贝尔斯登分别为 2 260 亿美元和 1 250 亿美元。这样看来，这三家机构所执行的市场风险资本标准仅分别相当于各自交易类资产的 0.23%、0.21% 和 0.22%。看看这些数据，难道还有人否认银行的资本缓冲存在严重不足吗？当然，这种没有经过严格论证的计算并不十分精确，有意思的是，即便我们对监管资本标准的名义规模存有质疑，但交易类负债比率却的确与此前 BIS 的研究结论相当一致。即使我们对此仍有怀疑，但在危机爆发的 6 个月之前，这三家机构中没有一家将市场风险资本规模维持在 1% 的水平之上。我认为，这再一次充分证明，VaR 在鼓励金融机构过度负债的问题上的确难逃其咎。

让我们再来看看其他银行的情况。比如，瑞银集团（UBS）。2007 年 6 月，这家古老的欧洲传奇金融机构拥有 9 500 亿瑞士法郎的表内交易资产，其 10 日 99% 置信度 VaR 值为 4.55 亿瑞士法郎。如此算来，瑞银集团的法定资本要求大致为 13.65 亿瑞士法郎，占交易类资产的 0.14%。即便考虑到任何有可能的计算错误或缺漏，将这一数字翻番至 0.28%，这也仍是一个令人感到恐怖的杠杆数字，当时瑞银在交易账户中持有大量次级资产。与其他大型金融机构类似，VaR 使 UBS 拥有以前所未有的高杠杆率，在其投资组合中堆积了大量的垃圾资产。

同样，花旗银行也好不到哪里去。2006 年 12 月 31 日，花旗银行的每日 VaR 值为 9 800 万美元，而交易类资产则达 3 940 亿美元。这意味着相对应的风险监管资本大约只有 8.82 亿美元，仅占交易头寸的 0.22%。很明显，交易账户的负债程度实在是高得离谱。在 VaR 的掩护之下，银行的交易账户内隐藏了大量高风险的垃圾资产，与此同时其资本缓冲却形同虚设。VaR 对市场风险的估测明显偏低，使银行在进行交易游戏之时几乎完全没有资本约束的后顾之忧。如此一来，这场史无前例的疯狂赌局变得规模越来越大、风险越来越高。

一个明智的人难道会认为，在交易账户按照 100∶1、500∶1 或者 1 000∶1 的杠杆率囤积次级证券是审慎之举吗？当然不会。这种情况根本就不应该发生。

考虑到如今的交易活动在银行的经营中占据了何等重要的地位，我们就不难理解，在交易账户进行的极端杠杆融资活动，实际上就等同于整个银行业在进行过度杠杆融资，同样也意味着整个金融体系、经济社会存在过度负债。现在，我们已经更好地理解了为何银行希望进行杠杆水平更高的债务融资。VaR 值与交易类资产相比实在太小，以至于与总资产相比更显得形同虚设。比如 2007 年末，JP 摩根、花旗银行和高盛的 VaR 值与总资产相比，占比分别为 0.006%、0.007% 和 0.012%。2008 年末，即便因危机爆发而显著升高，以上三家机构 VaR 值与资产的比率仍不过为 0.015%、0.016% 和 0.028% 而已。可以看出，尽管交易活动在银行整体经营中的比重不断增长，交易类风险监管资本对银行总资本增加的贡献依旧微乎其微。截至 2007 年底，JP 摩根、花旗银行和高盛按 VaR 值计算的监管资本占总资本的比例分别为 0.75%、1.30% 和 2.93%，瑞银集团和美林在 2007 年 9 月时的该比例则分别为 3.66% 和 2.02%。不是太高，是不是？当然，这还没考虑银行的市场资产中有多少是质量败坏的次级住房抵押类资产呢。很显然，交易账户对资本基础的贡献几乎可以被忽略不计，而这又与银行交易活动的规模和活跃程度形成巨大的反差。于是，一些不可思议的东西鬼鬼祟祟地潜藏在交易账户中，而人们却总说不要担心，甚至认为无须采取任何措施，比如稍微多增加一点缓冲资本来防范风险。那些华尔街和伦敦金融城光鲜照人的金融机构，无一不是在 VaR 的掩护之下偷偷藏匿了大量的有毒资产。

一旦有毒资产的杠杆水平达到一定程度，毒药就会慢慢侵入五脏六腑，最终注定难逃一死。垃圾资产的市场价格不可避免地会在某一时刻高台跳水，此时你立马就会变得一无所有。如果你为交易投资活动进行了大量超短期债务融资，而你的资本规模又极其有限，一旦市况变差，没有人相信你能拯救自己，而你的短期融资渠道很快就会被切断，此时你要考虑的就是如何避免倒闭了。这正是作为资本标准设定器的 VaR 为何具有如此之大破坏性的原因所在。如果没有 VaR，金融机构将被禁止进行冒险式的交易活动，而特别是对于次级资产相应的资本要求也会严格得多。一旦这些资产在华尔街安顿下来，这场游戏的结局就已经注定了。微不足道的资本根本经受不住这类资产哪怕是微风拂动一般的市价变动冲击，VaR 在其中扮演的角色无疑是引狼入室。此时，危机一触即发。

那些有能力点燃全球金融危机炸药包的金融机构，其实已经有好几年一直在玩俄罗斯轮盘赌，手里还举着在次级抵押贷款工厂制造的装了不止一颗子弹的手枪。VaR 让手枪和子弹便宜得举手可得，使这些金融机构得以狂热地模仿电影《猎鹿人》（*The Deer Hunter*）中克里斯多夫·瓦尔肯（Christopher Walken）自我毁灭式的角色。全球命运就这样被交付给一群不受任何约束的交易员手中，后者却以人们的身家性命来赌 CDO 这把枪不会走火。VaR 否认手枪子弹已经上膛，从而让这种荒谬情形得以发生。这与电影《猎鹿人》的最后一幕颇为相似：影片中的罗伯特·德尼罗告诉他的朋友瓦尔肯一边朝前走，一边紧扣扳机。大胆朝前走！开枪！什么事都不会发生的！是吗？

即使没有枯燥冰冷的数字作为证据，我们也能够根据直觉轻易地猜到，作为市场风险监管资本和风险测量的关键工具，VaR 肯定也存在着瑕疵纰漏。对此，除了可以量化的证据之外，我们还有理论观点来加以支撑。特别是对于保守的风险管理者而言，VaR 理论架构对风险识别所采取的结构性方法是令人失望的。就其设计理念而言，VaR 很容易低估真实的市场风险。

首先，也不知重复多少次了，VaR 模型的定量分析方法过分注重历史数据。其中两种计算 VaR 值的最常见方法——历史模拟法和协方差法——对历史数据的倚重显得尤为明显。作为银行家们的最爱，历史模拟法可以被理解为，当下的投资组合在预先挑选的一段历史时期会有怎样的表现，并据此对未来的投资损失进行预测，就这么简单。有趣的是，VaR 模型在不断完善中被银行家们和监管当局所接受，很大程度上要归功于其复杂的定量分析和高科技成分，但最后的结果却是一个用简单粗浅方法计算出来的数字。让我们看看市场价格变动的历史数据，从中首选一些曾经发生的价格跌幅最大的数据，这里面根本就不需什么复杂的高科技。协方差法是 VaR 模型最早使用的定量分析方法，需要比其他方法更多更严密的计算过程，同样也需要市场变动的历史数据，以便对投资组合中各类资产的相关性和波动性进行预测分析。如果在所选择的样本中，市场波动性大致平稳，市场中极端的负面事件屈指可数或根本不存在，那么市场风险估测以及与此相关的资本需要量，就会是一个相当宽松的值，与这表面上看来很平静的市场表现吻合一致。如果历史数据很稳定，那么 VaR 值往往就很低。当然，相反的情况也是同样存在的。有时，VaR 值可以变得相当高而不是相当低；有时，VaR 甚至会过高预测真实风险，比如当市场中其他某些一贯稳健的金融产品突然表现糟糕之时。VaR 问题的关键在于，它并不是永远低估风险，而是高度倾向于低估风险，特别是在对待本质上最具风险性的资产时，尤为如此。VaR 并不总是对可能的市场危机预估不足，但只要是 VaR，低估市场风险和危机的几率就总会很大。

在金融世界里，一项资产的历史市场表现和它的真实市场风险状况并不是完美对应相关的。原因很简单，一项资产在过去一段时间市场表现很好，并不一定意味着它永远表现很好。有许多例子证明，一些市场表现很不错的资产会突然变得令人捉摸不定，甚至出现超乎预料的损失。事实上，除非有现存的事实依据，高风险资产仅仅意味着一个美丽的过去。一旦发生市场调整，这类资产绝不会只是颤抖一下。相反，资产价格很可能会在极短时间内跌至谷底，而且绝对没有人胆敢再去出手购买。因此，这些高收益资产要么值点钱要么一文不值。VaR 的工作就是，根据过去的历史表现分析这类资产的风险状况，并向人们担保万无一失。但在现实世界中，金融交易却是瞬息万变、险象环生的。有许多例子表明，VaR 模型可以隐藏真实风险。除了借助历史数据，VaR 还遵循一套有害且不值得信任的规则。由于历史数据的蒙蔽误导，VaR 对真实风险的评估颇有些自欺欺人的意味。在现实的金融市场中，后视镜无法为驾驶员提供前面道路状况的有用信息。

即便历史上发生过一些市场混乱事件，又有谁能断定过往的市场动荡可以很好地预示未来呢？金融市场的走向往往被一些极端罕见的事件所左右，而在这类事件发生之时丝毫不见端倪，也没有任何历史经验可供借鉴。因此，与极端事件造成的资本消耗相比，基于历史数据来计算的监管资本往往严重不足。

2007 年夏季前夕，市场一直处于稳定状态，VaR 值相应维持在很低的水平。就 VaR 而言，此时似乎不存在什么市场风险，各家银行尽可大胆地"吃进"各种高风险资产。当 VaR 预言不存在市场风险时，真实的情况往往恰好相反。VaR 不仅仅擅长说谎，同时它还在创造谎言。低 VaR 值可以助长银行家们的自满情绪，自以为一切尽在掌握之中，而资本要求又是处于如此之低的水平，从而促成交易泡沫持续扩大。这个美其名曰的风险雷达既可以对风险视而不见，同时又能无中生有地创造风险，这使 VaR 成为一个可以将市场搅动得天翻地覆的可怕工具。

其次，VaR 赖以建立的概率基础并没有对极端市场事件加以充分考虑。VaR 模型强调正态分布，其模型的设计者先入为主地认为这类极端事件的发生概率实在是太过微小。金融市场并非属于简单的正态分布，市场异动和巨额损失经常发生而且非常严重。在正态分布的预先假设之下，有两个高度存疑的统计参数被引入定量模型：标准差（或西格玛 σ）和相关性。标准差 σ 被用来衡量一项资产的价格波动程度，而相关性则用来衡量不同资产之间价格变动的相关密切程度。这些变量自身都是基于历史数据计算得到的，因此它们只能在市场交易行为模式没有发生大的变动时，才会对可能出现的市场波动和相互关联作出较为准确的预测。不过，一次又一次，市场向人们展示出其反复无常的一面：昨天还是剧烈波动（平静如水），明天则会变得平静如水（剧烈波动）；昨天还运行趋同（背离）的，明天则会价格背离（趋同）。这正是危机爆发之前人们所见的日常图景。作为 VaR 的基石，统计方法并不值得完全信任。

当然，这并不是说一个基于"过去昭示未来"和"正态分布规则"等信条的定量分析工具就不值得信赖。许多人其实都对 VaR 的缺陷心知肚明，却一直默不作声。其中的原因就在于，他们觉得如果将 VaR 作为一种可以利用的工具，自己可以从中得到更多好处。银行家们被允许以自己偏好的方式来计算 VaR，这使他们可以选择性地利用特定的历史数据、计算方法甚至金融资产来达到自己想要的结果。这样一来，VaR 可以是一家银行想要的任何结果。当然，将 VaR 控制在极低水平的诱惑是如此不可遏制：对众多金融从业者而言，更高的杠杆和风险偏好意味着攫取大笔金钱的捷径。面对如此诱惑，你该怎么做呢？你会去搜寻最为有利的时间区间：如果过去两年中的市场波动过大，你可以将时间延伸至过去三年，整个数据就会显得更加平稳好看，而你就可以得到一个称心如意的 VaR 数值。或者，你可以找到最合适中意的资产组合，之间的历史相关性正是你想要的，同样可以使你得到一个可控的 VaR 值。

为展示因相关性指标导致的 VaR 值降低，我们不妨看看下面一张显示美林资产和 VaR 值相关性的表格（见表 1）。

表1			美林资产和 VaR 值相关性				单位：百万美元	
	2007 – 09 – 28	2007 – 06 – 29	2006 – 12 – 29	高值 2007Q3	低值 2007Q3	日均 2007Q3	日均 2007Q2	日均 2006
交易风险价值 VaR①								
利率和信贷利差	66	48	48	77	55	63	61	48
股票	27	36	29	47	13	27	31	19
商品	17	21	13	25	17	20	20	11
货币	5	5	3	11	0.3	6	4	4
小计	115	110	93.0			116	116	82
分散化收益	(33)	(39)	(41)			(40)	(39)	(32)
合计	82	71	52	92	60	76	77	50

注：①基于95%置信度、1日持有期计算。

正如你所见到的那样，VaR 值可以因对不同资产价格变动的相关性上作出不同反应而下降50%。美林的例子中，分散化收益从何而来呢？历史数据。下面是美林关于 VaR 值突然下降而作出的书面解释：交易投资组合的总体 VaR 低于单个交易资产类别的 VaR，其原因在于不同风险类别的资产价格变动发生在不同时间区间，而且从历史经验来看，所有类别资产同时出现极端市场变动的现象还从来没有发生过。但假如未来市场背叛了历史，而资产组合并不如人们一相情愿的那样温顺听话而是同时变得暴躁易怒呢？因此，相关性理论只是一个骗局，一个隐藏真实风险的管道，正是它制造出一家家资本不足、无法应对真实风险的不合格银行。

你稍加思考就会觉得，将银行监管和风险管理置于个人对历史数据任意选择的基础之上，这不免有些过于随意，很可能因此得出一些错误荒谬的结论。如果要真正严肃地对待银行资本以及风险操作等领域，那么将工作重点放在确定历史数据的样本区间为2年或6年，就可谓是令人吃惊的短视行为。值得注意的是，对不同样本的选择，会得出完全不同的 VaR 值：2年的 VaR 值很可能会是6年 VaR 值的2倍或者一半，从而导致杠杆和风险偏好行为发生同样倍数的差别。尽管 VaR 变化巨大，但银行的交易投资组合、市场走势以及经济环境，却统统都没有发生一点变化。此时，导致变化的无非是对样本区间的人为选择差别而已。X 数量的杠杆率和风险是否可以被接受，应该取决于全面审慎的基本面分析，而不是统计分析的技术性调整。下面我用一个例子来进行进一步说明。

假设你正使用历史模拟法进行分析。如果你选择的是过去 6 年的历史数据，99% 置信度下的最大损失是 5 000 万美元，但如果你仅选择过去 2 年的数据，同样置信度下的最大损失则只有 100 万美元。如果你希望尽可能低的监管资本额，你会作何选择？答案无疑是选择两年样本区间以得到更低的 VaR 值。与此相似，通过对样本区间的自主性选择，一家银行可以在交易头寸上实现超高水平的杠杆率。同样，交易室就可以基于此累积大量高风险的资产。如此一来，整个金融体系的杠杆水平就会变得越来越高，风险敞口也越来越大，发生危机的概率也就随之放大。发生这一切的背后，不过是一小群忙碌在几家大型金融机构内部的分析专家敲敲键盘、调整调整历史数据。对于如银行资本和银行风险这般重要的指标而言，这难道是一个负责任和成熟的计算方式吗？何不干脆采用抛硬币的方式呢？"银行业应该执行多高水平的杠杆率？银行可以承受多大风险？让我想想……先试试 2 年怎么样，嗯，再看看 6 年如何。搞定！"我深信，在这件关乎全球亿万人民福祉的事情上，总会找到比这更为科学合理的应对方式。

十年之前，我正设法为一家公司的财务部建立 VaR 系统。那时，我就感受到将历史数据作为金融预测的基础是何等的片面化。在打开包含所有历史价格数据的表格后，我突然发现，量化分析技术、高级统计规则统统都变得不再重要。此时，一个相当不具科学含量却又非常棘手的问题摆在我面前：究竟需要多少数据才够计算波动率、相关率和损失概率？2 年数据？5 年？10 年？我查阅了一大堆有关统计分析和量化风险管理的文件、书籍，但它们都不能提供一点帮助。原本满脑子关于概率分布和定量模型的想法突然间一扫而空。那天结束前，我不得不解决如何计算 VaR 的问题，此时唯一重要的事情就是鼠标究竟要在数据表格上往后拖拽多长距离（也就是拉黑多少包含数据的单元格）。我应该继续往下拉还是半途停住，是朝上还是朝下？此时，我注意到，我的不同选择将造成最后的计算结果大相径庭：按照我敲击鼠标操作的差异，公司的利率风险可能是 1 亿美元或者 3 500 万美元，也可能是 2.34 亿美元。这样的结果对我没有任何意义。毕竟，公司对利率的风险暴露应该是一个固定量，而不是可随意调整、变化无常的数据。公司的风险判断以及交易决策难道就完全取决于数据单元格的多少吗？此时，我对那些大型银行如何应付这一问题发生了浓厚兴趣。我发现，他们似乎也对数据的选择非常重视。不同的银行往往实行不同的规则：一家银行倾向于选择 2 年数据，而另一家则选择 5 年，等等。我被搞糊涂了。为何是 2 年呢？又为何是 5 年呢？作出选择的理由是什么？现在我知道了，不同的选择会产生完全不同的风险估算结果。对历史数据的选择是一个如此经不起推敲的灰色领域，这倒还不如抛开这些数据不用。

在提交 VaR 计算结果时，我只是基于不同的数据选择，展示了若干可能的情景分析。我的老板面前摆着若干差异巨大的风险估算值。他们都对此深感疑惑。我相信，他们也都没有被现代风险模型的"科学性"所折服。

与基于传统审慎监管理念的旧体系相比，新的监管框架更多依赖 VaR 发挥监管职能，从而令金融机构得以节省令人难以置信的资本成本。即便是在更为传统保守的金融环境里，VaR 依然很有可能导致资本要求大幅降低。当然，如果你交易的是普通资产而非垃圾资产，前 VaR 资本监管要求甚至会更宽容一些（事实上，某些品种的政府债券被确定为零资本要求，而这就连最宽松的 VaR 值也难以办到）。因此，将赌注下在一家意大利银行发行的债券上也很有可能发生，只不过在 VaR 体系之下赌注会大得多而已。对于一家发达国家的银行而言，在旧的巴塞尔 I 银行资本监管框架之下，其发行债券所需的法定资本金要求不超过 1.6%（20% 的风险权重乘以 8% 的最低资本充足率）。即便按照 VaR 方法有时会让投资者在购买普通资产时动用更少的资本金，但旧的资本监管规则本身已经足够宽松，以至于投资者在进行此类交易活动时根本不用畏首畏尾。因此，不必借助 VaR，银行也能低成本地完成大规模普通资产的杠杆交易活动。

不过，同样的情形并不适用于非标准的投机交易。为了确保高风险交易比安全资产需要更多的资本缓冲支持，旧的监管政策在实施过程中相当繁琐费力。按照当初的监管设计，任何有毒资产的交易活动都要在监管资本要求上付出高昂的代价。对于一家在前 VaR 监管环境中经营的银行而言，它很难在从事高风险交易的同时不被发现。这迫使它要么限制自身高风险交易活动的规模，要么增加额外的资本，而后者无疑是代价极高甚至是难以实现的。在这种情况下，旧的监管方式最大程度地发挥了监管威慑作用，防止金融机构采取过度冒险的交易活动。

待到 VaR 正式登台亮相，情况发生了戏剧性的转变。由于不对某项资产的优劣好坏作出判断，VaR 对不同的资产组合均是一视同仁，不会因为基本面因素而将不同的资产组合贴上不同等级的风险标签。VaR 不会认为美国国债的市场价格天然地要比复杂的抵押衍生产品更便宜。VaR 甚至不需知道美国国债到底是何物。对 VaR 而言，不论证券产品之间有何明显的本质区别，唯一需要知道的就只是历史数据。在对历史数据进行分析的基础上，VaR 实现所有类型证券产品的分层归类。在一段特定的历史时期，有毒资产的市场表现很有可能比安全资产更加稳定，此时按照 VaR 方法，前者的资本要求甚至比后者更低。对于高风险资产而言，只要一直处于交易状态，它们就可以做到一直拥有较低的 VaR 值。因此，如果一个体系的运行是基于历史市场数据而非基本面分析，那么这个体系从结构上就已经将最危险的交易活动视做无风险。这意味着，只要你能发现一个复杂、高风险的资产经历了一段市场平稳期，那么相较旧的监管规则而言，VaR 就会允许你对其实施杠杆水平高出许多的交易行动。显然，在不能进行有毒资产交易和能够大量从事有毒资产交易之间，VaR 起到了举足轻重的作用。

对于模型开发者而言，以上情形很有可能是他们（至少是一部分）在设计之初根本没有认识到的 VaR 副效应。事实上，多年以来这种副效应也一直没有得到公开承认。对许多交易员来说，借助其所钟爱的超高杠杆率，他们才能大量融资积累高风险资产，进而获得更高更快的利润回报。在交易员眼中，VaR 独一无二的比较优势就在于能够让高杠杆率成为现实，而其他的监管方式则绝不会允许相同的情况发生。这种诱惑是如此令人难以抗拒，以至于银行家们争先恐后地参与到制造复杂金融产品的交易泡沫中去。既然能如此轻而易举地开展有毒杠杆交易，何不将有毒资产的市场价值不断推高，以便从中获取暴利呢？假如 VaR 允许你能以 10 亿美元的资本金支持 1 000 亿美元的复杂证券产品交易，那岂不是太好了！这样一来，借助高高在上的债务杠杆率，那些非流动性证券产品的市场价值就被控制在你和你的银行同伴手中，你们所需要做的事情无非就是，一致决定为了获取 100% 的回报而将证券产品的市价推高 1%。所以，VaR 大肆教唆金融机构的冒险行为，推动高风险资产交易在市场中大肆蔓延。

福兮，祸兮?!

值得人们注意的是，VaR 可以通过多种渠道给金融体系造成危害。对银行交易活动的资本要求过低只是其不良副产品之一。事实上，自诞生之日起，即在被监管当局采纳重用之前，VaR 被赋予的初始角色就足以在金融市场掀起血雨腥风。换句话说，VaR 之所以会对我们造成伤害，原因就在于它是 VaR。VaR 并非生而为银行监管资本的测量员，这只不过是昏庸的监管官员后来头脑发热的结果罢了。VaR 曾经（当然现在仍是）作为市场风险的衡量标准。开发 VaR 模型的本意，就是在一定的模型假设条件之下，让银行高管们对其可能遭受的交易亏损规模

做到心中有数。VaR 值（比如 1 亿美元）能够直观地告诉你，在 99%
或 95% 的置信度水平下，银行可能遭受的与市场交易活动相关的最大
损失额。或者说更重要的是，它能告知你，在 100 个交易日内，只有 1
日或 5 日，你可能遭遇交易损失超过 1 亿美元的情况。当然，所谓的
"将会遭受"和"可能损失"实在是老生常谈，除非模型的基本假设真
正适用于现实的金融世界。

从概率角度来说，VaR 被设计来以货币衡量交易头寸面临的市场风
险。那些原本担忧市场风险暴露过高的银行高管显然发现，如此简洁明
了的数字恰恰是其梦寐以求的，以至于全权委托定量分析师纵情操纵他
们的 VaR 模型。这就是为何在 20 年前，VaR 俨然成为全球市场风险雷
达的缘由所在。在诸如高盛、摩根士丹利、JP 摩根、德意志银行、巴克
莱银行等这些大型金融机构内部，交易决策逐渐听命于 VaR 的计算结
果。同时，随着 VaR 的兴起，银行高管和定量分析师都完全沉浸在模
型所传达的市场确定性幻觉中，似乎自认为对金融风险管理更加驾轻就
熟。毫不夸张地说，VaR 的出现给金融业带来了革命性的冲击。在此之
后，一切都发生了改变。

作为市场公认的风险标准，VaR 所产生的影响力从来都不是中立
的。由于 VaR 在金融市场中的地位作用得到广泛承认，银行家们在此
基础上赋予其影响自身交易乃至整个市场行为的权力。作为交易决策、
设置交易限额以及对外披露风险敞口状况的依据，VaR 成功地对金融专
业人士的投资活动，乃至所有涉及其中的参与者都产生了影响。不过，
这种影响力的正面作用其实极其有限，理由有二。其一，VaR 试图衡量
本质上很难被精确计量的市场风险，从而助长了人们不切实际的自信和
对所谓"精确"计算的盲目崇拜。很明显，这些都难以成为金融交易
的决策基础。根据 VaR，你自我感觉对未来市场走势有所预知把握，但
你真正掌握的东西无非是过去的历史经验加上不恰当的概率假设。人们
自以为是地认定，VaR 对未来市场风险能做到准确把握，这种看法无疑

加深了对金融机构行为的误导。凭借让人感到放心的"准确性"的名义，金融从业者手里拿到了一份充满错误信息的行动指南。其二，VaR天然倾向于不切实际地取值过低和隐藏真实风险，在很大程度上鼓励了鲁莽甚至具有欺诈性的风险承担行为，并在资产泡沫破灭和强制清算时形成极度剧烈的市场波动。

很明显，除了作为资本缓冲的衡量标准，VaR还教唆金融机构过度承受风险。如果你正准备下注，你肯定会非常乐意一边下注看似稳健低风险的赌局，一边获取丰厚的回报（至少在短期内）。显然，你正在以非常安全的方式大发横财。这样一来，你俨然成为交易室里的英雄，理所应当得到大笔奖赏，同时交易限额也会被不断放宽。自然，你会赚更多的钱。哈哈，生活是如此美妙！

VaR到底是如何帮助人们实现如此让人欣喜若狂的目标的？很容易。无非就是对拥有以下特征的金融资产进行一番粉饰而已：（1）它们或多或少"品质低劣"，因此可以实现高回报；（2）它们在最近一段时间市场波动不大；（3）你可以为它们编造些动听的故事，好让投资者认为你的选择正确合理（比如，"网上售卖宠物食品是新的销售模式"；"俄罗斯不可能违约"；"与房价一样稳定"）。找到类似的黄金组合并非不可能，历史上大量的非标准市场就出现过许多类似例证。VaR可以担保赌注像诺克斯要塞一样安全，这无疑更是吸引人们蜂拥追随。一旦如此受万众推崇的伟大数字宣称天下太平无事，谁还会大费周章去与之争论？此时，无论是你的老板还是风险经理，口口声声都会是"下注、下注、下注"。让我们赶快去捡天上掉下来的馅饼吧！

很快，觊觎着你鼓胀起来钱包的同事，甚至是你的竞争对手，也都采取了同样的交易策略。突然之间，在一个由你选定的有毒金融产品市场上，VaR帮助你创造出火热的牛市行情。随着其他交易员陆续加入，这股交易浪潮不断升温，市价持续走高，自满情绪日益蔓延，而对市场调整的预期则在逐渐弱化，VaR值却越调越低。与此同时，大量投机资金涌进市场，加入到这场疯狂的赌局中来。

尽管 VaR 宣称没有风险，但这并不能消除现实金融世界中的真实风险。在风平浪静的表象之下，金融机构已经身处资产价值暴跌的风险暴露险境之中。一个巨大的资产泡沫正在形成，但 VaR 却还在一味地吆喝天下太平。事实上，VaR 已经成为一个制造而不是控制风险的风险管理工具。VaR 的天然低值倾向被人利用来更多地进行高风险交易，并吸引更多的参与者不断加入到这场追逐高额回报的赌局中来。

VaR 的存在吸引着拥有巨大影响力和经营规模的金融巨头，后者忙于建立同样规模巨大的交易头寸，其中缘由不仅是 VaR 在向所有机构传递乐观信息，而且也来自于以 VaR 为基础的交易模式的自动供给效应。低值 VaR 可以让交易员在交易有毒资产时大获其利，同时也可以轻易获得风险管理人员和银行管理层的批准，大量授权交易推高了资产市价，继而吸引更多交易员闻风而至，最终进一步降低有毒资产的风险估值。在经历了几年如此美妙的饕餮盛宴之后，即便是原来疑虑很深的投资者也禁不住诱惑加入其中。不久之后，市场中的每个人都成为了泰国债券、墨西哥股票指数或者美国住房抵押贷款的多头。

让我们假想一下，VaR 值如此之低，以至于最小的市场波动也会让几乎所有银行同时突破内部 VaR 风险限额。一旦风险限额被突破（交易室遭遇的真实风险超过了风险经理原先设定的最高损失估值），交易员通常会被要求削减交易头寸，直至其交易的风险暴露降至 VaR 风险限额之下。为了应对降低风险的要求，交易员会被迫向市场出售一部分资产投资组合。如果多家金融机构同时采取资产抛售行动，市场震荡和价格暴跌的现象很可能立马出现。如果每个人都在大量出售同一类资产，而潜在的买家要么观望要么等待市价进一步下跌，此时市场中的流动性很快就会枯竭。结果是：大规模的市场清偿滚雪球般引发更多的市场清偿，催生巨额亏损和潜在的系统性市场崩溃。随着每个资产组合都被抛售，资产的市场相关性显著提高，银行之间不再相互信任，几乎每个投资者都输个精光，短期信用大幅收缩，政客们忙不迭地推出紧急援救方案。

这幅场景几乎是1997—1998年金融危机的重演。正当亚洲经济体陷入困境而俄罗斯出现偿债危机之时，隐身在金融大赌局中推波助澜的VaR很快招致市场大幅波动，不仅引发市场连锁清偿，特别是长期资产管理公司因此倒闭，而且政府也不得不出面协调干预。在那段时间，整个金融体系的安危就在一线之间。

VaR作为风险管理工具被各家银行奉若神明般广泛运用，造成银行交易策略具有极强的趋同性，从而使市场发生大幅波动的可能性大大增加。这好比所有的银行共同拥有一个相同的风险管理部门，同时按照后者的风险警示要求采取相同的行动。如此一来，风险集中变得越来越明显，而银行体系内部的风险聚集无疑会对整体社会经济的健康运行造成破坏。在自我强化式的市场螺旋下跌中，面对相同的风险，银行体系可谓一荣俱荣、一损俱损。VaR不仅让所有人同时拥有相同的资产，更可怕的是它还让大家同时出售资产。VaR值低到如此无以复加的程度，以至于大规模的风险集中和市场清偿等极端情况随时都极有可能爆发。假如当初VaR不那么自欺欺人，风险集中和市场清偿的情形也许会好许多。

不幸的是，人们并没有从1997—1998年的金融危机中汲取足够的经验教训，VaR依旧保留了其在金融世界中风险管理的角色。于是，在更具破坏性的2007—2008年金融危机中，VaR继续发挥了关键性作用。

2006年12月26日，美林的日VaR值仅为区区5 200万美元（2006年全年的日均VaR值则为5 000万美元），这意味着美林一年的可能损失仅为8亿美元（发生概率为95%）。对于美林这样的大型金融机构而言，如此规模的损失估测实在是小菜一碟。在那些危机爆发之前的日子里，VaR让美林在进行交易操作时显得信心满满。2006年11月30日，贝尔斯登的VaR值仅为2 800万美元，稍微高出2007年1月28日一点，与 2007 年 5 月 31 日规模恰好相同。直至危机最终爆发，这家金融机构内部都一直处于自鸣得意的情绪氛围之中。2006 年 11 月 30 日，雷曼当季的日均 VaR 值为 4 800 万美元，同样一个让人感觉舒服的微小数字。事后证明，所有以上这些对交易亏损的预测数据，都远远背离市场真实情况，真实的损失远远大于 VaR 的估算。2007 年底，JP 摩根、花旗银行、高盛的日 VaR 值分别为 1.03 亿美元（概率 99%）、1.63 亿美元（概率 99%）和 1.34 亿美元（概率 99%），意味着 2008 年的年度交易损失可能分别为 16.2 亿美元、25.7 亿美元和 21.2 亿美元。但事实上，这三家机构当年发生的资产减记规模分别为 410 亿美元、1 020 亿美元和 80 亿美元。美林在 2007 年第三季度的日 VaR 最大值为 9 200 万美元（日均 7 600 万美元），按此计算全年损失不过 7.3 亿美元，但实际上该机构危机期间与交易相关的资产减记达到 84 亿美元。事实证明，VaR 是一个非常不可靠的风险估算工具。VaR 的预测注定大错特错，其在危机中的所作所为更令人感到彻底绝望。VaR 的风险预警功能失灵造成了严重的后果。以瑞银集团（UBS）为例，按其报告，2008 年和 2007 年，发生与 VaR 预测亏损不一致的例外事件分别为 50 次和 29 次。在 99% 的置信度水平上，UBS 的上述例外事件本该只发生 2.5 次（实际损失超过 VaR 预测值的交易日，每年 250 个交易日的 1%）。不妨再看看其竞争对手瑞士信贷（Credit Suisse）。这家总部设在苏黎世的老牌银行在 2008 年和 2007 年分别经历了 25 次和 9 次 VaR 估测（99% 置信度水平）例外事件。这意味着，与理论预测相比，真实损失超过前者 6 倍。面对这样的数据，我们已经没有必要再去深究 VaR 为何没有及时警告瑞士人规避危机了。

不必将自己置身于拥有壮丽雪山和精明银行家的中立国，你也能体验到 VaR 带来的幻灭感。实际上，即便美国人也同样会有相同的感觉。雷曼兄弟和贝尔斯登就亲身经历了 VaR 逐渐失去耀人光环的过程（在其破产前的最后 3 个季度里，大约发生了 30 次例外事件，超过 95% 置

信度水平预测值的 3 倍，即理论上一年超过 VaR 预估亏损的例外事件
不过 12 次或 250 个交易日的 5%）。发生类似情况的机构还包括摩根士
丹利、JP 摩根、美国银行（BoA）等。不少欧洲银行也同样如此。貌
似强大的德意志银行也在 2008 年和 2007 年分别遭遇了 35 次和 12 次例
外事件，是理论预测值的 10 倍左右。

如果将上述提及的机构进行简单汇总，2007 年大约发生了 120 次
VaR 例外事件，而理论上讲，这些银行 1 年本该发生 50 次与 VaR 预测
不符的事件，即真实风险是理论值的 2.5 倍。不过，由于几乎所有的例
外事件都发生在 2007 年下半年，可以说在危机来临之际，理论预测将
现实风险低估了约 5 倍（120 次例外事件比 25 次理论值）。这样的分析
甚至还没有将美林或花旗银行包含在内，这两家银行没有披露其例外事
件的发生数据，而结合亏损数据来看，它们在危机期间发生大量例外事
件的可能性其实相当高。不仅如此，大家不要忘了，真实和理论例外事
件之比只能说明 VaR 让人失望表现的程度，而不能体现出其规模。事
实上，许多例外事件中金融机构遭遇了巨额亏损，而这类事件的数量级
别之高根本不是一般的交易亏损规模所能相比的。现实情况是以百万美
元为单位。比如，在瑞士联合信贷的 30 次例外事件中，有 10 次亏损额
超过 VaR 值 150 百万美元。也就是说，这不仅意味着 VaR 预测失败，
而且是相当失败。请记住，所有这些令人难以相信的例外事件竟都是发
生在 VaR 值不断调整上升的时期；也就是说，即便大幅调高了估算值，
VaR 仍然严重低估了真实风险！实际上，对于上述熬过 2008 年危机的
金融机构而言，即便与 2007 年相比 VaR 值已经平均升高了大约 2 倍，
但真实例外事件与模型允许例外事件之比仍达到 133~134。

面对 2007 年第三季度超过 20 亿美元的交易损失，美林很快抛弃了
自己长期使用的风险测量工具。它指出：

在这场史无前例的信贷市场危局中，美国次级住房抵押信贷市
场和资产支持证券（ABS）CDO 市场都发生了极端严重的市场错

配，而 VaR 却显著低估了实际损失的规模。在过去，AAA 级的资产支持证券（ABS）CDO 从来没有遭遇过如此巨幅的价值损失。

美林的声明对 VaR 不啻是一个双重打击，它将后者的危害性大白于天下。首先，身处困境的华尔街银行家们提醒世人，即便 VaR 这件工具真的管用，它也难以真正做到准确预测危机。其次，VaR 本身就是制造危机的罪魁祸首。请记住以下这些话："在过去，AAA 级的资产支持证券（ABS）CDO 从来没有遭遇过如此巨幅的价值损失。"也就是说，对那些寄希望于次级借款人能够最终偿还其巨额债务的金融赌徒来说，VaR 可以让他们从中轻松大赚一笔。从历史经验来看，这些赌注不可能遭遇严重损失。美林可怜巴巴地让我们得知，VaR 是如何怂恿它及其同伴因贪涉险，最终遭遇数以亿计的惨痛损失。

当然，美林最终以惨烈的代价体验到 VaR 具有欺骗性的致命缺陷。即便美林的 VaR 值在华尔街属于最低之列，它仍然成为受危机冲击最为严重的华尔街机构之一。比如在 2007 年，VaR 值是美林两倍的高盛取得了创纪录的盈利成绩，而美林则面临 85 亿美元净亏损，与此前谈到的 8 亿美元的理论预测值形成鲜明对比。

人们或许想知道，金融专业人士对于 VaR 的作用究竟持何态度呢？他们可能会对世界宣称，VaR 仅仅被视做风险管理的工具来使用，但在作出与风险相关的交易决策时，却并不完全依赖它。银行也许会很谨慎地发布 VaR 相关报告，但它们究竟会在多大程度上严格遵照 VaR 行事呢？金融机构会在多大程度上让 VaR 来真正影响其交易决策？这确确实实是一个难以准确回答的灰色地带。交易员原则上受到内部 VaR 风险限额的严格约束。所以，低 VaR 值总是对那些急切赌上一把的人有所帮助，因为后者会说"低 VaR 值表明低风险"。不过有一点仍不是很清楚：金融机构的内部交易决定到底是如何受到 VaR 值的影响？一些人假定这部分黑匣子内容可以免除关于"VaR 导致了危机"的指控；或许，即便不存在低 VaR 值甚至 VaR 模型，银行机构仍然会采取相同的交易决策。

　　当然，我们知道事情并非是这么回事。当 VaR 可以决定银行交易活动的资本要求时，它那至尊无上的地位就已经得到确认，其在金融世界中具有决定性意义的角色不容被半点怀疑。单家银行的偏好和行事方式都无法改变这一事实。不论交易倾向如何，也不论风险偏好怎样，银行机构最终采取的交易行动都将受制于资本成本，而后者则由 VaR 主宰。在 VaR 允许的情况下，银行机构才能充分实施高杠杆策略。你可以不关心 VaR 对未来风险状况的预判，但你的交易决策最终却仍由 VaR 决定。只有在 VaR 告诉你能否承受相应的资本成本时，你才会作出是否采取大规模交易行动的决定。

　　毋庸置疑，在银行机构采取的高杠杆交易行动中，VaR 扮演了必不可少的决定性角色。当然，对于危机的爆发，银行家是否对 VaR 言听计从并非是绝对的必要条件。唯一的必要条件在于，银行交易决策的资本成本取决于 VaR。这才是 VaR 促成危机爆发的无可否认、不容置疑的作用机制。尽管银行机构将 VaR 当做内部风险管理工具的确存在负面影响，但 VaR 最大的威胁却是来自于它扮演的其他重要角色。只要金融监管当局宣布彻底放弃 VaR 在资本监管规则中的运用，而金融机构坚持依据 VaR 计算结果行事，那么这也应该算是公正合理。问题是，我们可以将 VaR 视做风险管理工具，但我们无法容忍将 VaR 当做设定银行资本规模的监管工具。

　　因此，关于 VaR 的关键问题在于：政策制定者会继续采用这样一个准确性不高且具有潜在危害的分析工具吗？为何监管当局第一眼就喜欢上这样一个错漏百出的工具呢？这一切是如何发生的？

　　过去大约 15 年间，一个最让人感到困惑不解的现象在于，国际金融监管当局对于 VaR 在监管规则中的运用抱以超乎寻常的热情。VaR 这个工具原本由银行自主开发，而不是监管当局自上而下强制推广。直至 20 世纪 80 年代末 90 年代初，金融机构才开始在众多不同类型的金融市场，通过各种令人眼花缭乱的金融产品，经营管理大量与交易相关的风险暴露。对于各个交易室和华尔街金融高管层而言，风险衡量成为头等大事。当时，完成这项任务所需的技术资源已经准备就绪，不仅有高性能的计算机，还有大容量的市场价格数据库。各家银行都希望有一个风险衡量标准，它不仅能便于人们理解和解释市场风险，而且还适用于各种不同类型的金融资产。于是，VaR 应运而生。在定量分析专家的帮助下，它恰好满足银行的各种要求。不久之后，各家金融机构开始尝试将之运用于内部风险管理。此时，只需要一点点助推力，VaR 就可以在金融世界中得到普遍认可和运用，也只需一点点激励，金融机构就会无限狂热地使用这个工具。

监管当局提供了这个必需的推动力。1993 年，巴塞尔银行监管委员会决定将市场风险纳入资本协议监管框架之下，并提出关于衡量与交易相关资本要求的建议。由于这些监管建议缺乏法律约束力，各国之间达成君子协定，承诺将其纳入各国的监管框架之内。不过，美国证券交易委员会（SEC）一开始拒绝放弃它在计算华尔街交易商资本要求时所使用的方法，巴塞尔委员会同意，就美国而言，银行业和证券业的资本监管要求原则上可以有所区别，而不必完全相同（欧盟国家即是如此）。

在巴塞尔委员会的市场风险监管建议发布之际，大批金融机构已经在使用自己开发的、复杂的 VaR 模型。各家银行都对自己的风险估算工具钟爱有加，而对巴塞尔委员会推出的衡量市场风险的标准模型（standard model）并不感兴趣。所谓标准模型是一种模块法，它为每种不同的资产类别明确规定了特定的资本要求。本质上讲，巴塞尔委员会正试图按照与对待信用风险一样的方式来处理市场风险，不仅缺乏灵活性，而且不允许存在历史数据驱动的波动和相关效应。对银行而言，这种监管设计有些不太友好，显得古板过时（而且，实施起来似乎代价高昂。VaR 则允许银行选择自己喜欢的数据样本，作出有利于自己的数学假设，使整个计算过程更加轻松自由）。

不久，银行开始游说改变监管规则。风险衡量的"科学性"成为各类监管建议中的最高准则。1993 年 7 月出现了第一轮大规模的游说行动，发起者是具有相当影响力的 G30 组织（由国际顶尖的银行家、学者和监管官员组成）。当时，G30 发布了一份关于衍生产品最佳实践和规则的报告，提出了 VaR 模型是度量市场风险的最佳手段的建议。令人感兴趣的是，这是风险价值（Value at Risk）第一次出现在正式文件中。G30 对 VaR 的支持对巴塞尔委员会造成巨大的压力。在短暂的犹豫之后，巴塞尔委员会最终还是屈服了。1994 年 10 月，当 JP 摩根对外公布其充斥着各种符号和数据的风险度量制（Riskmetrics）系统时，即明确预示了 VaR 时代的到来。

为何说这是一个具有深远影响的时刻？原因在于，不仅 VaR 模型因此获得了巨大的知名度，而且任何一家机构都能更为轻易计算自己的 VaR。JP 摩根推出 VaR 给那些不愿将模型纳入监管框架的人沉重一击：它看起来深奥复杂但富有智慧，同时又很容易计算。这是不是华尔街精英们可以轻易驾驭的最佳风险度量技术？谁可以拒绝它呢？VaR 成为不容置疑的上帝福音。

不论 JP 摩根 1994 年的举动是否出于打消世人对 VaR 疑虑的考虑，事实上它的确起到了这种效果。为了不致引起混乱局面以及避免被视做逆历史潮流，巴塞尔委员会于 1996 年 1 月在著名的 1988 年巴塞尔资本协议《市场风险修正案》（Market Risk Amendment，MRA）中，同意在衡量市场风险时使用银行内部的 VaR 模型。一位监管专家曾这样写道："这向前迈出了一大步。在此之前，监管要求和内部风险计算之间的差异一直在不断扩大。1995 年的《内部市场建议（Internal Markets Proposal）》第一次全面揭示了银行监管和内部操作之间显著收敛的趋势。"此外，在分析 1998 年银行资本监管局面时，这位专家坦白地承认，VaR 的投入使用在很大程度上意味着更低的市场风险监管资本要求。银行可以自由选择到底是采用标准模型还是 VaR 模型（早期研究显示，与标准模型相比，VaR 的使用可以让银行减少高达 85% 的资本）。一旦银行机构选择后一种方法，那么上一交易日的 VaR 最高值或者将过去 60 个交易日的 VaR 均值与一个乘数因子（通常情况下该乘数为 3，如果 VaR 对损失的预测表现不佳，该乘数可以调高）相乘得出的结果，就会被作为最低的每日市场风险资本要求。银行可以随心所欲地选择任何一种 VaR 计算方法，以及任意选定超过一年的历史数据期间。

以上这种监管制度安排在超过十年的时间里盛行一时，直至 2007—2008 年金融危机大爆发，这才迫使监管当局引入一些修改调整。正如我们知道的那样，2004 年美国证券交易委员会决定加入巴塞尔新资本协议，允许高盛及其分支机构根据 VaR 计算资本要求。如此一来，国际金融监管领域出现一派团结合作的热烈气氛。

如何解释监管当局对 VaR 的溺爱？任何花了两分钟进行思考的人都会明白，市场服从正态分布或历史数据作为现实预演的模型假设不免难以让人信服，甚至疑窦丛生。金融监管官员都是些聪明人，尤其是那些在这个位置上待了许多年的资深官员更是精明得很，难道他们连这样简单的问题都没发现吗？

尽管一些金融监管官僚的确表达了负罪感和纠正 VaR 错误的意愿——但仍然拒绝彻底放弃它，这一切似乎显得做得远远不够而且太迟。不论多少赎罪行动都不能弥补这样一个事实，那就是在如此长的时间里，我们所信任的金融监管者们一直在鼓励、推动和支持着一些人大肆推广 VaR，这好比在兜售叫卖撞车时毫不起作用的汽车安全气囊。

2007 年次贷危机爆发之后，VaR 的信任危机随之显现。然而，许多 VaR 支持者对此的反应总体上让人感到相当不安。他们不仅没有勇于承认 VaR 显而易见的失败，反而搬出一整套陈旧老套空洞的说辞，不惜一切代价来为 VaR 的苟延残喘开脱罪名。尽管让人感到失望，但这样的反应仍然有值得认真对待的一面，原因在于：它让这个世界有机会认真反思这些人的信条到底是什么，以及他们对经验主义真理的极端厌恶。经验证据（所有那些例外，所有那些不充足的资本要求，所有那些与交易相关的巨额损失，所有那些失败了的风险估算和预测）真是多余累赘，哪怕有一点与 VaR 背道而驰的迹象，也会被彻底抛弃。他们根本不关心是否有东西在风险预测中更管用，他们只是想让 VaR 永远保持不败地位。

在后危机时期，VaR 支持者的策略就是试图混淆视听，把关于 VaR 的实际表现和 VaR 导致的实际危害的讨论与最终目标搅浑。众多 VaR 的拥护者在不遗余力地向人们灌输，称应该继续使用 VaR，因为这不是 VaR 的错，而是交易室和决策层中那些分析能力不足、粗鲁无礼的无赖的错！就是这样的！VaR 并没有杀人，是人在杀人；VaR 不是问题，问题是人们从来没有正确理解 VaR；受到误解的 VaR 被人滥用，应该把那些蠢人白痴揪出来。多年以来，人们将 VaR 称做风险估算的黄金基准、改变世界的崭新范本、上天选定的真命天子，不过，也有一些 VaR 死党突然之间有了贬低模型的怪异倾向。你不能只是装作心悦诚服地承认，自己一直在鼓吹一个有害且容易犯错的工具，称这个工具碰巧促成了有史以来最为严重的危机的爆发。但与此同时，你却非常希望保留这个工具，只不过面对如潮的抨击批评，不得已装模做样贬低一下 VaR。虽然这个工具的声誉有所损害，但它却可以继续存在下去。问题是，离开 VaR 你就活不下去。所以，你尽一切可能来使 VaR 继续存在下去，即使需要假装公开唾弃它也在所不惜。

当然，事实上 VaR 一直在按照人们所期待的那样发挥作用。对于这一点，应该没有任何疑问。这里没有所谓的人为失误，也没有误解。如果还有什么不妥的话，那可能就是 VaR 被金融从业者理解得太过透彻了。VaR 的支持者和政策专家并不是稀里糊涂的笨蛋，它在金融风险管理中的运用也并非是后者巧立名目的结果，他们完全知道 VaR 到底是怎么一回事。VaR 之所以失败是其本质所致，而不是人们不恰当使用的结果。

信贷危机爆发后不久，人们展开一场关于 VaR 优缺点的公开辩论。正如前面提到的那样，这场辩论对揭示 VaR 死党的思考方式有一定好处，它可以让人了解到那些依赖分析工具的风险经理是多么不顾一切地对现实置若罔闻。一个 VaR 的热情支持者在参加此类辩论时曾这样说道：

> 我们可以改进"天气预测"方法，但摒弃此前所做的一切工作，而将风险管理交由从业者按常识行事，将是一个错误。

上面一席话说得彬彬有礼，但却不够明确清晰。对于这样的 VaR 拥护者而言，所谓的"交由从业者按常识行事"完全就是一个错误。这是应该不惜一切代价尽量避免的坏东西，或者说是敌人。

对于那些几个世纪以来没有借助数量分析工具而仅凭经验和常识，在市场中生存下来的金融从业人士，VaR 死党是这样评价的：一个巨大的错误，一个不可接受的缺陷。你怎么能胆敢依照自己的直觉以及同行积累的实践知识，而不是按照定量分析结果行事？

对于那些擅长定量分析、拒绝承认 VaR 会引发市场混乱和功能失灵的风险经理和学者（我们不妨称之为定量蚂蚁，QuAnts）而言，他们所面临的一大问题在于：即便是监管者，也已相当仓促地将他们弃之不顾。这些孤立无望的定量蚂蚁好比第二次世界大战中的日本士兵，被他们失败后撤的将军遗留在雨林之中。他们相信这场战斗还在继续，付出是值得的，而胜利就要来到。在天皇签署投降书很久之后，一些士兵仍然认为他们还在为天皇战斗。如今，曾经犹如神明般的监管当局已然宣布失败，而那些迷失的 VaR 士兵难道仍然不肯服输吗？

本质上讲，监管者已经决定判处 VaR 的死刑，不过并不是彻底将其从金融世界中根除。他们做了些什么呢？他们对设定交易相关资本要求的监管规则进行了修订，确保今后的资本要求将数倍于过去依据 VaR

所确定的数额。也就是说，监管当局承认此前的监管安排导致了违背客观实际的过低资本要求，这在促成危机爆发的过程中起到了负面作用。事实上，监管当局承认了 VaR 在高杠杆交易中扮演了关键角色。通过他们采取的举措，监管当局告诉世人，VaR 是危险、罪恶的。

不过，他们仍保留了 VaR（也许这样做可以让他们免受关于这些年为何一直采用 VaR 的质疑；简单粗暴地抛弃 VaR 也不得人心，因为一些人会问，既然如此当初又为何采用它）。但新的监管规则清楚地表明，VaR 错了，它不应被赋予设定银行资本要求的重任。

VaR 至今仍身处监管规则框架之内，但它的影响力已经显著缩小。监管当局不再将 VaR 视做市场风险监管资本以及与交易相关的杠杆水平的唯一决定因素。因此，监管当局已经在采取行动弥补以往的过失。

新巴塞尔资本协议对此前的资本计算方法进行了若干修订。其中一项修订是于 2008 年引入所谓的压力 VaR（Stressed VaR，sVaR），它是在前期显著压力时期选择特定的一段历史数据计算得到。它类似于一个平行 VaR，对于每类资产而言，计算所用的数据体现出最大的波动性，因此可以保证计算出最为合理的未来损失。人们相信，VaR 加上 sVaR，可以得到更为保守的资本要求数额，从而绝不再让监管当局在银行资本要求和高杠杆率问题上重蹈覆辙。

巴塞尔资本监管框架在危机后进行的另一项改进措施在于增量风险资本计提（IRC），其目的主要在于更好地反映 VaR 所没有涵盖的交易风险。IRC 主要用于非证券化的头寸、有违约风险的交易（因债务人违约导致的直接和间接损失）以及信用迁移风险（credit migration risk，即因其他信用相关事件如信用评价下调等导致的损失）。IRC 模型估算损失的时间超过一年，置信度水平为 99.9%。与 sVaR 类似，银行可以使用任意一种分析工具来计算 IRC。

最后，国际金融监管当局还决定，不论银行将头寸放在银行账户还是交易账户，都应该对证券化产品和再证券化产品提出同样的资本监管要求，以便消除监管套利的可能性。

有研究表明，在修改过后的资本协议框架之下，资本要求将增至原来 3~4 倍的规模。很显然，这种急于求成的补救措施似乎在告诉人们，监管当局在过去许多年犯下了多么严重的错误，而他们此前所钟爱的工具不能应对现实，现在却又急切作出补救。唯一的问题在于，在消灭 VaR 之前，我们已经被 VaR 消灭了。

那些定量蚂蚁并不想让世界了解 VaR 曾经犯下的致命错误，但其曾经的监管当局同盟早已拿起喇叭筒告知了普罗大众。作为全球最为重要的金融监管当局之一，英国金融服务局（FSA）在 2009 年 1 月发布的、传播甚广的"特纳报告"（Turner Report）中表明了自己的立场。在讨论自 2003 年不断走高的杠杆率问题时，FSA 提出，"回顾历史，VaR 衡量风险的方法明显是错误的，而它对交易账户监管资本的要求是不充足的"。它继续谈到，"数学的复杂性并没有涵盖风险，而是向人们提供了虚假的担保，让人们误认为其他显而易见的风险指标可以被忽略"。如此一来，那些曾经给予 VaR 巨大权力的官僚们承认，VaR 导致了金融市场中的高杠杆赌博和错误的风险评估。换句话说，VaR 催生了危机。

如今，那些定量蚂蚁们显示出懊悔之意了吗？不可能，我想。如果说历史是未来的指引，VaR 死党却一直在这问题上绕弯，罔顾经验证据的存在，指责那些使用 VaR 模型的人不够聪明以至于不能正确理解如何正确使用 VaR。他们会一直说 VaR 使用者的坏话，而不是追究工具本身的过错。这种说法类似于有些人称广岛、长崎的灾难与核弹无关，该负责的应该是驾驶飞机投弹的飞行员；核弹没有杀死人，是扔核弹的人在杀人；如果我们要想在地球上永远见不到蘑菇云升起，我们应该革除所有的空军飞行员，而不是销毁核弹（以及制造它们的人）。

对定量蚂蚁而言，VaR 绝不是问题，使用 VaR 的人才是问题所在。定量蚂蚁像制造兵器的工程师一样，甜言蜜语地说服将军采用他们的武器，然后将杀人的责任全部推在士兵身上，同时又极力游说继续保留和制造这些炸弹武器。

不过，上述类比还不够完美（不仅仅是因为很多时候武器被用于高尚目的）。在核武器问题上，任何欺骗掩盖都是徒劳无用的。没有人否认核弹会导致大规模毁灭，也没有人会将核弹描述成滋养花朵的肥料。在关于核弹的讨论中，每个人都知道这种炸弹就是被用于摧毁生灵。然而，VaR 却远不是这么回事。那些极力推广 VaR 的人从来没说过 VaR 具有毁灭性作用，相反，我们被告知 VaR 能将我们拯救于水火。VaR 被描绘成低调安静的面貌出现在世人面前，被视做可以阻止金融灾难的发生。在大众宣传中，VaR 被描绘成将人们从邪恶力量中拯救出来的工具，但它造成的危害却从未被提及。如今我们知道，我们被误导了。这种说法好比将军在为核弹辩护，称核弹在撞向地面之前会变身为洁白的和平鸽。

没有 VaR 的世界会是什么样呢？考虑到决策者决定准备逐步弃用 VaR，我们不妨将这个问题改为：没有 VaR 的世界应该是什么样子？如果现实中 VaR 的确被彻底弃用，或者暂时被边缘化，谁又能替代它？

我的观点是，直接排除一个坏的解决方案本身就是一个有效答案。因此，"没有 VaR" 就是对以上问题的最佳回答。首先，我们可以庆幸远离错误（戒烟是健康的，因为你没有去做替代吸烟的其他事情）。将一个坏的模型清除出金融世界，这意味着我们向前迈出了巨大的一步。没有 VaR 本身就是对 VaR 的巨大改进。

即便在没有 VaR 的时代，金融风险仍需要继续被管理，银行资本也需要继续被监管。一言以蔽之：让我们不要再浪费更多精力在金融风险的数学分析上面。基于交易员的惨痛教训、经验直觉以及与其他市场成员的网络互动，柔性智力在解读风险暴露上相较定量分析更具优势。不仅如此，在预防破坏性的、制造混乱的市场行为方面，柔性智力也更加有效。常识性而非定量分析的建议不仅能更好地确认风险，而且能坚决抵制有毒资产。在每个交易日结束之时，如果不是应对最为严重的风险，风险管理在干些什么呢？在 VaR 为王的情况下，金融体系很容易陷入致命危险之中；而在常识驱动的情况下，发生灾难性事件的可能性则降到很低（不是说完全不可能发生）。从常识角度看来极端愚蠢的行为，在定量分析的角度却是可以接受和值得鼓励的，因此双方的建议也会同样天差地别。

VaR 到底是如何对风险视而不见的？VaR 并不了解每项资产的真实风险所在，它只是收集了相关的时间序列数据。如果没有分析模型，那我们不得不去考察资产组合的实际风险。我们的结论或许并不总是中肯的，但它一定胜过盲目空洞的分析。一个丝毫不关心抵押品基本面的交易员，他对次级 CDO 所做的风险分析，完全就是基于近期证券的市场表现。虽然历史数据会掩盖真实风险，VaR 会将显而易见的垃圾资产贴上低风险标签，但若进行全面周全的分析思考则不会犯同样的错误。选择常识而非 VaR，我们至少可以设法避免让这个愚蠢的风险管理机制渗透至整个经济领域，继而避免引发损失巨大的金融灾难。

难道那不是风险管理和审慎监管的主要目标吗？首先，应该确保明显不可接受的事情不可能发生或者死灰复燃，然后再来处理其他事情。任何允许银行交易账户存在 1 000:1 杠杆率的风险体系是不可被接受的；任何允许银行持有超过其股本规模的有毒资产的风险体系是不可被接受的；任何在大型银行陷入破产深渊之前，还宣称天下太平无事的风险体系是不可被接受的。

基于金融常识的巴塞尔资本协议 I 堵住了不可被接受事件发生的渠道，而其后主要基于模型分析的巴塞尔资本协议 II 和巴塞尔资本协议 III 则让本不可被接受的事件任意发生。在巴塞尔资本协议 I 框架下，金融监管官员需要进行自主独立的分析思考，基于基本面分析对风险进行评级，确保资本要求根据特定资本组合的非标准特性变化情况而变化。众所周知，这样的风险管理机制远非完美，但它却不会让非流动性的复杂金融资产获得相对很低的资本要求待遇。在巴塞尔Ⅱ和巴塞尔Ⅲ框架下，监管者不再自主思考，而是依赖由银行开发设计的 VaR 和信用模型进行风险控制。在风险管理中，基本面分析不再起什么作用。这让有毒资产的高杠杆交易突然变得经济可行，交易员甚至可以计算自己的资本要求数额。旧的、不完美的风险管理体系会对高质量资产和垃圾资产进行区分。如果这样，2007 年的金融危机就不会发生。相反，VaR 根本不进行类似的资产分类工作。它对所有的资产包括原本不可被接受的资产都来者不拒，现代的金融风险规则决定了我们的命运。

让我们用这场最新的市场危机和 VaR 灾难来重新定义风险管理和风险监管，以期有效抵制不可被接受事件的发生。很明显，没有任何一个风险管理度量体系和风险定价机制可以做到百分之百正确。许多风险暴露都会被低估或者高估，而监管资本最终可能会高出实际需求一些，也可能尚不够充足。这将是一个追求精确但又永远无法实现精确的艺术，其中充满了不确定性。不过，我们确实有能力预见性地甄别出高风险证券，并把它们与安全资产相分离。虽然没有人能担保投资安全资产一定没有风险，但如果我们能劝阻对市场价格波动巨大的有毒资产的大量投机，那么全球金融稳定就可以得到更好保证。事情就是如此简单。如果有这么一种可能，即风险机制可能导致过高的杠杆率，那么这种风险机制应该立即被予以摒弃。正如我们此前提及的，监管者似乎的确从这场危机中汲取了众多经验教训，但迄今为止他们并未采取最为适当的应对措施（只要 VaR 仍然被保留在监管框架之内，它就会继续发挥影响力；此外，所有对监管体系的改进措施都可能在未来被悄悄取消，特别是在经历一段平静稳定的时期之后，决策者可能会对银行家们采取相对宽松的监管规则，最终使我们重返危机前的境地）。除了当下正在进行的金融改革之外，当前的监管架构仍然需要进一步更为激进的调整。即使是那些愿意且能够从危机中汲取教训的人，仍然有很多东西需要学习。

许多专家会告诉你，风险管理关乎风险度量和损失预防，但这些东西是很难实现的。人们不能精确知晓市场的风险概率分布，而市场中的坏消息总是不期而至。对此，我们能做的实在有限。即便没有准确预见那些每天都在发生的事情，我们也不应该受到严厉苛责。不过，如果我们没有做一件我们绝对能做且非常重要的事，那么我们就应该受到无情的惩罚，即杜绝任何显而易见、不计后果的鲁莽投资行为（可以百分之百确认，这种行为的后果是灾难性的）。尽管危机仍可以通过其他渠道爆发，但到目前为止，潜在致命的管道（疯狂的高杠杆、疯狂的有毒资产积累）已经被堵住了。

（好的）银行家和（好的）政客会从新的风险监管机制中获益良多。许多健康稳健的金融机构可以证明，过高的杠杆率并不是银行追求亮眼财报和更高股东利益的必要条件；有许多其他更好的渠道可以帮助银行长久实现良好业绩。那些忧心银行竞争和金融体系环境的银行家们，完全可以敞开心胸欢迎严格限制杠杆率的风险监管政策。与此相似，任何一个致力于社会稳定的政策决策者，都应该赞同对银行的疯狂交易行为进行严格遏制，以免对失业和公共财政赤字造成冲击。好的银行家和政客联合在一起，就可以杜绝不可被接受事件的发生，有助于风险政策目标的实现。

在市况不佳之时，银行和其他市场参与者仍有可能遭遇某种形式的挫败；只要是人类在从事金融活动，这些事件就会总是难以预知。面对这样完全不可避免的局面，我们不应该根据是否能根除或者预见来评判风险监控的好坏。风险监控的重点在于，采取切实可行的预防性措施，确保发生灾难性冲击事件的概率不是百分之百。这样看来，VaR 的使用是对风险监控事业最为糟糕的贡献。这个曾经统治世界的数字绝不能再次拥有相同的权力。

第二章

追根溯源

历史回顾■VaR的无名发明者

■ 梯尔和相关研究团队

■数字简化

■懒惰的精确带来的危险诱惑

　　下面，让我们更加详细地审视一下 VaR。如前所述，我们略微谈到了一些要点。到目前为止，我们了解到一些相关的历史背景：VaR 模型在 20 世纪 80 年代末的问世应归功于 JP 摩根。在其问世的早期，模型很数学化。到了 20 世纪 90 年代中期，越来越多的人开始熟悉并使用这一模型。对于风险如何被计算出来，我们已经有了一些印象。现在，我们不妨更加详尽深入地对 VaR 一探究竟，以便弄清它的前世今生以及整件事情的来龙去脉。通过对历史细节的梳理，我们可以更好地理解这个工具的基本原理以及现实中是如何被使用的（而需要提醒我们自己的是，本书所关注的并不是特定的专业技术，理解其基本内容足矣）。总体上，我们需要更多地了解 VaR 的内容以及它的来源。这不仅有助于我们更好地了解模型的内涵，理解其表现不佳的原因，而且还能从人性角度理解背后的故事。难道你对找出谁创立了这个分析工具不感兴趣吗？难道你不想知道谁最先发明了这个功能强大而有影响力的机器并用其在金融领域驰骋，以及其背后的动机吗？他们是什么样的一群人？他们来自何方？他们又去了哪里？作为先驱之一，阿伦·布朗（Aaron Brown，当今国际顶级风险管理经理）将在本书末奉上一篇短评以飨读者。但是 VaR 还有其他若干位"缔造者"，本书都将一一提及。他们中的有些人经常被外界关注，非常有名；而其他一些人则在 VaR 行家的小圈子外仍然默默无名。在这里，我们将回顾历史，公正地评述他们的先锋行为。VaR 模型在过去 20 年主导世界，并可能将长期继续下去。大家准备好了吗？我们将开始对它更深入地追根溯源！

　　对于绝大多数人而言，肯尼思·盖布德（Kenneth Garbade）很可能并不是一个家喻户晓的名字。但对于本书而言，他却是一个重要角色。原因在于，他可能是在银行内部构建 VaR 模型的第一人。作为前学者以及当前任职纽约联储的经济学家，他曾于 20 世纪 80 年代在金融衍生品交易巨头——美国信孚银行（Bankers Trust）工作了好几年时间（该银行在 20 世纪 90 年代中期采取了过度冒进的经营策略，最后适得其反导致长期停业）。在该银行任职期间，他将好几项涉及市场风险统计测量的研究项目合并在一起，同时使用了多项基于后来普及的 VaR 的分析工具。在构建模型时，他假设资产服从正态分布，以标准差来衡量风险，选择 99% 作为置信区间。这些研究报告似乎只是被银行用做向客户营销的内容，而并非有意对外提供或为了引起更多的关注。美孚银行（当时已成为探索风险管理方法的市场先驱）本可能有机会作为"VaR之父"而声名鹊起，但可惜其志并不在此。肯尼思·盖布德本也可能名扬全球，但他却没有刻意急切地去追求成为这种角色（多年后，他将自己的研究成果归集编著了一本书，而关于 VaR 的内容仍然被排除在外）。

如果说美孚银行的牛仔们放弃了 VaR 的荣光，而他们的竞争对手 JP 摩根却不会这样犯傻，JP 摩根牢牢抓住了机会。该公司不仅仅为内部目标而热切地引入 VaR 模型，而且还急于和外部世界共享成果，并积极参加有史以来最为声名狼藉和喧嚣激烈的 VaR 市场竞争。这就是为什么大家都将 JP 摩根认作是 VaR 发明者的原因。在这种背景下，市场发出的强大噪声使人们难以得出另外的结论。但如果人们能充分认清 JP 摩根所扮演的角色，我们就能发现，关于这个华尔街传奇巨人内部的事实真相很可能被人误传多时了。人们一直认为，JP 摩根最初构建 VaR 模型要归功于两人：丹尼斯·韦瑟斯通（Dennis Weatherstone）和梯尔·古蒂曼（Till Guldimann），两人当时分别担任公司主席和首席研究员。每一个传言的来源（我注意到，每一个来源又都包含了所有广为传播甚至更多的消息来源）都在重复讲述相同的故事：韦瑟斯通和古蒂曼最早构建了 VaR 模型。如果你要表扬或者责备那个最初设计模型并将之推广主导世界的人，这两人就是谈论的主要目标。令人遗憾的是，这个看来真实可信的故事似乎是严重不完整的，真正的发明者另有其人。这些年来，他作为无名英雄并未被外界关注和认可。在 JP 摩根内部，这种人为 VaR 的问世作出了不说更多也至少相同的贡献。至今，

VaR 真正的设计师一直隐身幕后。

　　雷蒙德·梅（Raymond May）出生于肯尼亚一个边远偏僻的农庄。他自己所描述的成长经历与 19 世纪 30 年代内布拉斯加州的生活境况类似：没有供电、没有自来水、没有电视、没有广播、不受外部文明世界的丝毫影响。在他 6 个月大的时候，父亲就去世了，他由母亲和祖母抚养长大。孩提时代，他开始自己养鸡和贩卖兔肉，这种早期萌动的企业家精神在随后若干年被完全释放出来。在 17 岁时，梅离开肯尼亚参加了英国军队，并升作中尉。此后他觉得这种生活太受约束，而决定去埃克塞特大学（University of Exeter）攻读了物理学学位。出于对经商的浓厚兴趣，他毕业后为一家大型会计师事务所干了 4 年，随后去了伦敦城，开始在 JP 摩根从事会计工作。在那里，他迎来了机遇。畅销书作家格兰德威尔（Malcolm Gladwell）曾说过，一个人的成功经常是取决于合适的时间与合适的地点。这句格言看来对于雷蒙德·梅非常应验。当微软的比尔·盖茨在 20 世纪 60 年代末创业时，世界上仅有为数不多的高中能够给学生提供接触电脑的机会（因此，在他的同龄人中，时代带给他独一无二的全球竞争优势）。正如比尔·盖茨一样，雷蒙德·梅在金融互换交易蓬勃开展的时候，非常幸运地进入银行业。没过多久，互换交易迅速成为金融衍生品家庭的庞大组成成员，准确地说是形成了世界上最大的交易市场。但是在 1986 年，雷蒙德·梅进入 JP 摩根时，互换交易尚处于婴幼儿期。这为他在金融革新的最初时期参与进来提供了宝贵机会。按照格兰德威尔的说法，雷蒙德·梅被称为"幸运儿"，即相对于天赋和勤奋而言，成功主要是靠抓住机会和外部机遇。雷蒙德·梅能够构建出 VaR 模型，在于他碰巧正好受雇于金融机构。恰逢其时，这种奇异的金融风险新工具被开发出来，并最终主导金融市场。如果他入行的时间更早几年，则会因互换交易和衍生品业务发展时间过短，市场发育不足而无法获取关注；而如果他入行的时间晚上几年，则会显得太迟，那时市场发展空间已经被完全瓜分占据了。但

1986 年年中却正好合适：互换交易开始蓬勃发展而引起广泛关注，同时业务规模也恰好为人们进一步推广提供所需要的空间。面对幸运女神的眷顾，雷蒙德·梅抓住了这个机会。

他成为 JP 摩根互换业务和其他衍生品业务的内部会计。正如他所说，这类业务是由五六家交易商在运作控制。对于这些交易商而言，他们"关注的是商品本身，而非哪家商店在出售这些商品"，而雷蒙德·梅的工作恰恰是关注商店。为此，他向 JP 摩根的技术部门求助，为衍生业务争取支持。后者认为，他的计划需要 1 500 万美元投入并且花费 2 年时间才能完成。于是，雷蒙德·梅提议由他自己亲自来完成这个项目，并将预算削减至 50 万美元和 6 个月时间。随后，雷蒙德·梅和他的小团队设法启动并构建了有史以来由银行开发建立的第一个衍生业务技术平台。正如他所言：

> 我的第一项任务就是为互换交易构建一个内部后台系统（Back Office System for Swap）。基于这个系统，我们能够完成对互换交易的加工处理、支付、核算等操作。我的第二项任务就是为互换交易构建一个按市值计价（Mark to Market）的会计处理流程。此项工作一完成，我就被安排从会计领域转到业务领域，为前台业务开发系统。需求似乎是无限的——他们除了计算器外，一无所有。首先就是头寸管理和定价（我们称为拆解展开模型"unwind model"），接着是对信用违约状况和日终损益（credit and end – of – day profit and loss）的评估。我们从美国购买了一套 Sun 系统平台，而最主要的应用工具则是 Lotus 软件。

童年时期靠着卖兔肉而历练出的企业家精神，现在看来完全是充满价值的珍贵经历。这个曾经的肯尼亚农夫已经成为了世界著名投资银行不可或缺的骨干成员。

更多的任务随之而来。不久，他就被安排来测算这些互换交易业务的市场风险：

　　1989 年，JP 摩根最早负责互换业务的康尼·沃尔斯塔德（Connie Volstad）被马克尔·艾恩德霍文（Micheal Eindhoven）接替——彼时，迈克尔还对互换业务几乎一无所知——之前他是位资深银行家。一段时间后，迈克尔请我到他的办公室，告诉我他需要一个方法来明确交易中存在的风险——无论是通过价差（spread）①、基差（basis）②、Delta 值、Vega 值、Gamma 值等一系列风险指标或是其他一些曲线图表，以及掌握每个人正在干什么。我离开他的办公室后，开始思考这个问题。

那次会面可能就是 VaR 真正的起源。雷蒙德·梅开始了忙碌，并表示：

　　第一个样本模型是构建三个简单的情景——收益率曲线平行移动、收益率曲线的陡然变化以及收益率曲线"驼峰状"变化（注：自那时起直至目前在市场占据主导地位的利率互换交易，其价值会随着收益曲线的移动而变化）。这主要是用来针对不同情况测算出一个具体的数值——即为风险价值标价。这是个没有多大意义的数字，但是在各种不同的书中，它对相对风险的测量具有价值。不久我们就看到，在为交易设限时，它凸显出了其价值。

这也就是说，VaR 的发明者告诉我们，VaR 的具体数值自身并不能说明什么，倒是在比较不同资金头寸（positions）的时候，具有一定用途。对于具体情况下的风险而言，VaR 值并不能说明什么。不过，它却能够表明，某种头寸计划的风险状况是否高于其他头寸计划。

为了进行改进，雷蒙德·梅需要更多的资源。如果要让 VaR 模型

---

① 译者注：指不同日期两种报价之差。
② 译者注：指现货价格与期货价格两者间的差价。

发挥更大的作用，需要紧接着作出更大的努力。他回忆道：

> 为了做得更好，我需要两样东西——数据和一位定量统计分析专家。对于数据，我用 Lotus 软件构建了一张计算表，开始收集互换业务中的价格、利率和价差等指标。我在伦敦每天日终收集数据。对于定量统计分析师，我联系了纽约的 Resarch 市场研究团队（见梯尔·古蒂曼），然后告之他们，希望他们指派一名合适的专业人士来帮助我完成这项工程。随后，古斯塔夫·多明戈（Gustavo Domingo）被派到伦敦，跟随我一起工作了 3 个月。在此期间，我们一起建立了后来大家所共知的 VaR 模型。那时，我已经拥有了超过 3 个月的高质量数据。在 Lotus 计算表上，我设计完善了 VaR 模型。此时，VaR 还只是个单一货币币种、单一资产组合模型。在 JP 摩根的掉期业务中，我们分别以各种主要货币币种计价，对掉期资产组合业务进行风险测算，计算出各自的 VaR 值。当时，期权业务尚未得到充分的发展。我为每一种资产组合构建了一个头寸计算表，以便每一个交易员都能了解他们的头寸情况以及日终损益情况。在 1990 年和 1991 年，我都在竭尽全力让交易员都接受并使用我的"日终计算表"（end of day spreadsheet）。

雷蒙德·梅的 VaR 模型是什么样子的呢？它假设资产价值服从正态概率分布，并采用方差—协方差法（Variance – Covariance Method）来进行分析计算——这种方法同时也受 Research 研究团队的偏爱，并在整个行业颇为流行。置信水平被设置到 95%，以确保交易员在 20 天的交易损失中有 19 天都不会超过计算结果。"雷蒙德·梅计算表"是一张内容庞大的表格（"我总是相信那是一张我所曾经用过的规模最大的表格"）。

厌倦了看着交易员和做市商赚钱，雷蒙德·梅在完成所有工作后，决定更换工作岗位。他向老板请求调去交易部门，并被应允于 1992 年

1月到纽约工作。后来，他在他的新家仍坚持对 VaR 进行探索研究，将这种分析方法转移到了对指数和期权头寸领域的运用上。到 1994 年，他已经成为了纽约利率和外汇衍生交易的头面人物。

直到 1989 年末，JP 摩根内部存在着两种 VaR 模型的研究模式，一种基于雷蒙德·梅最初设计的计算表，另一种则是 Research 研究团队在获悉古斯塔夫·多明戈所告知关于雷蒙德·梅的研究情况之后形成的。"古斯塔夫回来以后（回纽约）肯定很明确地将 May 的研究成果告诉了梯尔·古蒂曼。后者采纳了这个构思，开始对这个课题开展了许多研究——在那时，我根本没有意识到这些内容，我也记不得我们曾经再次联系交流过了。"这里，一个有点"小人之心"的观点冒了出来：梯尔·古蒂曼的团队是否从内部窃取了 VaR 研究成果？毕竟在金融市场发展的历史上，这种情况并不是第一次发生。有人在最初创始人不知情的情况下，盗用了后者的理念构想并继续深入开展研究，因努力和成果得到大众关注而被视做发明者成名，但最终被原创者发觉而变得声名狼藉。例如，类似的事情就在 20 世纪 80 年代的摩根士丹利发生过。那时，一项名为"统计套利"的定量交易技术被广泛运用。多年来，人们都一直认为鲁恩泽奥·塔塔哥尼亚（Nunzio Tartaglia）无可争辩地是这项套利交易策略之父。在 2007 年，一本由实际见证人写成的书向世界透露，真正的发明人是一个叫做格瑞·班贝格尔（Gerry Bamberger）的人（显然，因为塔塔哥尼亚在公司内部有着更深的人脉关系，格瑞·班贝格尔遭到无情排挤）。如此，梯尔·古蒂曼扮演的角色是否就是 VaR 传奇故事中的鲁恩泽奥·塔塔哥尼亚呢？

看来雷蒙德·梅并不这样认为。当时，他并没有在 VaR 模型的问世过程中感受到任何来自同行的内部竞争。1994 年，当 Research 研究团队大张旗鼓地向世界发表他们的模型时，雷蒙德·梅才发现前者已经在该领域做了大量工作。尽管他也承认是有人夺走了自己的成名机会，但他仍对 JP 摩根同行所付出的努力表达了赞赏。直至现在，他也这样说。"通过大量工作，他们形成的最终研究报告是高质量的，而我则难以达到这样的研究深度。我是一个崇尚实干的人——我的工作是构建模型而不是撰写研究报告论文，我需要他们的努力来将工作推进到新的层次。"

除此之外，在建立 VaR 模型的过程中，雷蒙德·梅自始至终都得到来自 JP 摩根内部各方的关注和支持。即便在 Research 研究团队致力于研究其自身模式的 VaR 模型时，公司内部的一些高管仍希望使用雷蒙德·梅的数据。不妨让我们回顾一下那些 VaR 模型的幕后英雄们：

> 我记不清下一步是什么时候开始的——到底是 1993 年还是 1994 年——但确定是在彼得·汉库克（Peter Hancock）掌管着 JP 摩根的衍生品业务及部门时期。当时彼得把我叫进他的办公室，告诉我他想把单一币种的 VaR 模型扩展到所有币种，并要求尽量在每天的下午 4:15 之前——这段时间恰好是高管们开会讨论市场 "风险" 的时候——提交计算结果。我当时不禁想，这正是他胜人一筹之处。最初，我寻求一位技术人员帮助——但是，在连续 3 周没完没了地开会后，我决定自己单干！当时所有由汉库克负责管理的投资组合都使用我的计算表（spread – sheet）。时间表上最后一张计算表显示的是我所负责管理的纽约（NY）交易数据。我在每一个计算表都设置了一个宏指令，以便于向服务器输出日终结果。然后，我设计了一张 VaR 主计算表来进行独立和合并计算。所有这些工作都是我在运营美元业务期间用一周时间完成的。然后，我让我的助手来运行计算，并为下午 4:45 的会议提供报告。这项工作几乎不再需要花费多大精力，也几乎没有人知道它实际正在运行。

即便是被调换至从事交易业务，他仍然喜爱使用 Lotus 计算表。按照雷蒙德·梅的讲述，直到他 1997 年离开 JP 摩根时，每日下午 4:45

的例行报告（向公司总裁按日报告）仍然是参照他的模型。

如今，雷蒙德·梅是如何理解自己所创立的 VaR 模型在 2007 年金融危机中所扮演的角色呢？对 VaR 模型的指责公平吗？"我不认为是 VaR 导致了这一切"，他强硬地回应道。他认为，将危机的肇因归咎于 VaR 是不公平的。因为，在每个交易日结束之时，VaR 值对市场交易所产生的作用已经非常有限，并不再对决策产生太大影响。他坚称，风险管理部门近年一直在改进风险管理技术，已经很少再依赖 VaR 模型作出决策。他之所以得出这样的结论，主要基于 JP 摩根的市场表现（JP 摩根几乎是唯一毫发未损、成功逃离这场危机的金融巨头。雷蒙德·梅认为，这恰好证明 JP 摩根拥有稳健可靠的风险管理文化）。"到了 2005 年左右，JP 摩根已经很少将 VaR 模型运用于风险管理，而是更多地使用压力测试工具。这是因为，JP 摩根内部几乎都认为，真正需要关注的是潜伏于正态分布图两翼的风险因素。VaR 模型至今仍在被人们使用，但我想对于整个行业而言，在 21 世纪仍将其视做风险来源是非常不公平的。或许是其他的机构滥用了 VaR 模型——但是我并不认为 JP 摩根也存在这样的问题。"事实或许是这样（虽然在本书中，我们提供了证据，证明 VaR 事实上的确诱导了许多银行机构作出各项风险冒进式的交易和风险决策，以至于最终导致危机的爆发）。但重要的是，对模型的指责主要针对其在银行资本管理方面所扮演的角色，而不是其在交易市场所起到的风险雷达预警作用。绝对毫无疑问的是，在决定交易杠杆比率时，VaR 值是且是唯一的决定要素，这最终导致了可悲的结果。即便 VaR 可以在提供糟糕的风险指引导致银行机构累积有毒资产方面洗清罪责（因为，如梅所争辩的，模型所提供的专业建议可能并没有在内部决策中发挥多少有效的影响），但它也不能逃脱触发这场危机的指责。

在离开华尔街后，雷蒙德·梅试图成为华尔街的竞争者。他移居到北加州，着手发起开办一家新公司，主要业务是致力于设计一种新的衍生品电子交易平台。本质上讲，雷蒙德·梅是在设法通过提供一个开放的可替代的交易模式，将效率和透明度引入到衍生品交易中来，而这个流程与整个店头市场柜台衍生品交易行业有明显的区别和冲突。在 3 年筹集到 4 000 万美元资本后，黑鸟公司（Blackbird）整装待发。不久，麻烦便出现了。首先是来自于监管者，他们不能确认是否应该对这家新公司实施监管（它是一家类似于芝加哥交易所一样的机构，还是属于柜台交易）。黑鸟公司在港湾准备起锚时，各家银行机构为了规避金融监管这一共同目标，纷纷给予支持。但不久，同样是这些银行机构开始反对黑鸟公司。它们通过"低效率和不透明"的交易衍生品赚取了太多的利润，不能容忍黑鸟公司这类高效竞争者的出现。因此，黑鸟公司被扼杀了。

在随后的多年里，雷蒙德·梅继续创业奋斗。他先后开办过一家猎头公司和一家教育服务公司。而 VaR 如何呢？雷蒙德·梅是否还记得他的"雷蒙德·梅计算表"呢？他仍记得过去的往事吗？哇喔，这次信贷危机的确重新点燃了尘封的记忆，使 VaR 模型的创始者重新面对他的发明。自从迈克尔·艾德霍文在那次重要的见面时，请他为 JP 摩根的衍生品业务设计一个简洁明了的风险量化指标后，差不多已经过去 20 年了。"从 2008 年来，我多次跟朋友开玩笑，称自己应该为吹胀世界资本市场的气球负责。因为我从来没有对第 20 天的小概率风险因素进行过认真考虑——更不用那些华尔街的风险经理们了——他们从这个漏洞中攫取了尽可能多的利益！我的朋友们也并没有在意于此——他们根本就不明白我在讲什么。"

在通过雷蒙德·梅的视角介绍了 VaR 不为人所知的故事后，让我们按照传统说法来讲述一下 VaR 身世后的故事。在这个故事里，根本找不到雷蒙德·梅的影子，他的名字压根儿没有被提及，被提及的名字分别是丹尼斯·韦瑟斯通和梯尔·古蒂曼。按照现有说法，他们才是VaR 模型唯一的发明者和真正的先驱。直到听了雷蒙德·梅的故事后，我们才开始怀疑传统说法的真实性。当然，这个故事有助于我们将注意力投向这两人，了解他们在 VaR 模型的成型和发展完善过程中所起到的巨大作用。雷蒙德·梅可能的确是最初的技术构思搭建者，但我们在谈及 VaR 模型的早期发展时，绝不可能忽略丹尼斯·韦瑟斯通和梯尔·古蒂曼。

让我们先从"主席"先生（Chairman）谈起。在最近一段时期，一家银行机构的 CEO 必须拥有交易市场的从业背景似乎成了不成文的规定。瑞士信贷、摩根士丹利、花旗集团、高盛、德意志银行、雷曼兄弟以及贝尔斯登这些大公司都是这类典型例子。这些金融巨头们都在过去十年时不时或正在由曾经运营管理过金融产品的人来掌舵，而不是从事咨询业务和商业银行业务的人。但是当英国出生的丹尼斯·韦瑟斯通在 1990 年成为 JP 摩根的主席时，他的这个任命看起来仍很不平常。在他的职业生涯中，他一直从事交易员的工作，而不是传统意义上的银行家。这一背景一直持续到他升至外汇交易部门的负责人。鉴于这样的背景，在他的掌管下，市场风险管理在公司内部的地位就顺理成章地被更加优先重视起来。丹尼斯·韦瑟斯通心里非常明白，对于在一个崭新光鲜的衍生品交易市场和金融工程创新领域而言，掩盖事情的真相非常重要。和大部分竞争对手一样，JP 摩根在那时越来越专注于开展资本市场的相关交易活动，而丹尼斯·韦瑟斯通则更是醉心于此，但如此大胆冒险的工作本应在更加强有力的风险控制下开展。当你正在从事大量的掉期交易并卖出许多的期权产品时，简单原始的手段无法应对直接面临的风险。此时亟须在风险管理方面开展创新，以便较为安全有效地引导好金融创新的潮流。

正如传统故事中的情节发展一样，丹尼斯·韦瑟斯通挑选了梯尔·古蒂曼来设法完成该项工作。相应的要求就是要设计出比当时已有产品更加新奇别致的东西。在这方面，古蒂曼是一个显而易见的人选。作为市场研究的负责人，他一直倾向于一些设想大胆的项目并组织了精于定量分析的研究团队。同时，他也非常了解银行内部运作，并在之前担任过好几个与风险管理工作相关的高级职务。瑞士人梯尔·古蒂曼不仅拥有著名的苏黎世 ETH 学院的工学学位（爱因斯坦曾执教研究于此）而且还是哈佛商学院的工商管理硕士（MBA）。他发现，VaR 之前的风险管理方法非常原始。"如果一个交易员在交易中突破了对他的授权限额，我如何才能知道呢？我所能做的仅仅就是四处打听，他是好人吗？他了解他正在干的事情吗？这种方法太荒唐了。"古蒂曼渴望更加科学有效的方法。他和他的团队（正如雷蒙德·梅一段时间所干的一样）集中精力以协方差方法研究 VaR。在系统性市场风险管理理念还广泛盛行的背景下，全新的风险度量模型在 1993 年的客户年会上闪亮登场，顿时引起了许多与会者浓厚的兴趣。1994 年 10 月，古蒂曼团队的 Risk-Metrics 风险度量系统正式向外公布。为什么？为什么对竞争对手们不保持技术的领先和信息的优势呢？为什么要放弃对此的收费呢？按照古蒂曼的说法，JP 摩根作出共享 VaR 模型的决定能够通过降低系统风险让每一个市场参与者获益。"这是一种理论方法的普及，同时也提高了 JP 摩根的声誉"，他如此总结到。

　　在有关 RiskMetics 风险度量系统的文献中，我们可以找到 JP 摩根分享知识和智慧背后三个并不显眼的原因。第一，鉴于透明度对于风险管理而言至关重要，JP 摩根对提高市场系统风险的透明度非常感兴趣。第二，由于当时各种市场风险测量方法缺乏一个共同的参照标准来进行比较，导致风险测量结果也难以比较，故 JP 摩根试图为系统性市场风险的测量设立一个标杆。第三，JP 摩根打算在市场风险管理方面，向它的客户们提供有效的建议，而 RiskMetics 风险度量系统则有助于满足客户的需求。

　　JP 摩根注意到，这种风险度量系统背后的一套方法与其内部使用的方法有所雷同但又不是完全一致。如此来看，基于 VaR 方法的 Risk-Metics 系统并不一定是 JP 摩根的 VaR（是雷蒙德·梅的 VaR 吗）。JP

摩根同时对模型的局限性发出了警告："我们需要提醒读者，在风险管理的领域，即便是再精巧绝伦的技术分析都无法代替经验和职业判断。对于投身于金融市场的职业风险管理者而言，RiskMetics 系统仅仅是个高效的工具包而已，它并不会保证得到特定的结果。"正如你所见到的，JP 摩根一开始就在对 VaR 的责任予以否认和撇清。如果就连 JP 摩根都怀疑这个模型的可靠性，那么为何在模型公布几个月之后，监管者们纷纷赋予该模型至高的权威和影响力（作用远远大于其仅仅作为一个风险雷达）。如果正如其创始人所言，VaR 对于确定类似于交易限额和员工薪酬等相关性不大的指标并不能做到百分之百正确，为什么这个模型会被认为其在银行资本管理中完全可以发挥更重要的作用？

RiskMetics 系统所带来的影响就是使 VaR 更轻易地流行开来。这个 JP 摩根的"分析小孩"（analytical child）其实就是召唤人们使用 VaR 模型的邀请，这套方法让市场风险的测量变得非常简便。不仅有关一本厚厚的用户手册已经彻底对如何进行数学计算作出了详细解释，而且 JP 摩根还提供有关数据。要获得统计数据需要按照协方差分析方法计算出 VaR 值，这项工作并不轻松。事实上，这件令人生畏的工作让很多的机构望而却步。但是，既然根据大量纸质历史数据资料估计资产价格的波动性和相关性已经被完全放弃（因为这些数据每天都能通过因特网获取），任何人通过计算机都能计算他们自己的 VaR 值。这主要通过一张磁盘（对于 20 世纪 90 年代当时而言）来完成，这张磁盘包含了计算表，并举出了计算 VaR 值的例子。JP 摩根甚至还提供那些能够根据 RiskMetics 系统计算客户 VaR 值的专业咨询公司的名单。如果你不喜欢自己计算，这些公司能够替你完成这项工作。如果 VaR 是上帝，梯尔·古蒂曼就是传播福音的先知。整个世界已经变了模样，没有比散发千万本 RiskMetics 系统"圣经"和帮助培养大量 VaR 传教士四处传播福音更好的方法了。

从一开始起，RiskMetics 系统就一夜间在全球金融市场名声大噪。

到 1994 年 10 月，在持续遭受衍生品市场灾难后（被疯狂报道的案例包括日本的昭和壳牌石油公司，德国的 Metallgesellschaft 金属公司，智利国家铜业公司，橘子郡公司、宝洁公司、Gibson Greeting 以及美国其他公司），整个市场的参与者都极度关注风险。这个世界亟需为金融市场的弊端开一服良药，或者需要一些被视做治疗手段的玩意儿拿来向市场兜售。JP 摩根是个掌握金融市场话语权的顶级公司，VaR 模型的智能化看起来令人印象深刻，能在市场风险计算方面给投资者大量帮助。面对这些诱惑，很少有人会忍住不去尝试一下。

起初，RiskMetics 系统的技术资料有 50 页长，包含覆盖 20 个市场的市场波动性和相关矩阵数据。到了 1998 年中期，资料已经被升级了 3 次，长度大概达到 300 页。其间，免费提供的数据集（dataset）已经被扩展到包括 30 多个国家的外汇交易、股权、固定收益类金融产品以及商品期货市场。那年，由于市场对 JP 摩根的风险专业技术的需求非常强烈，JP 摩根银行将与 RiskMetics 系统相关的业务剥离成立一家独立公司。后来，它同样成为了一家卓越的公司。到 2001 年，每月仍有 1 000 份技术文献资料的拷贝和 6 000 份数据集从其网页上被下载下来。2008 年初，RiskMetics 集团在纽约证券交易所挂牌上市，充分证明了 VaR 拥有极高的市场价值。2 年后，它被摩根士丹利资本国际（Morgan Stanley Captial International，MSCI）所收购。

那时，丹尼斯·韦瑟斯通和梯尔·古蒂曼早已离开 JP 摩根公司。在韦瑟斯通（他在 16 岁时作为公司图书资料管理员进入 JP 摩根公司）于 1994 年从 JP 摩根退休之后，他还曾为英格兰银行的金融监管提供顾问，并在几家公司的董事会任职。他于 2008 年 6 月在康涅狄格州去世，《纽约时代》在其讣告中称他为"银行业的智者"。由于洞察到金融资本市场交易的发展趋势，他帮助引领银行业务进入一个全新的发展时代。

梯尔·古蒂曼 1995 年 6 月离开 JP 摩根去了 Infinity 金融软件公司。

面对开发新的风险工具机会，他非常兴奋。在他与 JP 摩根公司的同事告别的电子邮件中，他欢欣鼓舞地明确宣示："他们的产品很棒，员工年龄比我年轻一半但比我聪明两倍（这样就算扯平了），我和他们一起终将征服世界（嫉妒吗）?"在 Infinity 公司，梯尔·古蒂曼终于有机会跳出衍生品和交易风险的研究范围，专注于整个公司层面的风险管理，其内容涵盖所有资金头寸和资产类别。"我不再想把时间耗费在长时间的会议中，也不再想管理许多的人。我想把精力集中于发展风险管理技术并开发新产品上。"他解释道，"这是我的第二生命"。在被提升为公司副总裁后，他于 2011 年 5 月退休。这段时间，梯尔·古蒂曼还拥有和运营着 Chateau Hetsakais——一家位于圣弗朗西斯科地区的葡萄酒酿造公司。

正如我们已经说过的，方差—协方差法是取得 VaR 数值最初使用的方法。由于能生成运用这种方法所需的分析信息，RiskMetrics 系统变得非常有用。方差—协方差法必定给人们带来巨大影响。它看起来那么让人印象深刻：整个资料文献都充斥着统计符号和数学公式，其理论基础来源于备受推崇的经典金融理论。如果你想要兜售新的金融风险管理理论，方差—协方差法是非常好的工具。特别是在其早期，当时金融业仍完全由数学白痴所控制，而金融交易也基本看不到数学工具的影子。这种情况下，VaR 看起来似乎就像一艘外星飞船一样，拥有难以理解的复杂性和毋庸置疑的优越性。

方差—协方差法的基本原理是怎样的呢？大体上，你需要以下一些信息：资金头寸的规模（这是明摆着的），资产—风险因素的波动率，统计上置信程度的选择（意味着置信区间的选择），以及投资组合之中不同资产—风险因素之间的相关性。总之，借助历史数据，你就可以得到 VaR 值。伴随着更多的定量分析理论技术被引入到风险管理领域以及更多的学者关注 VaR（例如，分别有人陆续构建出非常先进的模型来预测资产价格波动，其中一项研究成果最终获得了诺贝尔奖），方差—协方差技术随着时间而不断演变改进且变得日趋复杂,但其最基本的原理仍然不变。

让我们从一个简单的例子入手。假定一个投资组合由一个资金头寸和一个单项资产组成。头寸额度为 1 000 000 美元。我们查阅自己所选择的历史数据(回溯到前几年),考察在这段时期其波动性(标准差,σ)为 0.55%。如果我们将 1 000 000 美元乘以 0.55%(即用头寸乘以波动性),那么我们得到了一个标准差 VaR,本例中即为 5 500 美元,这就是你明天可能面对的损失额度。概率有多大呢?按照支撑方差—协方差法的正态分布来看,这个假设事实上允许我们使用标准差来作为波动性的代理指标。一个标准差在著名的钟形曲线内覆盖了整个"概率分布"68% 的范围,描述了正态分布下得出一个具体结果究竟有多大可能性(概率分布主要集中在钟形曲线下的中央或均值附近区域,具体事件发生的概率随着向均值左右的扩展,越来越小,直到其达到一个可以忽略的比率;因此,正态曲线描述了很多惯常发生的事件,而对不常发生的事件赋予了小的概率,不论是向左还是向右,因此十分适合来描述诸如人的身高分布这类缺乏特例的情形)。即有 16% 的几率看到结果偏大于 1 个标准差(钟形曲线的右侧,或者正的离差),有 16% 的几率看到结果比 1 个标准差值低(钟形曲线的左侧,或者负的离差)。因此,一个标准差带来了两侧 68% 的统计置信区间:它会告诉你在这个 68% 的概率分布之内可能会发生什么,而对之外的情况则无能为力。因为 VaR 自身仅仅关注损失,我们就只专注于考察左侧的尾部。此时,左侧尾部右边区域则代表了所有 84% 的概率分布情况(即钟形曲线的右侧尾部加上 X 轴两侧的中心区域)。在 84% 的置信水平下,坏的消息不可能带来大于 1 个标准差的损失。因此,此例中的 1 个标准差 VaR 值就是 84% 置信水平下的 VaR 值,这就是我们所需要的风险测量结果。现在我们可以完成如下分析:对于这个 1 000 000 美元头寸的投资组合,在 84% 的置信水平下,一个交易日的损失应该不会超过 5 500 美元。

如果我们想微调一下以便得到更高的置信水平应该怎么办？很简单，正态分布的对照表便捷地为我们提供了非常精确的数字向导。如果你想要从84%的水平提升到95%，你仅仅需要用1.65去乘以标准差（为什么？因为1.65倍的标准差正好能够覆盖钟形曲线90%区域，刚好为两侧各剩下了5%的概率分布；我们只关注单侧，所以成为了95%的置信水平）。因此，95%置信水平下的VaR值应该为5 500美元 × 1.65 = 9 075美元，这就是你在95%的把握下认定的可能损失的最大值。那么如果再要微调一下，直接达到99%的置信水平呢？则乘以标准差的系数就应该为2.33（2.33倍的标准差覆盖了98%的钟形曲线区域）。我们在99%置信水平的VaR值变成了12 815美元。如果损失超过该数值，这仅仅是在100天内唯一一天可能发生的情况。很自然地，我们将发生预期损失的概率降低时，VaR值就相应变得更大（标准差在整个曲线下所占据的面积就会更大）。可见，损失超过2.33倍标准差的情况被假设为几乎不会发生（小于1%的概率）。当然，我们遇到的问题是，现实世界中市场经常会发生巨幅波动（如5倍、10倍甚至20倍标准差）。5倍乃至10倍标准差的波动情况本不应该发生，但事实上却在现实中千真万确地发生了。如果我们按照2.33倍标准差计算损失或资本，那么极端情况会更加经常发生，因此显然我们的风险估计和资本水平将被证实是不足的。如果在一个经常发生5倍、10倍甚至20倍标准差价格变动的市场中，你却以1.65倍标准差或者2.33倍标准差来计算市场风险，其结果无疑将很可能遭受巨额损失。

假定投资组合中包含不止一种资产会怎么样呢？如何获得投资组合的价格波动数据及其VaR值呢？这就是数学的奇妙有趣之处。现在该轮到所谓"矩阵"的数据工具出场了。矩阵由一大批成行和成列的数字组成，你能够在矩阵之间进行算术操作。就其本质属性而言，矩阵有助于对数据集群进行各种数学运算，从而帮助你收集整理规模庞大的数据。在处理涉及大量数据和变量的计算时，它们是非常有效的工具。它的一大好处在于，通过各种合并计算，其结果可以简化成一个简单雅致的数字。你能够从成千上万的数据集合开始，经过一番繁琐辛苦的数学加工处理，最后得到一个简单的数字作为结果。

　　因此，如果投资组合中有好几种不同的资产，而你又想要得到一个简单明确的 VaR 值。你不必计算每个头寸的 VaR 值，然后将其相加，而是可以借助于矩阵进行合并计算。为什么？因为这样的话，你就充分考虑了这些资产之间的统计相关性。这是方差—协方差法的重要内容。相关性的好处在于充分考虑了数据的多样性，故而得到一个相较简单加总更低的 VaR 值（甚至可能会低得多）。对于那些希望得到较低 VaR 值的人而言，方差—协方差的魅力不仅仅有赖于那些脱离现实的低标准差估值，同时还与相关性紧密相关。如果在所选取的历史时段内，这些资产相互之间恰好毫无相关性，或者最好是负相关的，那么总体的 VaR 值将会比其他情况低得多（发生所有资产价格同时崩溃这一最坏情况的概率，将会极大降低）。而在其他情况下，如果原本并不存在相关性的资产发生了同步变动，甚至出现完全协调一致的情况，那么就会得到高出许多的 VaR 值。相关系数的变化也将带来很大的变化。例如，在一个包含 3 种资产的投资组合中，如果这些资产恰好完全相关（就是说，协方差矩阵的所有数字都为 1），则 VaR 值的变化区间能从 41 000 美元直到 66 000 美元。而如果其中的 2 项资产刚好彼此完全负相关，VaR 值则可降至 31 000 美元（即在协方差矩阵中相对应的行和列中的数字为 -1）。对于试图取得较低 VaR 值的交易员而言，资产负相关的叠加效应将会是巨大的。同理，资产正相关产生的计算结果将会使人痛苦不堪。

　　基于现代资产组合理论（哈里·马柯维茨于 20 世纪 50 年代早期提出，并因此获得诺贝尔经济学奖），我们不妨来构建两个矩阵。在第一个矩阵中，取既定置信水平之下的不同 VaR 值，使之与投资组合中每个资产风险因素相对应。第二个矩阵中则包含了所有资产风险因素之间所分别对应的相关系数（比如，资产 A 与资产 B 的相关性，资产 B 与资产 C 的相关性，以及 A 和 C、C 与 D 之间的相关性等，以此类推）。显然，如果你拥有很多种资产，协方差矩阵将会是庞大的。然后将这两个矩阵相乘，通过进一步计算，你就得到了一个数字：VaR 值。

很明显，在方差—协方差的假设条件下，投资组合的组成部分越多（资产、风险因素），最后的计算结果就越敏感。某些资产风险因素的历史波动情况并不能准确描述未来这些资产的波动性，这种情况发生的概率越大，那么（尤其是）协方差矩阵的可靠性就越差。众所周知，金融市场中的相关性是一个非常微妙的概念，历史经验表明其不值得完全被信任。如果有人试图准确地描述几十甚至成百上千个不同资产之间的关联性，那更像是伏都教的巫术而不是科学。

虽然方差—协方差过去曾是一个主流的分析方法，且至今也仍与 VaR 联系最为紧密（很难想象在不考虑标准差、相关性矩阵以及概率假设的情况下来谈论 VaR），但各家银行似乎都转而运用历史模拟法（Historical Simulation）作为替代工具。后者所展示的一些关键优点在于：第一，它与模型无关（你不必就资产变动的统计变量作出相关假设）；第二，它在概念上是如此简单以致任何人都可以理解（对于那些对数量分析一窍不通的人而言，方差—协方差的内容很难让人理解）；第三，它刻画的是实际的市场行为；第四，它能很好地适应任何类型的金融产品（方差—协方差则很难对一些衍生产品的市场波动作出分析）。由于大多数在 2007 年金融危机中受到波及的银行所使用的正是历史模拟法，因此，弄懂这种方法的原理是理解为何这些银行会承受如此高杠杆率风险的关键。雷曼兄弟、高盛公司、摩根士丹利、JP 摩根、贝尔斯登（Bear Stearns）、瑞士信贷（Credit Suisse）、法国兴业银行（Société Générale）以及瑞银集团（UBS）等国际金融巨头，在危机爆发之前都是依赖于历史模拟法来计算 VaR 值。

历史模拟法的工作原理是怎样的呢？你持有一个资产组合并利用这

些资产的历史价格数据来重估市场价值，观察该组合在过去的数据时点上会有怎样的市场表现。也就是说，通过历史数据样本，你可以了解到现有的资产组合在每个交易日都可能会面临怎样的损失或收益。在掌握如上信息之后，你可以根据给定置信水平下的 VaR 值得到资产价值风险损益变化分布情景。历史模拟法创造了一个所谓"百分数"（percentiles）的概念，每一个百分数意味着资产价值变动一个百分点。你非但不需要对影响市场行为的概率分布进行理论假设，反而是根据实际的市场表现来设定"真实的"概率分布。这就是历史模拟法与方差—协方差法之间的主要区别。假如按照理论概率分布（如正态分布）进行计算，我们可以根据准确的规则手册知道如何得到一个给定的统计估值（例如，将波动率乘以 2.33 或 1.65）。如果按照"真实的"概率分布来进行计算，我们就不需要借助分析手册之类的工具，而是通过分析资产组合的历史表现来判断实际的资产价值。事实上，历史模拟法认为市场价格的历史数据已经内含或反映了资产价值的波动性或者相关性，因此，我们不需要再计算这些内容。

历史模拟法似乎让人觉得过于古老保守，以至于在 VaR 流行的早期没有给人太深的印象。比较而言，方差—协方差法在推广 VaR 模型方面则显得更具说服力，并给人更深的印象。这似乎也使监管者和投资者相信，银行业最终找到了驯服金融市场风险这一古老狂暴野兽的法宝。对资产价值相关性和波动性数据进行复杂的数学运算，显然比简单收集一大堆历史数据更具有高技术含量。此时，你需要一名高智商的数量经济学博士来完成前一项工作，而只需要一名中学辍学者就能完成后一项任务。因此，有可能是那些银行首先认可了最为复杂的 VaR 模型，并在 VaR 的统治性地位因其复杂伪装而得以确认之后，才逐渐转而采用更为简易的方法。请大家注意 JP 摩根自身最终是如何登上"历史舞台"的。雷蒙德·梅提出的观点认为，在最开始的关键时期，RiskMetrics 系统强调协方差作用所展示出的公共关系价值扮演了重要角色：

　　1994 年，美国的衍生品交易（互换业务）遇到棘手问题。宝洁（Procter & Gamble）和杰布森贺卡公司（Gibson Greeting）通过美国信孚银行进行的衍生交易业务受到了巨大的损失。国会部门迅速介入调查，加强监管的呼声提高。此时 Till 和 JP 摩根恰好出场来拯救衍生交易市场——它们对外公布了 VaR 和 Risk Merics 系统工具，以展示 JP 摩根能够使用它们高效地管理复杂的交易。它们使国会相信，衍生品交易不会产生系统性风险。接下来发生的就是我们现在所见到的历史。

　　VaR 为什么会流行？很明显，JP 摩根对于推广和隆重发布 VaR 非常热衷。这个本来会在瞬间就会消亡的模型，为什么会最终发展壮大起来？对于 VaR 而言，有几个关键因素促成了这一切。第一，它就是一个简洁明了的数值，对于任何人而言都容易理解和接受。若不采用 VaR 方式来计算合并风险价值，那么对于这家机构而言，意味着要处理涉及每一条业务线、每一个交易室以及每一个地区的堆积如山的风险报告。第二，VaR 是数字量化的结果，对于一家大型的公司而言，借助它仅仅需要看上 5 秒钟而不是花上好几个小时的口头解释才能了解所面临的各种市场风险。因此，VaR 简明扼要，便于使用。第三，它还为风险管理者提供了一个评估其下属部门人员工作质量的标杆。公司现在可以使用统一的工具对交易员和风险管理者作出客观判断，此时他们的工作表现和薪酬多寡都与同一个中性（即非个人的，非情绪化的，非指定的）的指标参数相挂钩。第四，人们可以通过 VaR 这个客观相似的方法来比较不同的银行；直到现在，如果 A 银行的 VaR 值大于 B 银行，很多分析师和新闻记者都会据此认为前者比后者更加激进大胆。第五，VaR 也被认为比以往更加智能，它能提取实际的市场信号来使投资组合多元化（本质上讲，VaR 确实是一个降低银行风险好方法，对此的确该为它记上一功）。总之，VaR 是一个简明易懂、使用方便、灵敏智能的标杆。毫无疑问，它在世界范围内对衍生品交易市场产生了有力的冲击。

当然，这里我们省略掉了某些偏爱 VaR 的愤世嫉俗的原因。对于许多银行家而言，如果试图承担更高的市场风险或者（一旦你将模型兜售给了监管者）提高杠杆率，一件重要的事情就是在一开始就得明白 VaR 值可以保持多低，或者是明白如何使 VaR 值降到足够低的水平。VaR 同样也给银行以终极的托辞：如果银行 A 的 VaR 值较低，任何对其经营风险的外部批评都将因对模型的尊崇而平息。VaR 也给很多人提供了 VaR 操作员的职位，并在风险管理领域为他们带来了尊敬和威望。

除了上述理由之外（无论是就事论事的还是愤世嫉俗的），还有另一个最可能的原因促使人们死心塌地爱它：VaR 提供了一个梦想。这是一个难以抗拒的迷人的承诺：以简单省力的方式对精确度作出承诺。付出的成本仅仅就是雇些人来收集数据，运行一些计算机程序，如此等等。这样一来，你就不必去为风险而费力地争论，也不必去关注头寸，不必去努力探索，甚至不必去看市场的基本面情况。你会对自己说，上述行为在许多情况下是毫无明确结果的，会导致人们观点模糊暧昧。当你迷失在信息的海洋和固执己见的行为中，你可能会渴望得到明确的指引。即便你对这样的指引是否在现实中存在心怀疑惑，但这种自欺欺人行为所带来的诱惑仍然是非常强的。由金块、货币期权和利率互换构成的投资组合面临怎样的风险呢？对此，你可以展开你的思绪，仔细地分析通胀形势、经济发展前景、全球贸易失衡状况、Libor 利率的未来走势，以及影响资产组合价值的其他举不胜举的变量。或者，你仅需要在你的电脑上轻轻敲击一下"计算 VaR"的按键。

第三章

他们试图挽救我们

不是所有人都偏爱VaR

■黎巴嫩预言家

■来自于巴巴多斯的人

■冰岛教授

■迷失的预言家

从 20 世纪 80 年代后期到 2007 年中，VaR 技术深受欢迎并得到高度尊崇。银行家们对自己的这项发明感到十分自豪（同时也对其能够传递出漂亮信息感到欣慰），数量分析专家们被其技术概率以及技巧合理性所迷惑，软件销售商和风险咨询人员则对模型所提供的商业机会肃然起敬，金融理论学者对符号化的金融分析成果大加赞赏，专业媒体用大量的篇幅热情地报道它的计算方法，而监管者也迫不及待地跪拜在 VaR 的祭坛前。著名经济学家约翰·梅纳德·凯恩斯曾经谈到在一场选美比赛中预测其他人投票的困难性，其中的关键并不是你认为哪个选手更加漂亮，而是要能够预测参赛选手判断哪个更加漂亮。当我们运用同样的逻辑去判断哪一种风险管理工具更为科学合理时，很容易得出这样的结论：即在这 20 年间，每个人都猜测其他所有人都选择了 VaR，其他选择（即便一些人可能因厌恶 VaR 而投票）看起来毫无取胜的可能。

但是，过去在 VaR 领域中并不缺乏对其唱反调的人。这些人非常乐意指责这个被神化模型的严重缺陷及其所潜藏的混乱祸根。尽管这些 VaR 的反对者们看起来可能只是些不合时宜的游兵散勇，但他们的观点仍然值得高度关注。毕竟，假如 VaR 真的如此伟大，为什么那些（高素质和受尊敬的）人会忙着释放出反面信息呢？我们应该关注这些持不同意见者所说的话，而不要过多地纠缠于讨论双方的利益出发点或者多元观点的益处。最重要的是，假如当初听取了这些标新立异的大胆言论，我们或许可能阻止 2007—2008 年金融危机的发生。如果 VaR 技术被严重质疑，以及事后又听从反对者的警告，那么 VaR 在市场中的地位可能不保，甚至会被人遗忘。在人们听说次级担保债务凭证之前的很多年，这些不接受 VaR 统治地位的反对者们就勇敢地表达了自己的看法。银行机构本来有大量的时间去完善内部风险管理以及资本金管理，并根据自身实际和金融市场的一般规律谨慎行事，这样它们就不会被一个极易导致致命交易的分析工具所左右，更不会疯狂地采用 1 000:1 的有毒杠杆率，以及宣称原本风险等级最高的债券是完全没有风险的。

2007—2008 年历史性大灾难真正最令人伤心的方面在于：假如世界认真听取了 VaR 异议人士的意见，这场悲剧本来完全可以避免。这些人没有任何个人私利，但他们关心整个金融体系的安危，一直在竭尽全力向我们发出警告。

1995 年，塔勒布①发表了他的具有国际影响力的、显示超凡智慧的处女作。那时，他是一个十分成功的，具有丰富经验的期权交易员，还未曾将他的观点与世界分享。这本名叫《动态套期保值》（*John Wiley & Sons*，1997）书籍的出版改变了一切。直到今天，这本书还被广泛地认为是期权交易领域的"圣经"。该书不仅在一夜之间使塔勒布成为这一复杂、神秘领域内不可争辩的权威，更为关键的是为他提供了一个表达和传播观点的舞台。就像《动态套期保值》一书包含着之前任何一本书所没有的想法、见解和言语一样，塔勒布很快表明他是一个具有独特想法、见解和言语的先驱者。金融从业者急迫地希望听到这位敢于挑战传统智慧、直言不讳的斗士所分享的见解。

塔勒布最早的一次公开露面很可能与 VaR 的相关度最高（就这本书的写作目的而言，应该是最相关的）。这次露面包含了关于 VaR 的经典争论。当时，如今早已停刊的杂志《衍生品战略》邀请塔勒布和 VaR 的支持者就 VaR 模型的可靠性进行针锋相对的辩论。于是，美籍黎巴嫩人首先在 1996 年 12 月的杂志上开战。

最初，塔勒布被要求回答"你如何看待 VaR"的问题。他的回答不仅针对那次特定的采访，而且还为这场持续至今的真相传播运动定下了基调。他表示：

"VaR 通过协方差矩阵替代了我们 2 500 年来一直依靠的市场

---

① 纳西姆·尼古拉斯·塔勒布（Nassim Nicholas Taleb），获得沃顿商学院 MBA 学位和巴黎第九大学的博士学位。一生专注于研究运气、不确定性、概率。他既是文学随笔家，又是经验主义者，还是一位理智的数理证券交易员，著有《随机致富的傻瓜》、《黑天鹅》等。

经验。我们造就了一个全新的市场知识时代，这些市场知识被交易者相互传递，并将所有东西都塞进一个协方差矩阵中。为什么？借助 VaR，一个管理顾问或者一个失业的电子工程师都能理解金融风险。对于我而言，VaR 是一种骗术，因为它试图去估算一些并不可能科学估算的东西。它所谓的精确性让人误入歧途，而这种精确性将决定了交易头寸的累积程度。它让人误以为一切太平无事，从而放松对市场风险的警惕。"

但的确，塔勒布先生，VaR 一定比我们以前的市场风险管理工具做得更好一些，对吧？错。

"你依赖让人误入歧途的信息比你没有任何信息还要糟糕。如果你给一个飞行员一个有缺陷的测高仪，这就可能导致他撞机。如果不给他任何东西，他将密切注意窗外的状况。技术只有在没有任何缺陷的前提下才能确保使用安全。许多人在看见数字时，其焦虑感就会得到减轻。在 VaR 诞生之前，我们关注交易头寸，并理解它们传达的市场讯息。但有了 VaR 之后，我们看到的全是基于严格假设条件计算得出的数字。我宁愿看到关于交易头寸的更多细节，而不是一些被认为是反映风险状况的数字。"

例如，塔勒布提到，那些曾经被传统风险管理理念所诟病的大规模期权抛售行为（一种潜在风险巨大的交易策略，该战略可能导致市场快速和显著动荡），在 VaR 被广泛采用之后，则由于模型计算结果显示其没有风险（可能是由于缺乏市场波动性，也可能因模型的概率假设所导致）而被市场接受。以上只是一个表明金融模型是如何隐藏真实风险甚至错误解读风险的例子（人们应该牢记，2007 年的危机主要就是一些金融巨头在 VaR 的无风险计算结果的掩护下进行大规模期权抛售所导致的）。塔勒布先生，您是不是在暗示 VaR 不应该被应用于交易室内部的风险测量？"或许对某些无关紧要的风险指标而言的确没必要去计算，但不是说不去测量那些关键性的风险指标。不仅如此，交易员会发现模型中的微小缺陷，然后会尝试找到一种路径使他们在获得最大规模交易头寸的同时，又能将风险控制在最低的水平。"

因此，如果金融市场中每个人都在运用 VaR，那将会发生什么后果？既然你如此反对这个模型，你担心过它未来产生的负面效应吗？"VaR 的使用者都是动态套期保值者，他们需要在不同市场条件下修正他们的资产组合。如此一来，VaR 可以通过促使人们同时抛售资产，从而让原本不相关的市场变得高度相关。"换句话说，如果我们都成为按照 VaR 指令机械行事的机器人及其克隆者，一旦 VaR 的适用极限在同一时间被打破，我们不得不在同一时间变现资产，那么就会导致巨大的市场动荡。同时，当人们确定你将因盲从 VaR 而采取特定的行动时，他们将设法迫使你采取行动，并在你之前抢先进行交易，从而在使你破产的同时榨取巨额财富。少一些机械的集体思维、多一点个体的直觉决断，或许可以起到更健康、更有效的危机预防效果。

《衍生品战略》敏锐地察觉到，有关 VaR 的论战具有吸引读者眼球的独家新闻报道价值，于是它邀请学术权威菲利普·乔瑞①（Philippe Jorion，一个 VaR 的坚定拥护者，无论是以前还是现在）回应塔勒布对 VaR 的大胆批判，以图将双方的辩论引向更趋白热化的方向。值得注意的是，塔勒布的立场是"多少有些不同寻常的力量赋予了 VaR 牵扯广泛的利害关系"，而来自加利福尼亚州的教授继续鼓吹 VaR 模型最被经常提到的优势，即每个人都能很容易理解其最终结果。每个人都明白"在99%的交易时间内你的损失不会超过 10 亿美元"或者"你最多每年有两次交易的损失可能会超过 10 亿美元"的意思。即使是最笨拙的银行执行官也能够理解 VaR 说的是什么。这在以往一直被认为是这个模型最具潜力的卖点（好吧，即便 VaR 清晰易懂的优点正是我们所追求的，但如果99%的时间内损失不超过 10 亿美元故事被现实证明是完

① 菲利普·乔瑞，芝加哥大学 MBA、博士，主要研究领域为风险管理、国际金融、全球资产配置和固定收益证券市场。乔瑞博士已经发表了 70 多篇文章，主题涉及风险管理和国际金融领域的学术和实务。

全错误的，或者 VaR 计算结果本身就存在结构性缺陷，那么所谓清晰易懂的优点也就毫无用处甚至使事情变得更糟）。

　　与世人所熟知的支持论调一脉相承，乔瑞提出了三点主要的论据。其一，如果没有 VaR，银行就无法对交易室的风险状况进行一个整体评估；其二，VaR 在 20 世纪 90 年代中期本可以成功避免衍生品市场危机；其三，尽管 VaR 是一个不稳定的测量方式，但总比什么都没有或者仅依靠"市场知识"要好得多（这真的让人很头痛。但千真万确的是，对于一位与世隔绝的学者而言，随意贬低那些通过辛勤劳动塑造真实市场的金融从业者，将成千上万努力工作而对 VaR 没有任何了解的人视为一无是处的跑龙套演员，这样的言行显然是鲁莽失礼的。我很好奇，那些在 VaR 出现之前的市场传奇人物和风险控制大师们会怎么评价这位教授呢）。乔瑞看起来在推广 VaR 以及将自己塑造成 VaR 权威方面做得非常好（据说，早在 15 年前，他就迫不及待地发表了第一本关于 VaR 的著作）。对于批评者，他如此反驳道，"把 VaR 描述成一种骗术是不成熟的。事实上，VaR 是稳健风险管理体系的一个基本组成部分"。我，作为质疑者中的一员，很好奇他如何看待在其大肆鼓吹 VaR 之后，为何产生了一个充满有毒杠杆和严重低估风险的巨大市场危机？乔瑞的说法如何能站住脚跟？

　　《衍生品战略》的家伙们着迷于这种你来我往的辩论，迫不及待地要塔勒布对乔瑞说辞进行反驳。接下来，这位经历丰富、眼界开阔的前交易员所做的第一件事情就是，提醒人们注意辩论双方主角所持的立场。塔勒布一方认为鉴于 VaR 潜在的危险弊端，应该暂停其在金融交易中的运用，而乔瑞一方则赞成维持 VaR 的地位并将其视做其他风险测量方法的补充。塔勒布宣称：

　　　　"我发现一些风险管理经理推荐'谨慎运用 VaR'，理由在于这种方法'基本管用'或'效果不错'，但他们对风险管理的定义与我有很大出入。"这种风险管理的功能指标是市场生存而不是损益。在一个传奇故事里，一名交易员用 8 年的时间赚取 8 百万美元而在短短的 8 分钟内就损失了 8 千万美元。根据 VaR 的评价标准，他却是一个高于一般水平的风险管理好手。

听起来有些耳熟？是的，的确如此。许多银行在 2007 年危机爆发之前甚至在危机期间，都在按照上述逻辑行事。他们持续多年赚得盆满钵满，然后却在过去屡有意外斩获的相同交易头寸上突然遭遇惨痛失败（根据 VaR，这样的头寸管理应该是无风险且相当谨慎的）。你会将这种交易行为归结为一个值得赞扬的风险管理吗？

塔勒布指出这样一个事实：尽管 VaR 被几乎所有金融巨头所采用，但这并未自然而然地赋予其无可置疑的可信度。事实上大家都心知肚明，银行正在掩耳盗铃般地作出错误决定。更进一步地，塔勒布表达了其极具才华、令人难忘且颇具预言性质的深刻见解：

"我相信，VaR 只不过是银行家们玩弄欺骗股东的一个幌子罢了。借助这个道具，银行家让股东们（出手相救的纳税人）看见成堆的报表数据，显示自己有多么得勤勉尽责，甚至使后者相信他们遭遇的投资失败不过是因为无法预见的市场环境以及偶发事件所导致的，而不是因为他们从事了过多自己难以驾驭理解的高风险交易。我坚持认为，VaR 鼓动许多并未接受专业训练的金融从业者，不惜拿股东的投资和纳税人的钱进行盲目冒险。"

这近乎是一个轻蔑无礼的预言。塔勒布早在 10 年前就揭露了 2007 年的危机的本质。在我看来，始终保持开放的思维、拒绝被"万灵神药"般的定量分析工具所忽悠是必要和值得的。

塔勒布本可就此罢手，1997 年的那场争论已足以为他扬名立万。但实际上，他在那场辩论中还为我们提供更多深刻宝贵的见解。其一，以分析软件的形式将工程技术方法运用于社会科学领域，导致了经济和社会的灾难；其二，任何一个自尊自重的科学家都不会认为有人会坚持一个错误的理论，特别是像 VaR 这样一个已经被多次证明是漏洞百出的理论（经过这次影响广泛的极端市场事件，其可行性已消失殆尽）；其三，交易员是被训练去发现金融事件背后的真相和搜寻隐藏在现实世界各个角落的风险因素，而不是依靠高雅、理想化的模型工具进行所谓的分析；其四，市场事件的概率是不可预知和动态的（难以进行波动性和相关性的准确估算）；其五，历史数据并不能为我们未来决策提供足够的依据（交易员总是根据市场变动相应调整他们的行为）。

论战中的反 VaR 一方认为，该模型好比马其诺防线，无法预测的事情越多，其可能遭到的伤害也就越大。或者说，正如我们在总结过去经验教训时发现的那样，最具伤害的事件往往是无法预测的。VaR 不能擒获那些面对"坚不可摧"防线而绕道迂回前进的德国军队，因为这种事情从来不曾发生过。因此，纳粹军队的进攻（如一场危机，巨大损失）势如破竹、不可阻挡。那些原本应该全力保护的东西被人轻易破坏殆尽，以致使你变得虚弱不堪、极易受到攻击，最终导致你的毁灭。真的，这种悲剧与 VaR 如出一辙。

阿维纳什·佩尔绍德[①]（Avinash Persayd）是一个幸运的人：他生活和工作在加勒比海岸。同时，他也是一个十分聪明的人：他最早发现 VaR 的破坏性倾向。他在 2000 年对 VaR 发出的斥责很直白：对市场变动高度敏感的风险测量手段将导致金融市场变得缺乏稳定性和危机频发。VaR 越流行，其可靠性就越低。广泛使用 VaR 可能突然导致雪球般扩大的资产流动性问题同时出现在原本无明显关联的市场，而不同类别资产的相关性则显著上升。为什么会出现这样的情况？原因在于，一旦某些特定市场领域（例如英国高科技证券市场）出现不利局面致使 VaR 值被突破上限，大型银行为了使 VaR 数据回归到正常状态，不仅会削减该投资领域的交易头寸，同时也会削减其他领域的交易头寸。这种大量的卖出行为将强化跨市场部门的波动性，从而导致各市场部门的

---

① 联合国国际金融改革专家委员会成员，金融业专家，曾任基金投资主管和风险顾问。

统一行动。城门失火，殃及池鱼。此时，那些原本在英国高科技股票市场持有较低风险暴露头寸的小型银行机构也遭到无辜牵连，其 VaR 上限也相应遭到被突破。这迫使小银行为了确保自身流动性而开始新一轮资产抛售，从而将市场危机波及的范围逐步扩大。通过这种"自我蚕食"机制（大型银行可能紧跟小型银行被迫抛售资产的步伐，进一步在市场中将同类型资产变现），市场动荡所波及的各类资产和金融产品的数量逐步增多，原本不相关的市场也似乎变得越来越具有相关性。这种局面一直持续，最终导致重大危机的爆发。

以上情况在一种被佩尔绍德视为趋势性的力量推动下变得越发雪上加霜，即金融市场内的交易者们越来越变得盲目跟风，并建立与竞争对手相似的投资组合。这样一来，在任何一个时点，许多公司都持有一模一样的头寸。一旦某家机构被迫进行资产清算，往往意味着所有的机构也将进行清算。VaR 忘记了考虑当所有机构都在依靠 VaR 进行交易时所造成的影响。如果一家使用 VaR 模型机构的损失超过其预先设定的上限，那么其他许多公司遭受的损失也都将超过先前被 VaR 模型所预测的损失。如此一来，随着 VaR 逐渐占据市场主导地位，一家银行的倒闭可能导致所有银行相继倒闭。VaR 可以在单个银行使用时发挥较好的作用。不过，一旦使用的银行数量增多，其效果就会大打折扣，特别是在建立交易头寸过程中有羊群行为时更是如此。一旦 VaR 被广泛应用，受其影响的债务清偿将很容易左右市场价格和波动性。当然，真正的问题在于 VaR 可能迫使银行机构以太过快速的方式进行清偿，从而导致在极小市场动荡或损失的情况下爆发系统性灾难。考虑到 VaR 的风险预测能力有限，银行机构的交易损失上限极易被打破，风险管理者很容易受到惊吓以至于慌忙采用降险行动（这种情况特别容易发生在一个相对平静稳定的市场时期，此时的 VaR 值往往处于很低的水平，而金融机构则放松警惕积累了大量头寸）。因此，与在太平时期 VaR 严重低估真正的市场风险相比，许多时候突发的市场动荡迅速推高 VaR

估值，未必就真的意味着市场出现了大麻烦。如果对市场风险的估值更高一些，发生这种市场动荡的可能就会降低，同时债务清偿也不会那么紧迫，从而有效降低滚雪球似的市场崩溃的发生机率。问题的关键在于，由于 VaR 推波助澜的作用，一个本来很正常的市场波动最终演变成巨大的危机。

此外，VaR 值可能在错误理由的影响下升高。比如，一项资产碰巧经历了一些临时短暂的市场波动，但这并不一定就意味着这项资产已成为难以容忍的高风险投资，以至于需要马上将其从交易头寸中去除。面对感情用事、敏感多变的投资者以及语不惊人死不休的市场评论人士，原本基本面稳健的有价证券也会在各种市场流言以及非理性市场行为的裹挟之下，跳起飘忽不定的价格之舞。这种市场独有的舞蹈并不能真正说明什么问题，但不幸的是，VaR 却据此认为市场出了大问题。虽说一叶知秋，但非要从变化无常、缺乏稳定、信息混杂的市场行为中解读一些蛛丝马迹出来，很可能会导致极端错误的风险评估。正如市场波动降低并不意味着风险相应降低一样，市场震荡加剧也并非一定说明危机来临。仅凭数据分析得出的市场波动状况根本就不可能对真实风险作出准确描述。也就是说，那些以降低风险之名义进行的大量滚雪球般的债务清偿行动，其动机来源很可能仅仅是毫无实际意义的数字指令，而与真实的风险状况毫无瓜葛（事实上，被清偿的资产很可能正处于去险过程。即便因为某种原因导致公司债券价值产生些许波动，但经济走势和消费者信心却处于上升阶段，公司拖欠债务的可能性和持有公司债券风险降低）。既然 VaR 与真实风险可能完全没有关系，那么让交易员受 VaR 制约是十分奇怪的。仅仅是为了追求风险测量的准确性和精确性，银行就让位于一个毫无意义的数字幽灵来塑造市场面貌和决定危机是否发生。

佩尔绍德（全球知名专家，曾作为高级市场分析师长期任职于 JP 摩根银行）提出，"羊群效应的广泛存在与 VaR 风险上限管理模式结合在一起，就可以解释为什么 20 世纪 90 年代是金融市场混乱不堪的十年，在这 120 个月当中，金融体系有 40 个月处于危机状态"。佩尔绍德认为，既然 VaR 对金融体系的动荡负有责任，那么金融监管当局居然还积极支持运用 VaR 就显得十分不可理喻了。

在首次对 VaR 提出批判的十年后，一场规模更大、危害更深的金融大灾难再次促使佩尔绍德重新思考这一问题。回想 1998 年的亚洲金融危机（彼时 VaR 被首次公开质疑有缺陷），佩尔绍德提醒我们注意一个关键点：VaR 可以说服人们抛售那些他们不想卖或者此前甚至从未抛售过的资产。他回顾了当初一位清算顾问的说法："我现在想持有那些价格已经深度跌落的债券，但是我的风险系统要我抛掉且不允许持有。"这就不可避免地导致市场价格进一步下滑，陷入恶性循环的怪圈。2008 年中期，佩尔绍德就认识到市场正陷入混乱不堪的失控局面。而在十年前，他就曾经历过此类情形。他明白，VaR 将会推动价格深度继续下挫而不是鼓励人们逢低吸纳，从而促发市场的"流动性黑洞"。所有这一切竟然是由一种原本用来帮助金融机构控制风险的机制所导致的。

正如这个加勒比海人所明白的那样，VaR 鼓励交易员在金融市场中搜寻那些无惧风险、只按照统计数据行事的疯狂赌徒。如此一来，VaR 不仅时不时地排斥那些基本面良好稳健的投资，转而青睐本质上更为冒险的投资行为（记住，波动不是风险），甚至还成为无风起浪、制造混乱的工具。一旦这个所有银行都在使用的模型发现了金融市场中某些微不足道的漏洞缺点，那么每个银行都会兴致勃勃地去寻找并解决这些漏洞，急急忙忙去参加一场没有丝毫瑕疵同时资本要求很低、资本回报超高的市场盛宴。在那些风平浪静的资本市场中，这样的游戏越让人感觉神秘，大家的兴致就会越高。然而，这种集体狂欢、模型导向的市场行为最终往往以悲剧收尾。佩尔绍德指出，"风险模型对安全市场的分析结果是将其视做风险市场，日益高估风险，提高相关性，增强其波动性"。

让人感到机缘巧合的是，佩尔绍德对 VaR 模型缺陷之所以了如指掌，其第一手信息来自于受雇机构，而这家机构恰巧正是创立并在推广这一模型过程中起到关键作用的 JP 摩根。亚洲金融危机恰好在佩尔绍德供职 JP 摩根期间爆发，从此他对 VaR 的看法就一直不可磨灭地铭刻在心。2008 年，他描述了自己在 1998 年的感受，以及他是如何对自己提出忠告的：

> "我完全明白，尽管敏感的风险分析系统可以帮助银行在市场平稳时期很好管理风险，但它们就像安全带一样，在你疯狂飙车时就会失去安全保护作用。它们并非是万无一失的危机防御措施：相反，它们会使危机变得更糟。这样的教训促使我写下 1999 年的论文，希望以此对各种羊群行为的相互作用和市场导向的风险管理准则提出警告。成熟的风险管理者在这个故事中找到了共鸣，但监管者们却对此群起反驳。"

可惜，这位历经磨炼的交易员的观点被无动于衷的监管当局所忽视了。这位怀疑者所撰写的论文也不能阻止 VaR 流行开来（尽管佩尔绍德市场评论多被外界诟病，但这篇文章却最终荣获了令人羡慕的国际大奖）。1996 年巴塞尔资本协议 I 的修订案将此前所没有的 VaR 市场风险评估内容考虑进来，并最终写入巴塞尔资本协议 II。与此同时，美国证监会（SEC）改变了其早期立场，同样开始在监管标准上参考这个模型。如果由佩尔绍德做主，银行资本监管规则绝不可能以 VaR 为制定基础。目睹 VaR 的地位和作用在自己发出警告之后反而变得日益强大，这位出生于巴巴多斯的经济学家不禁感到万分沮丧。显然，他不希望看到银行机构凌驾于监管之上。

"如果监管的目标是使银行内部控制与监管规则变得更加紧密一致，那为什么还要将耗费巨额成本的监管放在首要位置呢？不如就让银行自己来控制风险好了。如果监管的目的是为避免市场失效，那我们岂能将市场价格视做监管工具。直到你认真思考这些问题之后，将风险敏感度当做监管规则才有可能是明智之举。"

这位经验丰富的市场先知心里非常清楚，VaR 至高无上的统治地位催生了一个资本严重不足的银行业，而此时那些被模型蒙蔽的监管者还认为反对声音只是恶意的攻击。一旦市场风险测量工具具有严重的顺周期特性，那么它同样会导致致命的顺周期资本要求，进而盲目吹大资产价格泡沫，并将市场萧条的时间大大延长。

在佩尔绍德看来，VaR 和其他计量手段助长了银行不思进取的不良经营风气。一旦 VaR 等计量分析工具大行其道，银行的投资决策就不再依据分析师们长期积累的市场认知和信用风险知识，而是依靠各种打着科学幌子进行的大量数据分析，从而导致所有银行（大家都获取相同的公开信息，进行相似的计量分析）拥有相似的资产组合，并"在金融市场蜂拥而入或一哄而散时，最终促发系统性崩溃"。当资产多元化的风险投资策略因一个有缺陷的技术手段而被摒弃后，金融市场就变得坏事连连、厄运不断。在对危机的经验教训进行总结时，佩尔绍德还是没有忍住自己的愤懑之情："让我们不要忘记，那些巴塞尔协议Ⅱ的支持者们曾信誓旦旦地说，批评指责都是牵强无据的，整个市场体系比以往任何时候都要安全。"是啊，我们不要忘记！

作为拥有多国文化背景的世界主义者，乔恩·丹尼尔森①（Jon Danielsson）在 2007 年的金融危机中遭遇了双重冲击。作为一名伦敦居民，他亲眼见证了英国北岩银行（Northen Rock）、苏格兰皇家银行以及众多盘踞在伦敦金融城的大型国际投资银行，在突如其来的危机面前丢盔卸甲、一溃千里。作为一个冰岛土著，他同时又眼睁睁地看着自己的祖国陷入金融和社会动荡的痛苦深渊。有些天真的读者或许会认为，这位伦敦经济学院（LSE）的知名学者是否有着满世界追逐危机的古怪嗜好。在华尔街创下历史单日最大市场跌幅②之时，他还是一名正在美

---

① 伦敦经济学院教授，在风险预测、系统性风险计量等方面颇有建树。
② 译者注：1987 年 10 月 19 日，道琼斯股票指数出现高达 22.6% 的深度跌幅，创下华尔街历史上最大的一次股票跌幅。

国读书的学生。在一片混乱恐慌的市场气氛中，充满传奇色彩的德崇证券（Drexel Burnham Lambert）轰然坍塌，垃圾债券市场崩盘暴跌，储蓄贷款业也分崩离析，更不用说引发了很久不见的经济衰退。当他在1997年到达伦敦经济学院时，亚洲金融危机、俄罗斯危机以及美国长期资本管理公司（LTCM）破产等灾难性事件相继爆发。

基于这种背景，丹尼尔森教授对于金融风险领域的研究一直保持强烈的兴趣也就不足为怪了。长期以来，他就一直在对风险模型和风险规制进行研究和评论。这种经历使其不可避免地要直面VaR。显然，他并不喜欢自己所遇见的东西。据我所知，丹尼尔森早在就1997年就开始仔细研究VaR。他似乎对模型中的统计计算手册非常感兴趣，敏锐地指出VaR模型（特别是早期的模型）存在依赖正态分布假设的症结，而完全忽视了能正确描述真实市场状态的非正态分布极端事件。于是，丹尼尔森和同事们试图应用新的定量分析技术去解决上述问题。他们全心全意地向人们呼吁，那些标准化VaR模型中所使用的计算技巧会低估风险，它们并不适合作为风险监管的工具。有意思的是，他们在1998年就已经对那些热衷于采用VaR模型的银行表达了疑虑。他们认为，一旦采用新的模型测量方法，后者就可以执行相当低的资本要求。更有趣的是，他们甚至还质疑监管当局将VaR作为监管手段的动机。如此看来，他们并没有被那些堂皇的说法所迷惑，"在我们看来，人们并没有深入思考VaR是否能作为监管工具的理论基础，事实上这值得进一步研究"。

在对VaR模型之所以能登上"风险和资本之王"宝座的经济和社会原因开展研究方面，这位冰岛人和他的同事们可以被看做是这类金融理论专家中最早（即便不是唯一）的中坚分子。换句话说，他们在关注最核心的问题。对于这些问题的研究使他们得出重要结论。丹尼尔森阐述道：

　　　　"对VaR的测量和运用是一个活跃且令人激动的研究领域，目前已取得了诸多成就。这类研究重点关注各种测量技术的准确性。与统计方法相比较，对 VaR 的经济分析被忽略了。从更宽的视角来看，基于 VaR 的风险管理和金融监管对整个社会的益处还很难被评价。"

然后，他还谈到了研究团队对 VaR 模型经济原理的分析：

"我们认为，之所以将 VaR 强行纳入监管标准范畴的原因可能在于：一方面，金融业事实上已经绑架了监管机构，这样它们就能维护自己在金融体系的权力；另一方面，金融监管当局不仅没有采取类似援救计划一样的果断行动，反而对此装聋作哑、默不作声。"

毫无疑问，丹尼尔森真是一语中的！正如塔勒布早前所预言的那样，丹尼尔森及其同事同样深信，银行的一己私利才是为 VaR 戴上王冠的真正幕后黑手。如果他们是正确的，同时监管当局出于对审慎监管的渴望和对援救行动的厌恶而赞同他们的看法，那么我们就能准确预见到 10 年后将再次发生金融危机，此时一个被 VaR 毒害至深的金融体系势必导致大规模的公共危机援救行动。

在与其团队一起对 VaR 发起公开宣战后，丹尼尔森自己在 2000 年采取了独自行动。这次，他表现得异常出彩：

"当运用于监管领域时，VaR 风险测量方法显得并不能够胜任。它传递出错误的风险信息，在一些情况下既可能增加特定的（如单个银行）风险，也可能会增加系统性风险。就监管制度设计而言，风险模型并不是一个合适的技术基础。"

正如丹尼尔森所指出的，以数据为根本基础的风险模型在市场危机期间不能有效发挥作用，因为相对于市场平稳时期，那些混乱时点的数据统计性质发生了巨大变化。因此，那些原本在稳定时期不大可能发生的事情会突然变为现实。在市场不稳定期间，VaR 完全失效了。最大的原因在于，与天气预报过程中天气丝毫不受气象学家言语影响有所不同，在金融体系中，对预测模型的选择和使用会影响到预测结果本身，也同样会影响到金融市场参与者的行为。正是 VaR 的出现使金融市场中的概率分布变得毫不稳定，难以让市场研究人员作出准确判断和分析。VaR 甚至能够改变市场风险的本质属性，它的存在本身就能够在市场中制造动荡，无中生有地引发危机。进一步讲，破坏市场的稳定性并带来（不可预测的）毁灭性金融危机将是 VaR 模型的最终宿命。丹尼尔森指出："当风险模型被用以实现功利性目的时，VaR 的大厦就开始土崩瓦解了。"

正如佩尔绍德一样，丹尼尔森认为 VaR 很容易导致一个危机重重、单一化的金融业态，其间每家金融机构都持有相同的交易头寸，极易诱发连锁式债务清偿危机的风险，机械的模型驱动交易模式将产生原本不存在的系统紊乱。丹尼尔森总结道，"如果每家金融机构都执行自己独有的交易策略，没有任何单一的交易技术能够导致流动性危机，如果众多市场参与者不得不在危机期间执行相同的策略，这将改变风险分布的原有特性。其结果是，危机期间的这种风险分布与其他正常时期是不一样的，而风险模型不仅不再起作用，反而可能进一步恶化危机"。

在 2000 年单枪匹马发出对 VaR 的挑战中，这位伦敦经济学院的教授最后提醒我们：不能简单地将构建模型当做一项监管工具。原因很简单，构建风险模型实在是太不可靠，同时模型也很容易被操纵。从定性的角度来看，VaR 的理论基础容易导致对某家公司风险状况的错误判断。让金融机构的资本监管要求跟随变化无常的市场行动（仅仅有近期市场的经过挑选、数量有限的数据样本）而不断改变是一个疯狂的做法，支撑交易的资本要求应该更加稳定。这位冰岛人认为，金融监管当局应该摒弃 VaR，设法寻找到更好的方式确保银行资本达到充足的水平并得到严格监管。丹尼尔森提出了两条建议：简化杠杆率水平的监管要求，或者强制要求银行购买保险（他举了一个新西兰金融业交叉保险的例子，银行机构相互进行有效的套期保值）。既然我们手边已经有了现成可靠，甚至经过考验的解决方案，那么为何还要试图在受到广泛质疑的数学模型上碰运气呢？

在独自一人声讨 VaR 几个月后，丹尼尔森重新组织起一个强大的反 VaR 队伍，同心协力发起一场针对这一监管防线的全面进攻。

2001 年 5 月，作为对巴塞尔委员会征求意见的反馈，一份《对巴塞尔协议 II 的学术反馈》的文件被递交给前者。这份文件会聚了众多学术专家的意见，其中至少有六位著名大学的重量级学术权威对丹尼尔森予以声援。那时，监管精英们正在对新的巴塞尔协议 II 计算手册做最后的修改润色，而向金融业和学术界征求意见只是照例行事。很明显，丹尼尔森的新团队正设法针对金融监管的现状展开一场论战：

> "我们的观点是，巴塞尔协议 II 的建议条款没有解决全球金融监管体系的本质缺陷，甚至创造了一个新的潜在动荡源头。VaR 能动摇一个经济体，并引发原本不会发生的社会冲突。巴塞尔委员会选择了质量低下的风险测量方法，严重依赖信用评级机构将起到严重的误导作用。这一整套建议将会加剧金融监管的顺周期性。到目前为止，监管的目标一直致力于降低系统性危机的可能性，而这些建议则倾向于忽略而非促使实现这一目标。在这种情况下，金融风险将会被严重低估。"

到目前为止，这位大学教授就像希腊神话中的卡珊德拉①一样，一直在警告巴塞尔委员会"亡羊补牢，否则悔之晚矣"。难道这些人不正是在试图挽救我们吗？

不幸的是，就像我们都知道的那样，巴塞尔委员会并没有改弦易

---

① 译者注：卡珊德拉系希腊神话中的凶事预言家，但其预言常常不为人们所相信。

辙，VaR 和其他有缺陷的计量技术并没有被重新认真审视。于是，这些计量分析技术扮演了发号施令的角色，对次级 CDOs 之类的金融产品进行价值评估。尽管丹尼尔森在十年之间一直不停地呼吁，但监管当局仍然充耳未闻，最终酿成了巨大的灾难。2008 年 5 月，丹尼尔森就刚刚爆发的危机写了一篇文章，表示岁月也不会征服他作为一名斗士的雄心。"以模型驱动的错误定价机制导致了这场危机，风险模型在危机条件下难以有效运行。信奉所谓'异常复杂的统计模型必然正确'的信条，完全是彻头彻尾愚蠢的强词夺理。"他在被其命名为"谴责模型"的宣言中如是说，即使身处充斥模型的现代启示录世界，这位来自冰岛的维京斗士也不会理解监管当局如何能继续赞成使用错误的模型构建方式。也许正如他指出的，数学对于规则制定者来说是一个方便省力的方式。没有花费大量时间去研究银行持有的实际头寸及其相互作用（也就是说，没有花时间去深刻理解市场风险），监管者只是心安理得地坐享一串串数字带来的舒适性。但在这里，丹尼尔森提醒着我们，"数字并不意味着理解"。

阿门！

从 20 世纪末到 21 世纪初，那些预言家们一直在发出警告，但都被银行家和监管者下意识地忽略了。尽管如此，前面谈及的三位英勇叛逆的 VaR 反对者仍然成功地将人们的注意力吸引至 VaR 的致命缺陷方面。与那时相比，纳西姆·塔勒布如今已经成为一位著名的人物。他从一名资深交易员成功地华丽转身，成为一个享誉世界的智者。阿惟纳什·佩尔绍德担任一家对冲基金的高管职位，并为自己树立起一个高度国际化的经济金融专家的形象。约翰·丹尼尔森看起来进一步巩固了自己已处巅峰的学术职业生涯，开始在伦敦经济学院进行学术讲座，同时也成为横跨专业和大众媒体的知名评论家。

尽管如此，这些被广泛知晓和被追随的人（那位冰岛教授可能除外）很可能并没有被人们记住其关于反对 VaR 的预言。当然，作为这三人当中最坦率、最著名的一位，前面这种境况在塔勒布身上表现得最为明显。世界各国有上成千上万的人读过纳西姆·塔勒布的著作和文章，并在FACEBOOK上成为追随他的粉丝。但可以打包票地说，其中很少有人将他与VaR联系在一起。在我观察和听到的许多访谈中，塔勒布几乎不（或从来不）被问及有关VaR及其在2007年危机中的作用，也没有谈及他早期发表而未被留意的指责。除了一个范围极窄的风险专家圈子之外，塔勒布在VaR论战中的角色并不被外人所知。我猜测在许多场合他将VaR引入话题，但他的追随者很可能既不知道这三个字母所组成的专业术语有何意义，也没有意识到它会在金融市场掀起滔天巨浪。我清楚地记得在一次对塔勒布的采访中，塔勒布急迫地试图提起有关VaR的话题，但对采访人而言完全是对牛弹琴，后者根本不知道塔勒布在说些什么。事实上，他们完全没弄明白VaR是什么概念。

2010年7月，我送给阿惟纳什·佩尔绍德一篇自己撰写的文章，内容涉及危机期间VaR所起的作用以及对他十年前所作的具有里程碑意义的工作进行了赞誉。他给我的反馈则是，他感到如今已没有人还记得当年自己的分析判断。据此我认为，在经历了因VaR而引发的金融危机之后，却没有人曾想过重温那些对VaR的质疑，最有可能的原因在于压根儿就没有人还记得那些观点。

和读者你一样，我也没有看见过任何特别电视节目或新闻报道，涉及塔勒布、佩尔绍德和丹尼尔森（以及其他少数几个人）等人是如何在多年前就准确预见到2007年金融危机的，事实上当时他们就凭借敏锐的洞察力发现，将金融市场的命运交付给一个功能严重缺陷的模型将会产生严重的结果。既然大众媒体通常都会对先知、未来学家和预言师非常感兴趣，那么媒体对那些向人们发出VaR警告的人视而不见就显得非常令人困惑，也许是给预言家戴上王冠太过冒险以至于很容易选错对象（那些在媒体大量曝光的事前金牌预测专家或者事后诸葛亮中，基本没有任何人曾提到过VaR是一个导致危机的危险因素）。

即便预测的事件特别重要，或者预言的内容切中要害，这样的预言也可能会被彻底忽略。所以说，人们并没有吸取现实的惨痛教训。也正因为如此，这三位具有远见卓识的反叛者非但没有让现在和未来的银行家、政策决策者吸取教训，反而令人痛惜地被遗忘了。最后值得一提的是，VaR 最好的自我防御也许就在于它的默默无闻，即除了极少内部人士和风险专家之外，很少有人知道它的存在。假如就连 2007 年金融危机（可能是目前最彻底的，覆盖面最广的危机）这样的事件都没能使 VaR 被世人广泛知晓，也没有使塔勒布、佩尔绍德或丹尼尔森关于该模型危害的预言让公众警醒的话，VaR 大可就此高枕无忧。当你制造的危害完全没有被人察觉时，你就可以逍遥法外了。

第四章

融入监管

作为瑞士最温暖少雨的城市，巴塞尔有足够的理由宣扬其拥有的若干伟大成就。在瑞士这样一个因其降雪而闻名于世的国家，这显然是令人感到愉悦的优点。每年，这座城市都会主办一些享有世界声誉的近现代艺术展。当然，这个城市还造就了罗杰·费德勒这样一位可能是有史以来最伟大的世界网球巨星。此外，作为巴塞尔银行业监管委员会（以下简称巴塞尔委员会）所在地，许多最具世界性重要影响力的决定都在此诞生。

巴塞尔委员会最初成立于1974年，是一个关于全球银行监管，特别是以制定银行资本充足率等银行业监管标准而闻名的顾问机构。尽管它不拥有任何正式的跨国界监管权力，同时它所作的结论自身也并不具备法律效力，但该委员会的意见通常被国际监管机构广泛采用，至少在主要的发达国家是如此。该委员会制定了统一的监管标准和指导原则，即便个别国家的监管当局目前还没有采纳，但在增加一些符合本地实际情况的修订之后，最终都会采用巴塞尔委员会所制定的标准。因此，基于通行模式和标准的全球银行治理就此成为该委员会的总体目标。巴塞尔委员会的代表来自各成员的中央银行和监管当局。根据最新的统计，以下国家（地区）被接纳为成员：阿根廷、澳大利亚、比利时、巴西、加拿大、中国、法国、德国、中国香港、印度、印度尼西亚、意大利、日本、韩国、卢森堡、墨西哥、荷兰、俄罗斯、沙特阿拉伯、新加坡、南非、西班牙、瑞典、瑞士、土耳其以及英国和美国。

考虑到银行机构对一个经济体和社会所具有的重要作用，作为在世界范围内协调银行监督管理，并对监管规则的制定产生深刻影响的机构，巴塞尔委员会具有非常重要和深远的影响力。在其建立14年后，巴塞尔委员会不可避免地与1988年资本充足协定——广为人知的巴塞尔协议Ⅰ——联系在一起，更进一步凸显了其重要地位。巴塞尔协议Ⅰ提出了一个衡量银行信用风险的资本需求体系。考虑到当时相对谨慎的交易活动和在常规商业贷款（大多是拉丁美洲的借款者）中潜藏的巨大损失，也就不难理解为何信用风险在那段时期被认为是银行面临的首要风险了。巴塞尔协议 I 引入了"风险权重资产"的概念，即信用风险基于事先设定好的资产等级和被赋予相应比例的风险权重（如贷款是发放给发达国家的，则其要求银行所准备的资本要比公司类贷款低。风险权重表明不同类型的资产具有不同等级的风险暴露，部分资产可能比其他类型资产的风险要低一些或者高一些，因此对不同的资产分类就需要提出不同的资本要求），并被划分为一系列等级。一家银行的总体信用风险暴露的计算过程如下：各个敏感信用风险头寸（例如，100 000 000美元的美国国库券，向 IBM 公司发放的 55 000 000 美元贷款，以及 20 000 000 美元的抵押债券）与其相对应的风险权重（如 0，100% 和 20%）相乘，然后加总得到最终的加权风险资产总额（如在这个例子中，100 000 000 × 0 + 55 000 000 × 100% + 20 000 000 × 20% = 59 000 000）。最低监管资本要求被设定为最终加权风险资产总额的 8%（因此，上例银行的最低资本要求则为 59 000 000 × 8% = 4 720 000），考虑到只有很少类型的资产被赋予 100% 的风险权重（风险权重为 0、20%、50% 比较普遍），因此这种方法得到的数额在很多实例中都小于总资产的 8%。在前述例子中，总资产的 8% 为 175 000 000 × 8% = 14 000 000，明显是一个更大的数。风险权重的引入被认为使监管资本与真实风险头寸更紧密结合起来，因此一个风险权重为 20% 的风险资产只要求总资产 1.6%（8% × 20%）的资本。巴塞尔委员会所认可的资产内生风险越低，银行机构在这种方式中被监管许可的杠杆率也就相应越高。

　　巴塞尔协议赋予银行机构持有的富裕国家政府部门债权、库存现金和黄金零风险权重，即与此对应零资本要求。托收现金、富裕国家银行债务、美国政府资助机构债务、部分市政债券以抵押支持债券等，风险权重为 20%（仅要求总资产 1.6% 的资本），其他类型的市政债券风险权重为 50%（资本要求总资产为 4%）。风险权重为 100% 的资产（资本要求最高不高于总资产的 8%）主要是公司债券、贫穷国家的债务、贫穷国家银行的债务、房地产以及抵押贷款等。这些所有的数据从哪儿来呢？当然是来自于巴塞尔资本"宪兵"的估算（如果你真的很好奇的话）。

因此，这样一份基于政策精英对银行风险暴露的不同感受而制定的监管协议，无论如何都将会对世界经济造成巨大影响。如果巴塞尔Ⅰ没有或者错误地赋予一些资产低风险权重，银行就会拼命追逐这类资产头寸，从而导致严重的负面结果。从另外一个方面说，如果某些稳健安全的资产被赋予了高风险权重，银行则会认为这类资产占用太高资本从而限制其信用活动。

拥有主宰全球银行资本要求的权力，同时也意味着这是一个需要万分小心承担的责任。环顾世界经济，经济增长步伐、金融危机爆发、公共债务规模以及其他一些关键因素，都处于危险境地之中。聚集在巴塞尔委员会的那些人，仅凭书面研究报告就可以在很大程度决定这个世界大多地区的经济命运。很明显，贪婪的银行家们很可能试图对这些人的决策造成影响。在一些人看来，银行家不仅贪婪，而且他们正在成功地对监管施加影响。按照这种说法，在实施巴塞尔协议的这些年，同时也是规则制定的过程中，巴塞尔委员会只是忙着去将那些银行喜欢的或不喜欢的内容，纳入或排除在监管协定之中或之外。当然，这里的主要问题在于，一些银行坏的请求也被置于其中。从本质上讲，慎重考虑银行提出的建议并非是不智之举，而认真听取银行的陈情也理所应当是银行监管当局的职责所在。但在许多情况下，如果金融监管者对银行机构的建言献策充耳不闻，金融体系反而会变得更好。对于资本要求而言，过去 15 年就是最为明显的例子。对此，那些具有强大权势的巴塞尔委员会监管者们理应感到惴惴不安。

当巴塞尔委员会 1996 年 1 月通过发布《市场风险资本协议修正案》将 VaR 引入监管领域时，很明显是应银行机构的要求而这么做的。早在多年前，巴塞尔委员会就决定不仅针对信用风险，而且还包括对市场风险（来自于市场价格变化的风险暴露）提出资本要求。巴塞尔委员会相信，修正案沿用巴塞尔协议 I 的监管模式去应对市场风险将是一条正确的路径：即针对特定资产组合（利息、股权、商品、外汇）事先设定好固定的不必变更的资本要求。就像巴塞尔 I 一样，修正案构建了一个欧盟积木法，也就是通过每个单一组成部分的市场风险对资本要求加总。这样导致的结果是，银行机构那些原本与其不同风险类型资产存在统计相关性的多样化资产经营活动就不再被纳入资本要求的计算当中。

这种所谓的标准计量法在 1993 年 4 月一经提出，银行机构立马就对此怨声载道。其中的问题并非只是因为这个方法过度缺乏灵活性，而是那些缺乏灵活性的资本要求看起来高得令人不愉。例如，商品普遍被按照净头寸的 15% 计算最低资本要求。外汇敞口则被要求达净头寸 8% 之多的资本保障。利率和股权风险执行的不是一种，而是两种与市场相关的资本要求，即一般市场风险和所谓的特定风险（specific risk）。后者是防范由于单个证券发行者相关因素导致证券价格的负面波动所形成的风险。在利率风险敞口的情况下，特定风险资本要求的规模根据所涉及债券的类型而变化，政府、公共部门实体、多边发展银行债券，以及高等级的投资债券，可以得到 0～1.6% 这一区间内的十分低的资本要求，而其他类型的风险敞口则要求 8% 的特定风险承诺。对利率敏感性头寸的一般风险资本要求根据一个复杂的架构计算而得到，在这个架构中，资本税收取决于证券的到期状况。尽管股权风险就流动性和多元化头寸而言十分低，但它特定资本要求被置于 8% 的水平股份风险一般资本要求被置于净头寸的 8%。

两年后，一个新的提议发布，这次允许银行在它们自己的内部模型和外部标准模型间自由选择。这个版本被世界前十大经济体的监管当局所批准，承诺至少在 1997 年底在国内使用。巴塞尔委员会如是说：

1995 年 4 月提议的一个重要特征是对实业界要求的回应，即实业界要求允许银行使用自建市场风险衡量模型替代 1993 年 4 月最初提出的标准衡量框架。

巴塞尔委员会官员表现出的慷慨随和，并不只是体现于他们对模型的赞同立场，同时也体现于他们关于银行资本的新定义。最初，巴塞尔 I 将资本定义为"资本"。当一些债务的限额被确定时，考虑到其长期属性，这看起来是合理的（因此，原则上能够看成是当诱致损失发生时能够吸收短期震荡）。银行机构能够通过以下两种渠道遵守监管资本要求：即所谓的第一级资本和第二级资本。前者的质量非常好，包括全部股本、公开储备，后者则由非公开储备、长期附属资本、永久债券，以及或有收益和投资组成。为了确保可靠性，第二级资本不得比第一级资本多（也就是说，至少全部资本的50%应该是核心资本）。1996 年修正案则引入了令人惊异的第三级资本，主要有短期附属债券（一个弹性很大的支持基础，如 2007 年危机所表明的，这种"资本"没有真正的如事先所认为的能在动荡时期发挥作用）。第三级资本仅可以用来覆盖市场风险变化，同时被限制到所要求的覆盖市场风险的第一级资本总量的 1/250。那就是说，至少 28% 的市场风险资本要求需要由最高质量的资本组成。一些人可能会争辩称，这种安排使得寻求高杠杆率的银行机构十分高兴：这不仅可以允许银行机构在使用 VaR 模型进行交易时仅需持有低层次的资本要求，同时其中许多资本甚至并不需要是真实的资本。换言之，金融机构可以肆无忌惮地寻求令人垂涎的股权回报。正是归功于 VaR，你可以在持有巨额市场头寸的同时仅需被要求数量很少的真实资本。也正是由于第三级资本的存在，核心资本使得杠杆率能够在实质上放大很多。例如，一个受到 VaR 扰动的资本要求，如 0.5%，可以完全满足你巨大的投资冲动，因为你只需要 5 美元就可以支撑 1 000美元的头寸（200∶1 的杠杆率）。如果在 28% 的市场风险资本要求中仅需 0.5% 必须是第一级资本的话，那么现在你的核心资本的杠杆率就达到了惊人的 700:1。

按照 1996 年修正案的规定，银行需要每日计算市场风险资本，其规模应取下面两者中的较大值：按 99% 置信度水平计算的前一交易日的 10 天持有期 VaR 值；或者是按过去 60 个交易日的 10 天 VaR 平均值乘以最小乘数因子 3（如果银行的内部风险评估模型表现不佳，该乘数因子可以升至 4）所得值。10 天 VaR 值也可以根据 1 天 VaR 值扩展而得到（主要是通过对 1 天 VaR 值进行十次方计算，这种数学计算方式假定资产回报服从随机游走统计过程）。尽管没有限制银行必须那样做，但使用这种方法至少应使用一年的历史数据。任何 VaR 计算方法都可以被使用（绝大多数银行看来都在及时学习使用历史模拟方法），银行可以通过运用同类资产内部相关性和不同类型资产的相关性评估分散化收益。银行可以自由地运用 VaR 技术去计算具体的利率风险和股权敞口资本要求，而无须被迫遵从被设计好的标准化的模型方法（绝大多数银行只计算和报告一个包含一般因素和特殊风险因素的整体 VaR 值）。

从准许使用标准化方法到使用 VaR 方法不难判断，监管者的确给了银行机构一个很大的好处。与束缚在固定的、不可谈判的，明显要求事先设定好的资本需要不同，银行机构实质上现在可以自行通过周密的判断，计算它们自身的资本需求。与被限制谈及关于银行机构交易活动的资本成本不同，它们现在拥有了一定的最终话语权。如果风险敞口被定义为可交易资产，那么它就可以被归入交易账户而非银行账户。这样一来，银行机构就可以因为遵循市场风险监管规定而非信用风险监管规定，大幅降低资本成本。

在这种情况下，有选择性的历史数据和统计相关性，使银行资本要求降至极低水平成为现实。如此一来，银行简直就可以肆无忌惮地四处搜寻各类交易资产，直到它们能够拼凑出一个能够满足监管当局经济监管资本合意水平的投资组合。一旦让那些热衷于高杠杆率的机构随意使用一个容易掌控且能决定杠杆率的工具时，这类机构最终拥有很高的杠杆率就一点都不会让人感到诧异了。

巴塞尔委员会很快就对巴塞尔协议Ⅰ感到厌倦。1998年9月，它宣布开始启动对1988年监管规则的全面检讨，其目的在于制定一个新的更强大的规则。这也就成为后来著名的巴塞尔Ⅱ的依据，最后巴塞尔Ⅱ在2004年年终发布。由此，巴塞尔协议Ⅱ支配着银行领域走上了通向2007—2008年的危机之路。

巴塞尔协议Ⅰ究竟错在哪里以至于需要重新修改？嗯，它看起来似乎简单生硬、太武断、太粗糙，过多依赖于古里古怪的个人判断，很少依赖严密的技术手段。当巴塞尔协议Ⅰ退出历史舞台时，很少有人为此流泪惋惜。与之相反，巴塞尔协议Ⅱ却受到外界的广泛欢迎，原因在于其带来了令人眼花缭乱的复杂分析工具，让人觉得监管者终于变得老练专业，能够跟上不断创新、日趋复杂的金融市场的步伐。

巴塞尔协议Ⅰ粗糙的风险权重设置的确可能会刺激银行机构作出奇怪的信贷决策。例如，向街边小店提供信贷与向一流的跨国公司提供借贷都会耗费一样的资本，但高风险偏好的银行可能会向前者提供更多的信贷资金（风险越大，收益也就越高）。那些看起来如以前一样具有充足资本准备的银行可能承载了更多的风险。同时，巴塞尔协议Ⅰ被认为在鼓励金融市场的证券化浪潮的同时，未能作出恰当有效的监管应对（由于银行将资产转移出资产负债表，以逃避新的与信用风险相关的资本要求）。20世纪90年代晚期，在巴塞尔协议Ⅰ生效时曾经大幅提升的银行业资本水平，开始逐渐下降。巴塞尔协议Ⅰ最终可能导致的结果是以更少的资本来支撑更多的风险。

五年后的1999年6月，伴随着激烈的谈判和大量的研究和评论，巴塞尔委员会发布了第一套征求意见稿，巴塞尔协议Ⅱ的出台成为现实。它将其自身构建在三个著名的支柱之上（最低资本要求，监督审查和市场约束）。每个人似乎都对这种安排持欢迎态度。巴塞尔协议Ⅱ

因看似能够强化金融体系的稳定和安全而得到广泛的认可和接受。

伴随着新资本监管体制的到来，巴塞尔协议究竟发生了什么改变？同时又有什么内容继续和原来保持一致？简单地说，银行账户（banking book）的处理方式（如信用风险的资本要求）进行了大幅修改，而交易账户（trading book）的处理方式（如市场风险资本要求）则基本上保持不变。VaR 继续在交易账户中扮演核心角色，如此决定在 2004 年前遭到外界的广泛质疑。然而，巴塞尔委员会并不满足于仅仅对交易账户实施标准度量法；现在，相同的方法也运用至银行账户。通过巴塞尔协议 II，以模型为基础的信用等级成为评价与信用相关资产风险的决定性因素。银行拥有两种选择：一是基于外部信用评估的标准化方法，二是基于银行自身评级系统的内部评级法。如此一来，一项头寸到底是 AAA 级还是 BBB 级（不管是外部还是内部）就成为决定资本要求量大小的关键因素。基于这样一个盲目的信仰——最前沿先进的信用分析系统可以为银行和评级机构提供最大可能的真实评估，巴塞尔委员会设想让资本要求更紧密地与资产的"真实"风险联系在一起。在理论上，由于各类证券化资产可以根据（外部）信用评级所构建的风险权重表进行风险价值判断，证券化风险敞口也可以得到充分量化标识和特别对待。大多高级证券化资产的风险权重可以低于 7%（等于最低资本要求的 0.56%，7%×8%），对评级为 BB 级的资产类别则可能高达 650%（52% 的资本要求），对低于 BB 级以及未评级部门则更高。换句话说，新的监管体系的确有利于高信誉度的投资组合。

的确，通过计量手段计算资本要求的巴塞尔协议 II 可能会降低银行账户的监管资本。如果信用评估恰巧不那么严格，那么资本要求也将会十分宽松，这种情况并不仅仅发生于证券化资产。例如，运用标准法计算，从 AAA 级到 AA 级——信用等级不同的公司类债权就能很幸运地得到 20% 的风险权重，这显著低于巴塞尔协议 I 中对同类资产 100% 的风险权重值。即便是那些级别为 A＋级到 A 级的资产类别也同样沾了光，得到 50% 的风险权重值。只有那些被评价为 BBB + 级或更低级别的公司贷款或者债券才会面临有失脸面的前巴塞尔协议 100% 风险权重的拷问。同样，有住宅地产担保的债权可以获得 35% 的风险权重，明显要好于 100% 的风险权重。因此，尽管某些资产的风险权重前后的确保持不变，或者在信用评级下降的情况下甚至可能还会有所上升，但巴塞尔协议 II 却能够在信用敞口（credit exposure）上实现让人垂涎三尺的资本节约（当使用内部评级法时，这种节约甚至更加强烈，这将在随后进行讨论）。

有人控诉称，较之小银行而言，巴塞尔协议 II 更加偏爱大银行。既然只有大银行有足够实力能投入大量技术和人力资源于复杂高级的分析模型，并使之正常运作，因此，也只有它们才能够充分享用模型导向资本监管所带来的各种好处。这就是说，对没有实力雇佣到能够规避监管的高级计量分析师的银行机构而言，除了不得不遵守根据标准法计算出的资本要求以外别无他法。你根本没有任何机会能够运用自己的模型来决定自身的资本需求水平，除非你完全服从于其他人对你的资产风险水平的评判。即便如此，相比你自身的评估，其他人的评估会更不友好。因此，如果你是一家规模相对较小、业务相对不复杂的银行，你可能遭到比规模更大、业务更复杂的银行更高的资本要求。这就是一种潜在的、巴塞尔委员会官员恩赐的比较优势，学术研究似乎已经证实了这一点。例如，2003 年美国联邦储蓄存款保险公司发现，那些采用内部评级法的美国银行机构的平均资本水平下降了 18%～29%。2006 年，由巴塞尔委员会主持的一项研究显示，采用内部评级法的银行的资本水平可降低 7%～27%，而剩余的那些采用标准法的机构则提高了 2% 的资本要求。考虑到巴塞尔委员会提出的主要目标之一是确保一个公平的竞争环境，以及巴塞尔协议 II 的主要目标是强化竞争平等，现实与目标之间无疑出现了令人困惑的背道而驰的局面。同样，以上数据还传递出这样一个令人困惑不安的信号：银行业（考虑到采用模型的大银行占有大部分的市场份额）的整体资本水平出现下降趋势。这显然与巴塞尔协议Ⅱ最初设计的首要目标完全相悖。

如果1996年银行已适应了市场风险的资本要求规则，它们在2004年也能够适应信用风险资本要求。这并非意味着对信用评级的依赖会自动地、并在所有情形下产生较低的资本要求（尽管正如我们看到的一样，新的计量体系使高杠杆的产生非常容易），而是说银行（至少是部分）再次被赋予计算自身资本要求的权力。这个外包式资本监管程序随着巴塞尔协议Ⅱ的出台而最终形成，被银行以及与银行有密切关联的机构所设计的计量模型则完全处于前者的掌控之中，银行业及其评级机构几乎可以一手遮天地决定资产杠杆率水平。一个计量分析占主导地位的光鲜时代就这样被人为地强加出来。但是，如果那些计量方法被证明存在严重漏洞，那将会出现怎样的结局呢？正是因为巴塞尔协议Ⅱ的问世，世界（从1996年起人们就已对市场风险统计分析预测的准确性提出质疑）的命运完全受制于信用评级的真实性。而在现实中，那些AAA级的资产是否真的名副其实呢？

人们对VaR的关注很快从巴塞尔协议Ⅰ转移到巴塞尔协议Ⅱ。事态的进展显得平静顺利，曾经在银行账户引发的混乱局面并没有蔓延至交易账户。VaR曾经是王，如今VaR依旧是王。

这是一个十分矛盾的现象：一方面，当金融市场如1995年一样繁荣正常时，模型让人看到新的希望同时也未曾辜负人们的期望，此时人们就会对其予以充分的信任；另一方面，当金融市场如1997年那样发生功能失调或者出现严重问题时，人们对模型的信赖感就荡然无存了。尽管金融监管当局没有发现VaR的概念性缺陷（这其实迫使我们付出了更多无奈的仁慈；毕竟，人们很难理解一个建立在历史数据和概率假定上的模型，而模型也可以很容易地被人操纵，那么这些天然属性是否会使其更容易犯错或肆意妄为呢），但我们可能仍会满怀善意地放过监管者一马。但让人无法原谅的是，即便现实已经公开证明了VaR模型的严重缺陷，但监管当局仍在执迷不悟地坚持对 VaR 的运用。这不禁让人充满疑惑：VaR 是如何毫无阻拦地在巴塞尔协议 Ⅱ 中通过的？

直到巴塞尔协议开始讨论形成之时，VaR 就有了一个负面的前科。1997 年亚洲金融危机和 1998 年俄罗斯长期资本管理公司危机的爆发就在很大程度上对 VaR 模型作出了否定。VaR 不仅在发生严重市场动荡时无法有效预警，而且它甚至可能对这种市场震荡火上浇油。VaR 所鼓励的群体思维导致了横跨整个金融产业的相似资产组合大量累积。由于相同的原因，VaR 在危机发生后又对交易头寸提出了大量的流动性要求，从而导致如滚雪球般的巨大损失。或许是破天荒头一次，银行的真实每日交易损失额超过了 VaR 的预测值。从那段不愉快时期得到的教训如水晶般明朗：市场并不是正态分布的；历史经验可能与明天的市场表现毫无关系；过去的统计相关性和波动性很可能在明天被打破；流动性并非万能，它很可能在瞬息之间就会完全干涸；一旦市场参与者都机械地遵循相同市场规则时，跟风性的交易和交叉持股现象就会大量上升。即便以上情形中仅有一样确实发生，这也会导致 VaR 的正确性受到高度质疑。假如所有这些可能性都变为现实，VaR 还如何能继续成为风险管理王国中的恺撒大帝？

当华尔街的 VaR 传奇在 1997—1998 年那段可怕时期（无视模型在危机前的表现）遭受重创时，关于 VaR 失败的最具有说服力的例子来自于一家非银行机构（尽管回过头来看，那时还有更多更经典的例子）。这个例证不仅说明 VaR 模型是如何辜负其使用者期望的，同时也表明这种挫败其实更多源自于那些特定使用者的特定本质。著名的对冲基金长期资本管理公司（LTCM）由全球顶尖的金融理论专家管理。在这家基金的十位最重要人物中，有 6~7 个是在业内享有颇高声誉的博士，这些人曾经或目前依旧是学术权威，其余 3~4 个重要人物则是其教授同事的坚定拥护者。在前述那些学者中，有 2 位已经凭借理论造诣而获得诺贝尔经济学奖。可以说，这是一家无与伦比的金融机构，它能为投资者提供世界上最好或者接近最好的金融服务。这些分析精英信心满满地认为，定量风险模型可以很好地指导其交易决策。但结果怎样呢？数十亿美元的惨重损失几乎使整个银行业垮掉。"世界上最好的金融专家"（长期资本管理公司头头们的称谓）所经营的结果无非是一个彻底的崩溃、毁灭性的瓦解。在长期资本管理公司存续的最后一个月里，这些盲目信赖模型的天才们所创造的资本回报是负的45%。在之前一段时间内，长期资本管理公司遵循 VaR 模型所运行的交易策略曾经有过较好表现。长期资本管理公司的风险控制依赖于 VaR 模型。该模型显示，对冲基金的市场越轨行为仅仅面临很小的风险。

1998 年4月，在崩溃前的6 个月内，长期资本管理公司对冲基金的资本少于50 亿美元，其99% 置信度的 1 天 VaR 值仅为 1.05 亿美元。这意味着4.80 亿美元的月度99% VaR 值，这个数值看起来已足够让人感到舒服：在 100 个月中，有 99 个月的损失被预测为低于该基金资本的10%。有人指出，这个自欺欺人的数字促使长期资本管理公司在之前的 12 月削减了40% 的资本。毕竟，如果 VaR 让你确认投资是安全的，为什么不削减一些资本以使回报更加诱人呢？当然，这种提高杠杆率水平的决策最终被证明是致命的，以致长期资本管理公司最后因缺乏资本覆盖突然遭受的损失和追加保证金要求（该基金的交易敞口如果能够经受住风暴，可能最终会盈利）而轰然倒地。在接下来的一个月里，长期资本管理公司首次遭受严重损失，其回报率降至 −6.5%（超过3 亿美元的损失）。6 月的情况则更加严重，回报率跌至 − 10.15%（损失额达 4.6 亿美元）。1998 年 8 月，长期资本管理公司共计损失18.2 亿美元，而按照 VaR 模型的预测，无论如何也不会出现这样的结果。3 周以后，该基金几乎 8 亿美元的资本已经被损失消耗殆尽，此时只有银行财团出面援救才能避免系统性灾难。在长期资本管理公司仅仅将 VaR 作为风险管理战略的5 个月后，该基金已损失了40 亿美元，占其资本的80%。

银行的情况又是如何呢？它们是如何成为 VaR 的牺牲品的？在 1997 年底，更不用说 1998 年底，金融产业已经深信不疑地拜倒在 VaR 脚下。每个人都在使用 VaR 作为内部风险指引，而这些银行与交易相关的杠杆水平几乎全由 VaR 所决定。因此，不单是一个而是两个市场发生猝不及防的暴跌，这本身已充分证明 VaR 模型存在较大缺陷。这个风光无限的风险雷达没有对一场巨大的国际金融危机作出有效预警，一年之后它又错过了一场更大的危机。这难道就是其自诩的统计精确性？

就像我们早前说过的那样，那些惨痛的历史教训见证了 VaR 模型所面临的首次例外，而套用一位著名专家的话来说，那便是"有充分的证据表明模型有缺陷"。一项针对拥有巨大交易分析系统的美国商业银行的研究发现，在 1998 年 8 月到 10 月期间，至少有 4 家机构经历过 2 次或者更多次的日常 99% 置信度 VaR 值的例外情况，其中有 1 家发生的例外次数达到 5 次之多，2 家机构经历过 3 次，99% 置信度的 VaR 值被认为一年中仅有 2.5 天是超出 VaR 值范围。不单如此，这种偏离程度还相当惊人，有时可能是 8 个标准差（西格玛），还有时是 3 个标准差。记住，根据正态概率分布的原理，在 99% 的置信区间外移动两个西格玛就基本上被认为是不可能发生的（为了更加精确地说明这一点，向 99% 的置信区间外移动一个西格玛的概念是 0.04%）。许多原本被认为不可能发生的事情，在现实世界中确确实实发生了。不管怎样，VaR 撒了谎。全世界第一次真正认识到，这个过去一直被认为高高在上、冰清玉洁的计量模型竟然是个淘气的撒谎者。

但最糟糕的事情在于，正是 VaR 自身的缺陷导致 VaR 传递虚假信息。大量对统计教条的背离，正是因遵循统计教条引发市场动荡所导致的结果。当俄罗斯拖欠债务以及在 1998 年 8 月 17 日进行货币贬值时，许多银行和套期保值基金遭受沉重损失（俄罗斯在几个月前还是令人向往的市场，许多机构在都积攒有大量的俄罗斯资产头寸），而这些负面信息却都被 VaR 数值给过滤掉了。此后，在伦敦、巴黎以及苏黎世，VaR 值开始迅速升高。正如下面这个权威评论所评价的那样：

> 这种效应导致许多交易室突破 VaR 限额。根据巴塞尔委员会的规则，一旦这种突破发生了多次，金融机构就需要补充更多的资本或者削减风险敞口。对于银行而言，资本是珍贵的商品，而削减敞口头寸则是惯用手段。因此，风险经理通常会打电话给首席交易员，告诉他们削减敞口头寸，不单是俄罗斯的，还包括各个地方的。"即便是那些有利润的敞口头寸也是如此？"交易员会问。"规则就是规则。"风险经理如此回答。

如果 VaR 模型的预测表现不佳，在计量公式中有关计算监管资本的乘数因子就可能从 3 升至 4。因此，这种计算规则可能会促使人们仅仅是有意识地简单缩小资产负债表规模，抛除一些令人感觉不佳的资产，使 VaR 值重新回归到可控状态，然后以精简的资产负债表重新开始。在任何情况下，在对风险模型的分析结果言听计从的企业文化氛围中，一个不断升高的 VaR 值等同于风险出现难以忍受的上升，促使董事会紧急召开会议，商量是否应该全面削减资产规模，以便显著降低风险。

然而，这种可能对单个公司而言是合理的行动，一旦被一个群体所采取时，就演变成了一种自我毁灭的过程。为什么？因为市场流动性出现下面的情况时会干涸，即当每个人（或者几乎所有人）都在风险敞口上削减头寸，市场中的买家可能消失，从而难以抛售资产获得流动性。

VaR 背后的逻辑在于，当限额被打破后，你可以重新配置资产组合以降低风险。否则，当初设立限额的举措还有什么意义呢？然而，一旦众多机构同时发现 VaR 限额被突破，以致相应机械地实施降险交易操作而非稳健地降低风险敞口，这足以导致发生自我毁灭式的灾难。如果很难作出清算某类资产组合的决策时，你可能会尝试去清算其他部分，直到所有（或者几乎所有）资产都被纳入抛售计划。同时，危机时期市场所出现的强烈波动使 VaR 维持在高位，即便此时市场的整体交易头寸已经大幅缩小。此时，你很有可能在没有实现降险目标的同时，遭受了新的莫名其妙的巨大损失。如果对投资组合的管理并非完全根据统计分析系统的计算结果而自动进行调整，那么情况可能会好一些。下面便是关于 VaR 如何在危机过程中传染放大损失的恰当描述。

> VaR 是一个风险控制预警系统。如果你经常打破限额，你可以以一种可控的方式削减头寸直到重新返回安全区域。当然，这只是关于 VaR 的理论观点。在 1998 年 8 月，每个人同时都试图立刻着手进行如此操作，可怕的结果就无法避免了。此时，市场中那些利用短期价格下跌牟取利益的机会主义者消失了。做市商使买卖价差幅度扩大，最后市价出现巨幅跳水。这如同电影院发生大火，每个人都争先恐后拥向出口，其结果可想而知。

有意思的是，巴塞尔委员会似乎并不认为 1998 年的惨痛教训证明了 VaR 的缺陷或对 VaR 的荣誉构成羞辱。事实上，巴塞尔委员会对于模型在危机期间的表现似乎作出了如下评估结论，"VaR 表现优秀，这场危机巩固了 VaR 作为稳健的风险评估工具的声誉"，而非"这场危机证明了 VaR 的瑕疵，这个模型表现得十分差劲"。考虑到 VaR 已经牢牢成为监管规则的一部分，我们有十足把握怀疑，1998 年的那场灾难并没有将巴塞尔委员会转化为 VaR 模型的反对者。通过对 9 个国家 40 多家银行进行跟踪监测，巴塞尔委员会骄傲地宣称："市场风险资本要求提供了一个充足的缓冲来抵御危机期间的交易损失。在危机发生初始之时，没有任何一家被调查机构报告过任何连续十天的交易损失曾超过了本要求。"好吧，即便长期资本管理公司不曾被救助而其交易头寸因此被市场清算，那么结果又会怎样呢？很显然，这样做的结果是银行损失额将会大到足够超过 VaR 额度。纽约联储主席（他使出浑身解数推动银行救助长期资本管理公司基金以及自救）相信，如果长期资本管理公司被清算的话，每家大银行将损失 30 亿 ~ 50 亿美元。因此，一个受 VaR 影响至深的危机可能在技术上并不会导致银行资本不足，但这种局面可能只是由于规则受到操纵的结果。金融市场的运作体系由于受到人为欺骗而使市场力量难以正常发挥作用，以至于按照 VaR 计算出的资本要求完全不能满足应对危机的实际需要。巴塞尔委员会的确承认某些关于 VaR 的失败事例，可它仍然觉得相关损失并未大到需要在现实中重新考虑监管规则的地步。"尽管 1998 年第二季度中期市场波动还在不断加大，但几乎半数的机构未曾报道过一天的交易损失超过 VaR 日常估计水平。对那些有例外情况报告的银行，出现一天损失超过 VaR 估测水平的情况基本不超过两次。"因此，VaR 仅仅如淘气小孩一般受到大人的轻微呵斥，而没有被当做顽固不化的罪犯予以严惩。是的，VaR 只不过接受了一个十分温和的指责，接下来照旧登堂入室，继续着疯玩打闹的日子。瞧，多么聪明又淘气的孩子！

2004 年于 VaR 而言是一个黄金年份，这不仅是因为它毫无争议、外表光鲜地被纳入到巴塞尔协议 Ⅱ 之中，也当然由于其被美国证券交易委员会（SEC）——最后一个屈服于该模型魅力的大型监管机构——所青睐。在 SEC 成为新的 VaR 拥趸之前，华尔街的证券经纪交易商需遵从于与巴塞尔 Ⅰ 体系十分相似的净资本规则体系（Net Capital Rule），同时，SEC 的做法也非常类似于巴塞尔委员会在赋予 VaR 更突出地位之前曾经尝试过的市场风险资本监管规则。就像 1993 年巴塞尔委员会所提议的标准化路径一样，SEC 的净资本规则构建了一个积木式的监管结构，其根基建立在预设的、根据标的证券的情况而变化的法定资本要求（通俗称谓即"价值扣减或垫头"）之上。一家银行从给定的总资本水平开始，然后减去每个流动性资产的资本扣减规模，最后得出一个实际净资本数据。对杠杆率和最低资本要求的监管限制规定便是基于净资本数据而实施的（例如，华尔街的证券经纪交易商可以将他们的负债水平控制在净资本的 15 倍水平上，以便达到一个基本的合意监管比率，同时也要遵循净资本不得低于相应最低资本要求的规定）。因此，在总资本给定的情况下，资本扣减率越高，那么相应交易头寸的操作空间也就越小。简言之，如果你想通过杠杆化的方式积累大量资产，一个苛求的扣减率就能使你的计划泡汤。

那些资本扣减到底是怎么回事呢？超短期的政府债券享受零扣减率的待遇，但随着期限的增加而相应提高扣减率（1~3 年期范围内的削减比例为 1%~2%，25 年或者更长的为 6%）。市政债券的扣减率也从零开始，然后随着期限的增加而上升（20 年或者更长时间为 7%）。高等级债券最短期限扣减率为 2%，而后同样随着期限的上升而增加，其 25 年或者更长期限为 9%。其他债券的扣减率介于 15% 到 40% 的范围，具体值取决于其流动性。资产的流动性十分重要，因此，对于那些非交易性（nonmarketable）或销售欠佳（no ready market）的证券而言，其扣减率则高达 100%（这就是说，杠杆率被限制在 1:1，使持有这些债券的资本负担很重，几乎不可能通过负债来筹集资金）。

2004 年 4 月，正如我们所知道的那样，SEC 给予了华尔街的证券经纪交易商们从计算资本折扣到采用 VaR 模型的选择机会。为了让控股公司接受更严格的监管，确保常规净资本达到 5 亿美元，同时设置 50 亿美元初步净资本（指在扣除市场风险和信用风险因素之前的净资本）警戒线（若此下限被打破就必须告知 SEC，并由 SEC 考虑是否采取补救措施），SEC 允许美国大型投资银行根据巴塞尔协议设计的规则（99% 的置信区间，10 天持有期，乘数因子为 3〈若模型效果不佳可升到 4〉至少一年的历史数据，允许资产组合间的相关性或跨资产组合的相关性），运用 VaR 模型来计算它们的最低资本要求。就如 SEC 自己所承认的，这种净资本计算方法的改变很可能导致更低的资本扣减（例如，同样的总资本现在可以支撑更多的交易行为）。这很有可能是华尔街证券经纪交易商早些年积极争取使用 VaR 的一个重大因素。

SEC 似乎并不满足于 VaR 成为华尔街监管规则的一部分，他们还在资本监管的礼包上增加额外的装饰品。第一，应"市场评论人士"对征求意见稿（可以肯定的是，金融业代表方迫不及待地想运用 VaR 模型计算市场风险对资本的扣减额）的呼吁，最终实施的监管政策中不再包括原计划 18 个月的 VaR 采纳过渡期。第二，最为关键的是，SEC 最初计划禁止使用 VaR 模型来扣减滞销证券以及所有衍生工具的交易头寸，即这些头寸原本需按 100% 进行资本扣减。评论者提出，尽管那些流动性差的交易头寸可能缺乏历史数据，但风险价值模型仍能发挥作用。SEC 最终被说服了。这样一来，最终出台的监管规则没有限制证券经纪交易商在使用 VaR 模型时仅限于市场流动性高的证券。最令人不可思议的结果是，由于 VaR 模型的使用，高杠杆率成为了时髦之举。第三，特殊风险的资本扣减可以通过 VaR 计算，如果证券经纪交易商所使用的模型涵盖了特殊风险，那么在计算净资本时就将没有额外的扣减。对于所有这些额外条款，华尔街的银行家们一定是高兴地笑逐颜开。

SEC 与 VaR 之间的舞蹈跳得如何呢？鉴于仅仅 4 年后所有的华尔街大鳄们惨遭巨额损失，由此揭露出各家机构均存在严重的资本不足以及拥有比模型预测更多的市场风险头寸，这曲舞蹈显然跳得很糟糕。SEC 或其他监管机构的官员们很可能在事后会说，按照监管标准，那些卷入危机的投资银行都拥有充足的资本。直到 2007 年中，所有华尔街大鳄们都具有充足的净资本去满足 VaR 模型所计算出的资本要求。因此，这些人声称，按照现有的资本监管，银行机构都是资本充足的，因此不能对资本监管问责。好吧，听起来似乎有些道理。不过，问题的关键并不是规定银行在任何时候持有多高水平的最低资本，而是在于允许买入什么样类型以及何种质量的资本。50 亿美元的净资本既可能很多，也有可能微不足道。借助于风险计量技术，银行可以随意购入巨额的有毒证券。一旦这些有毒资产的市场价值出现不可避免的下跌，50 亿美元的资本缓冲将化为灰烬。原本审慎合理的监管政策转而要求相同数量的资本去匹配计量模型的预测结果，推动银行机构基于那些有毒资产进行几乎无限制的高杠杆交易，SEC 最终有效地使任何水平的净资本都处于不充分状态。SEC 或许相信，50 亿美元是一个实力雄厚的象征，但VaR 模型的出现却使它沦为笑柄（其他监管者承认，由于现有监管政策的制定基于如 VaR 以及风险权重信用评级等有缺陷的错误机制，所谓的后危机时代已经进行了充分有效的资本补充完全是自欺欺人之谈。事实上，那些有缺陷的监管机制有一种内在的倾向，产生不切实际的僵化的资本要求。比如，瑞士的监管者声称，考虑到联合瑞士银行和瑞士信贷集团是如此乐于尊重巴塞尔的资本监管规定，其对后者在高杠杆交易中所遭受的损失不免感到困惑；8% 的风险权重资产要求可能被监管者归为审慎稳健类，但当我们认识到这些权重资产可能仅代表总资产很微小的一部分时，这种审慎看起来就消失了）。

正如我们已经说过的，VaR 看起来具有讨价还价的砝码，促使华尔街股票经纪控股公司遵守监管政策。尽管高盛、美林证券、雷曼兄弟、摩根士丹利，以及贝尔斯登五大投行被 SEC 监管多年，但其母公司实质上一直未受到有效监管。2002 年，欧盟要求于 2004 年前，包括纽约金融巨鳄在内所有在欧洲开展业务的金融机构必须接受监管机构实施的合并报表监管。对于美国商业银行（JP 摩根、花旗集团、美国银行）而言，美联储扮演了合并监管机构的角色，而对那些纯投资银行来说，他们必须找到自己的监管者。为此，他们向 SEC 表达了希望被监管的意愿，而唯一的问题便是 SEC 从来没有做过此类的监管（考虑最多的是一个公司的安全性和合理性）。实际上，SEC 并没有权力要求投资银行进行并表监管，因此它只有建议将其作为一项自愿选项。华尔街的银行家们可以选择或不选择遵守。如何诱使投资银行遵守这些规则呢？可能只有通过在他们前面摇晃胡萝卜给他们好处吧。这么多年来，这些华尔街公司大声叫嚷的是什么？为资本目的而采取 VaR 模型。既然如此，就让我们摇晃 VaR 这个胡萝卜，诱惑那些公司进入并表监管的新时代吧。

SEC 的做法的确发挥了作用。投资银行渴望与商业银行的同行享受同等的监管待遇。他们已经错过了 1996 年的巴塞尔协议顺风船，而作为非商业银行金融机构，巴塞尔协议 II 对他们也起不了什么作用。他们羡慕地眼睁睁看着花旗集团以及 JP 摩根是如何启动强大的 VaR 引擎，为他们自身决定市场相关资本要求服务的。相反，华尔街的大鳄们依旧是陈旧的净资本规则的囚徒。他们具有十分少的自由裁量权来决定自身的杠杆率水平，而事实上他们是如此地渴望拥有一个以模型为基础的评价系统来实现这一目标（这的确显得有些矛盾：考虑到高盛等此类大型投资银行比传统的商业银行更加独特以及拥有更加先进完善的管理制度，它们可能更倾向于延缓风险资本的计算）。因此，最初在 2003 年 11 月 SCE 实施"并表监管实体"（CSE）计划时，五大投资银行相互诋毁对方是新计划的拥护者就并不足为奇了。看来，在投行巨头们面前摇晃 VaR 这根胡萝卜，被证明是令人着迷的妙招。

2004 年 4 月，一个可能是现代金融发展历史上最重要的会议在华盛顿召开了。毫不夸张地说，"这次会议改变了整个世界"。SEC 委员们通过投票正式通过 CSE 计划，新的资本计算规则随后生效。华尔街的精英们已经使用 VaR 用于内部风险管理多年，技术与操作知识都已经被充分掌握，因此将 VaR 模型运用于资本计算是一件十分轻松的事情。所有那些委员们都知道，VaR 的运用将会启动一个强化杠杆率和极度非经济头寸（如十分高的风险头寸）的新时期。他们中有人提出任何疑虑吗？他们中有人注意到由此产生的衍生问题吗？是的。有一个。"如果稍有差错，这将会是一个十分可怕的巨大混乱，如果这些风险确实发生了，我们真的能确保投资者得到有效保护吗？"Harvey Goldschmid（2003—2005 年 SEC 委员）在这次重要会议上发出了这样的提问。但是，Goldschmid 的忧虑被其同事们忽略了，他被告知一切事情都运作良好。

CSE 计划最终被证实是一个巨大的错误，这不仅是因为新的资本管理体制导致了华尔街的崩溃（当然，有些人也提出了有相当理由的看法：当 2004 年作出该决定后，投资银行的杠杆率的确出现了一定幅度的攀升，但在此若干年前它们甚至经历了更高的杠杆率，因此 CSE 计划并不是唯一导致过低资本充足率的监管法规。但问题的关键并不在于资本水平或者杠杆率，而是新规则所监管的资产组合，即那些在 VaR 监管视角下能够被集中到一起的数额巨大的垃圾资本，是它们最终导致了金融机构的经营失败。从这点来说，CSE 计划毫无疑问应为此负有责任）。毫不客气地说，那些与 VaR 这项胡萝卜激励措施相互配合的强化监管措施并没有起到任何作用。事实上，有效监管并没有真正发生过。一方面，区别于传统的银行监管，SCE 从未指派过现场监管者。投资银行仅仅接受年度检查，有时甚至连年度检查都没有进行过。即便是问题已经被发现了（如投资过度集中于与抵押相关的交易头寸），SEC 似乎也并没有要求投行采取严格的更改措施。华尔街并不是被传说中严格的监管政策所摧毁的。在经历了一个凄凉悲惨的时期后，贝尔斯登最终在 2008 年 3 月的第二个星期宣告破产。此时，SEC 才在三年前对贝尔斯登进行准入检查后，首次在现场进行了 CSE 评估。不过，这恰好能使监管者亲眼见证这场由他们引发的巨大混乱。

2008 年 9 月，CSE 计划被扔进垃圾箱，华尔街也不再鼓吹存在最大的独立投资银行机构。存活下来的公司已被转化为银行持股公司或者被银行持股公司所兼并，并被美联储所监管。作为新的超级金融警察，美联储可能会被认为是一个更强硬的监管者。不过，VaR 仍旧还在交易账簿中占据主导地位，就好比巴塞尔协议 II 仍在金融监管中起决定性作用一样。尽管 CSE 计划被终止了，但华尔街决不会就此罢手使用 VaR。因此，这才是最终问题的核心所在。

　　我撰写本文的时间是 2011 年 5 月，而国际监管者赋予 VaR 统治金融世界的魔力也已经超过 15 年。在这期间，我们见证了 4~5 次大型金融危机。金融市场经历了无尽的疯狂动荡和流动性枯竭。此间，一些备受尊敬的金融公司沉没消亡。历史数据被证明是不可信的：市场数据的相关性、波动性一次又一次地欺骗、愚弄了我们；数理金融的计算结果最终令人失望并导致混乱。市场的主流声音，包括顶层政策制定者、学者以及金融工程师都开始齐声责备 VaR。认为 VaR 模型是 2007—2008 年大灾难背后始作俑者的人越来越多，对 VaR 避犹不及的人也越来越多。

　　不过，你可能错误判断了形势。直到 2011 年 5 月，VaR 仍在金融市场中岿然不动。它依然很有势力，依然在施加影响，依然占据领导地位。巴塞尔委员会最近可能正忙着修补市场风险监管的资本框架，试图使交易账户的杠杆率不至于再次升至如 2007 年中期那般离谱的高位，但 VaR 仍在该框架中占据了重要位置。实质上，压力 VaR（Stressed VaR）和增量风险资本要求（Incremental Risk Charge）（提高后的资本要求达到 3~4 倍于金融机构先前的资本水平）可能诱导银行采用更低的 VaR 模型取值，因此最终的结果（VaR 加上增量部分）将维持在尽可能的温和水平。我们知道，VaR 值的计算结果很容易被人为操作得很小。因此，谁能保证在这次危机后，银行机构能规规矩矩行事呢？毕竟现在银行机构仍有强大的动力去设法降低 VaR 值。不管怎样，将资本要求扩大到过去 3~4 倍意味着 1 个百分点甚至 0.1 个百分点都要乘以 3~4 倍（从交易头寸来看，250:1 的杠杆率相比 1 000:1 的杠杆率更难以满足交易员的胃口，但它的风险却同样很高）。虽然修正后的资本要求计算框架有意识地排除了那些 VaR 的负面因素，但它仍然会不可避免地产生破坏性结果。

　　什么能够解释 VaR 的可信度？我相信，读者们肯定很想知道最终的答案。

第五章

CDO狂欢派对

我们不妨再次提醒自己，究竟是何原因导致了 2007 年金融危机的爆发。需要搞清楚的是，谁是这场全球性灾难的真正背后推手？纽约和伦敦的大型投资银行遭受了严重威胁其生存（在某些情况下甚至导致其破产）的巨大损失，发生这惨烈的一幕堪称金融历史的高潮戏，但导致其发生的真实原因又是什么？这些巨大而突如其来的打击，使整个世界陷入恐惧和绝望之中。假如没有发生如此规模巨大的银行损失，恐怕就谈不上遭遇真正史无前例的危机。或许，众多美国抵押贷款人和经纪人正身处困境，各国消费者遭受了损害，而挪威和韩国的养老基金和保险公司也在承受损失，但对于这个"自 1929 年大萧条以来最为严重的经济衰退"而言，如果不是一些特殊的原因，以上这些损失原本就根本不会发生。

为何那些大型银行在如此之短的时间内亏了这么多钱？其异常高水平的杠杆率是主要原因，同时要归罪的一个原因在于，高杠杆交易的大部分资产属于有毒类型。到 2007 年中，最具影响力的几家投资银行积累了太多资产，而权益资本又太少；在那些资产中，大多数都是关联交易资产（即具有潜在波动性和风险），而且很多都是与次级住房抵押债券（CDO 及其他）相联系。在这种情况下，只要那些高风险资产的市场价值稍有遇挫，对于任何一家摇摇欲坠的银行而言，其羸弱的资本基础就会被这些庞大资产组合的损失所湮没。

我们已经在第一章中看到，VaR 在整体上促成杠杆率显著升高。银行的资产负债表被交易头寸和失真且不负责的低 VaR 值所控制，而对应的资本规模则极小。因此，不少金融机构存在 100:1 甚至 1 000:1 极高杠杆水平的交易账户。即使在资产组合完全安全的条件下，这种资产配置结构也具有相当危险的致命性。购买 100 美元或者更多政府债券类资产，但资本仅为 1 美元，这样的投资交易策略本身是非常冒险激进的。即便这些证券投资组合构成不为人所知，但如此高的总体杠杆水平，已经足以让 VaR 被视为制造脆弱和混乱的众矢之的。实际上，这已经足够揭露 VaR 所引发的破坏作用。

我们应该怎样看待 VaR 的危害呢？作为银行交易杠杆的调节器，VaR 自然要在一场被认为是高杠杆交易所导致的危机中受到严厉指责。但当涉及这些垃圾资产时，我们又该如何看待 VaR 在其中的明确作用呢？银行真的需要拥有这么多荒谬的黑色资产吗？VaR 真的推动银行获得那些荒谬的黑色资产吗？真正严重的损失产生在次级抵押证券部分，而 VaR 也在那里起到关键作用了吗？

"VaR 催生大量高杠杆交易"的断言在第一章被充分证明后，接下来我们将着手查证关于"银行购入大量次级资产垃圾，正是 VaR 协助和怂恿了这类投资活动"的罪名。在此过程中，我们将深度挖掘瑞银集团——此轮信贷危机的最大输家之一，杠杆程度最高，热衷于肮脏刺激的抵押贷款交易——的所作所为。换句话说，瑞银集团正是 2007 年之前贪婪而不负责任的投资银行的典型代表。如果我们试图深入分析投资银行的毁灭性举动，这会是一个很好的突破口。这也会让我们知道，银行的交易账簿是怎样被粉饰的（当然，这是 VaR 的拿手好戏）。

瑞银集团不仅肆无忌惮地通过高杠杆融资和投资有毒资产严重侵害资产负债表，它还异乎寻常大方地对外透露了其中经过和缘由。在其 2008 年 4 月给股东的报告中，瑞银集团披露了如何在之前 9 个月里大规模进行资产减值的情况。这份报告应该被精心装裱起来，让所有人来认真瞻仰。它如同在曼哈顿或者伦敦金融城，专门为这场巨大的金融灾难竖立起一座陵墓。几乎没有其他更好的资料，能对瑞银集团的悲剧行为提供更为合理而具体的解释。也没有其他更好的资料，能更好地分析有毒资产在危机中所起到的作用。更没有其他更好的资料，能对 VaR 的角色进行更好地诠释。

该报告首先列举了瑞银集团在 2007 年 5 月到 2008 年 3 月的次贷损失。那段时间里，在美国房地产泡沫破灭之初，金融危机的种种迹象开始显现，而在与房地产相关的证券出现市场价格崩盘之后，危机得到确认并迅速蔓延扩大。我们将在后文详谈这段危机过程（与其他银行遭遇的挫败相类似）。在这段时间，这家银行不得不采取大规模危机行动，减记了与美国住房抵押贷款和结构化信贷产品头寸相关的 400 亿美元资产，从而给这家瑞士老牌金融巨头带来了震惊世人的巨额损失。现在看来，让我们更为吃惊的应该是瑞银集团采取行动背后的真实原因。

事实证明，瑞银集团内部的许多人和不同业务条线，都在操作经营次级资产业务。报告列举了多达五个罪魁祸首，但其中只有三个人的举动到了产生不良危害的地步，而这三人中的一人，其操作规模才真正到了引发危机的规模。2007 年夏天，狄龙里德对冲基金（Dillon Read）被次贷危机击垮，其造成的损失是瑞银集团当年次贷损失总额的 16%。在瑞银集团的次贷资产中，外汇/现金抵押品交易（FX/CCT）约占 10% 的份额（在危机爆发前几年，金融投资家们就被这种假象所蒙骗，FX/CCT 部门不得不处理它所持有的日本政府债券，购入包括美国住宅抵押贷款证券在内的资产抵押债券。在他们看来，这两种类型的投资是可互换的，可以共享 AAA—AA 信用等级）。但真正的亏损大漏洞是由旗下固定收益部门的 CDO 交易室造成的，它要为 2007 年瑞银集团次贷危机损失承担 66% 的责任。CDO 交易室怎样进行管理，以至于造成了这样多的问题呢？答案是，通过囤积大量的次级 CDO，尤其是"超高级"档次的次级 CDO。之所以 CDO 交易室内发生的故事更令我们入迷，并不仅仅是因为它重创瑞银集团并引发全球危机，而且是因为它直接关系到银行的资本要求，并牵扯出 VaR。

在度过一段不温不火的业务发展时期之后，瑞银集团的 CDO 部门跟上了 2005 年的 CDO 业务热潮。最初，该银行只是作为发起—分销模式中纯粹的证券发行商，它替 CDO 资产管理人寻找合适的住房抵押贷款支持证券（RMBS），并在将其转化成 CDO（RMBS 资产池，本质上是对大量抵押贷款进行再证券化）之前，将相关头寸置放在瑞银集团的交易账户中；一旦资产存储累积到一定程度，RMBS 将被转交给特殊目的公司（SPV），从而转变为不同档次的 CDO，然后出售给全球投资者。每个档次的 CDO 都类似于一份债券，按名义金额提供固定投资回报，瑞银集团为此按照交易额的百分比收取结构性费用。由于它专注于高风险的所谓夹层 CDO（由不可靠但更高回报的 RMBS 组成），瑞银集团所收的费用相当高，大约为 1.25% ~ 1.50%。这样的收费高于由更安全 RMBS 组成的高级别 CDO，后者的收费水平仅为微不足道的 0 ~ 0.5%。这意味着，在低级别高风险 RMBS 被囤积于交易账户，等着被打包并投放到资本市场时，瑞银集团面临着更高的风险暴露。为此，它设法用更高的信用等级来掩盖风险（多亏了分散化的预期收益，高风险的抵押支持证券才能够以 CDO 的形式获得 AAA 评级；这是创立 CDO 及其变体的一个很大原因，将 BBB 信用评级升级为 AAA 级）。通常，同 CDO 资产管理人签订 RMBS 购买合同之后，在完成资产购入计划和转移资产之前，一般存在好几个月的滞后期。在这段时间里，瑞银集团在未采取对冲措施的情况下承担风险。正因为如此，囤积的 RMBS 资产被计入银行的 VaR 整体限额管理。到 2007 年底，CDO 交易部门四分之一的损失来源于资产囤积管道。早在几个月之前的时间里，美国发生了全国范围的抵押贷款违约，评级机构穆迪和标准普尔大规模下调次级抵押贷款相关项。一旦次级 CDO 市场冻结，事态就变得一发不可收拾。

CDO 业务之所以在 2005 年活跃起来，一个很大的原因在于当年 6 月 RMBS 信用违约互换（CDS）业务的发展。这一事件孕育了合成式 CDO。这项发明确保，CDO 可以完全不受次级抵押贷款基础资产实际规模的约束。在此之前，如果要创建一个新的 CDO，你需要新的原料：每个 CDO 涉及一组特有的现金流量式 RMBS，一旦你想要创建另一个 CDO，你就不得不寻求另一组 RMBS（也就是说，你需要找到不同的抵押贷款来构建新的现金流量式 RMBS）。如今，如果要设计新的低级别 CDO，你不再需要新的蹩脚贷款。针对任何次级 RMBS 开展的信用违约互换，可以被无限重复，同时还能成为不同 CDO 的组成部分，其中的关键是支持 CDO 的现金流。在发起合成式 CDO 之前，现金流源自实际贷款。很明显，任何单笔贷款只能对应产生一组现金流的利息和本金偿付。因此，任何一笔抵押贷款只能属于一个特定的 CDO。对于合成式 CDO 而言，大量的现金流可以被建立在同一笔抵押贷款上，其前提条件只在于找到愿意成为这笔贷款信用违约互换多头方的市场参与者，并向互换交易对手定期支付费用（在信用违约互换中，一方向另一方定期支付保险费，如果给定债券或贷款遭遇不良信用事件，出售方就将一次性付款；交换的购买者实际上是购买对债券或贷款的信用保护，并愿意为此付款）。一笔现实的贷款只能生成一个单一的现金流，因此只能被证券化为一个单一的资产结构。然而，针对同一笔贷款基础进行多个信用违约互换，可以产生潜在无限的现金流。每个与此贷款相关的互换都分别对应一个现金流，而每个现金流都可以支持一个新的不同的证券。从理论上讲，一组 RMBS 现在可以维持无数个合成式 CDO。此时，不必再去找一个真实存在的人，也不必将次级抵押贷款贷给他。有人曾断言，2005 年 6 月之后，CDO 就可以这样永久不停地自我运行下去。

相比于不断会聚 RMBS 以作为 CDO 的原材料，更加致命和麻烦的是，瑞银集团的 CDO 交易员决定保留一部分 CDO，其中不仅有他们自己制造的产品，同时也有其他投资银行的证券化产品。最初，一旦 CDO 资产证券化过程完成，瑞银集团就把不同档次的 CDO① 分别出售给外部投资者。于是，股本档次的 CDO 流向希望获得更高收益并愿意承受相应更高风险的投资者（例如，只要基础资产 RMBS 价值下跌，股本投资者将第一个遭受损失，只要小比例的贷款池变坏，股本投资者就可能损失惨重）。"超高级"档次 CDO 得到的回报低很多，但相应承

---

① 译者注：CDO 的发行按信用质量高低区分为高级（Senior）、夹层（Mezzanine）和低级/次顺位（Junior /Subordinated）三个档次；另外尚有一个不公开发行的档次，通常是发行者自行买回，相当于用此部分的信用支撑其他档次的信用，具有权益性质，故又称为权益性证券（Equity Tranche）。

受更低的风险（作为"超高级"投资者，如果 RMBS 变坏的话，他们将最后一个遭受损失；必须是更高比例的贷款出现问题，才可能让投资者遭受重创。这就是为何这类投资者被认为如此稳健，以至于可以获得"超 AAA 级"信用评级的原因）。夹层 CDO 给人以"金发女孩"的假象，实际上却是问题更多（与股本和超高级档次 CDO 相比，它既不吸引人又不安全）。夹层 CDO 通常由不同的 CDO 数次证券化后而得到，在经过各种中介机构和定量分析师令人大呼神奇的分散化操作和违约相关性分析之后，低级别信用评级被成功转变为 AAA 级信用评级（这样一来，更多的 CDO 就能发售给投资者，或者使投资者被潜规则所迫，投资于那些"特别安全"的债券）。

在最初的交易之后，瑞银集团的 CDO 交易室决定留住次级 CDO 的超高级部分（也就是说，CDO 部门想要投资持有这些证券。实际上，瑞银集团已经构建了庞大的次级 CDO 多头头寸。一旦次贷市场泡沫破灭，瑞银集团也将迅速崩溃）。原因有两个：其一，瑞银集团认为超高级 CDO 是一个非常好的利润来源；其二，持有超高级 CDO 有助于维持一个高收益的 CDO 结构。这就是瑞银集团进行此项交易策略的两个最有力理由。如此一来，一个新的摇钱树诞生了。即便从总量上来看，超高级 CDO 的回报在银行总收入中比例并不大，它们仍然是净利润的一部分；即便与动辄数十亿美元（或瑞士法郎）的 CDO 名义规模相比，这笔收入很小，但它们累加起来仍带来了相当可观的意外之财。这同时使瑞银集团的内部融资成本变得十分低，从而方便其创建更多回报不错的证券投资组合。由于创建超高级 CDO 的收益高过其融资成本，其净利润充满吸引力。就超高级 CDO 来说，虽然其净利润率只有 0.2%，尽管这并不给人以很强的吸引力，但不要忘记了，由于它经过多次担保，且得到了超 AAA 级的信用评级，这部分资产基本上是零风险的。另外，它独有的资金运作模式使它永远都有足够的现金流。这架设计精良的赚钱机器得到了很好的保养，占据其最大份额的是超高级 CDO，交易员首先要做的就是确保 CDO 能够被交易。正如 2008 年 4 月报告所言："在 CDO 交易室，保留高级档是整个 CDO 交易操作的一部分，这为机构的结构性金融业务提供了更多支持。"如果没有高级 CDO，就不可能完成这样的交易，同时也不会获得诱人的结构性费用。而事实是，高级 CDO 无法轻易在银行以外的地方发售。它不仅规模太大、收益太低，而且它也不是各类 CDO 中唯一低风险的类型（某些比高级档次风险更低的 CDO，依然可以有较高收益，而且有非常高的信用评级）。对高级 CDO 进行内部资产组合投资，瑞银集团 CDO 交易员被认为采取了明智之举。事情还远不止如此简单。CDO 交易室如此钟爱高级 CDO，以至于试图购买其他银行发起的此类 CDO 产品，瑞银集团的高级 CDO 产品无法满足自身对次级资产的需求。事实上，瑞银集团的 CDO 交易员没有对自己的交易规模作出限制，这无疑是针对美国住房抵押市场的最垃圾类资产押下巨大的赌注。

　　值得注意的是，瑞银集团并没有只推出一种高级 CDO，而是将其分为三大类：（1）风险完全对冲型（如找到实力雄厚的风险担保人）；（2）风险部分对冲型（根据对头寸风险的统计分析结果，只对 2% ~ 4% 的 CDO 名义发行额进行风险覆盖）；（3）风险无对冲型（头寸风险尚未被对冲，正准备开展对冲操作，在持有证券和实现对冲之前存在一个时滞期）。当市场行情变化，达到 CDO 止损点，这三部分资产分别构成瑞银 2007 年总亏损的 10%、63% 和 27%。常识告诉我们，当经济危机来临，风险担保人面临天文数字般的担保债务时，这样的担保也就变得毫无作用。同时，对未来的风险统计预测完全错得离谱，使公司濒临破产边缘。此时，无风险对冲的次级 CDO 头寸所带来的负面影响也就显得无足轻重了。

　　因此，真正的问题出现了。有多少问题 CDO 在危机之前就已经恶化？如财报陈述的那样，瑞银集团的高级 CDO 从 2006 年的极少量发展到 2007 年 9 月的 500 亿美元，其中过半数 CDO 是部分对冲或完全无对冲的。合成和混合式的交易使这部分资产迅速扩大，如同获得了"无风险"担保一样（如果在对 CDO 进行 2%～4% 比例风险对冲的同时，将其视做完全无对冲的，那么你在交易时就会更有底气）。在 500 亿美元的 CDO 中，有 200 亿美元是从第三方购得的。那时，市场已明显恶化，任何退出战略（无论是抛售还是继续持有）都因为公司流动性和风险偏好的缘由变得不可能。此时，瑞银集团只能坐等亏损。2008 年中期，高级 CDO 导致瑞银集团超过 200 亿美元的巨亏，为该银行当期的最大单一亏损源。

对美国房地产次贷市场押注 500 亿美元，这个赌注算不算大呢？2007 年 9 月 28 日，瑞银集团总共有 420 亿美元权益资本，因此 500 亿美元已经稍微超过其资本规模（不要忘了，那只是高级 CDO 部分，瑞银还有次贷危机带来的其他亏损，以及表外业务带来的亏损，CDO 部门导致了瑞银集团 2/3 的损失）。任何有职业谨慎性的人都会告诉你，押注于超过核心资本规模的次级资产是绝不谨慎的。如果整个投资组合由高违约可能的证券组成，那么一旦资产回归它们真实的价值（零或接近零），那么这家银行就会立即破产。

总之，瑞银集团的资产负债表中确实有许多次级垃圾资产。构建 CDO 和持有超高级 CDO 这两种盈利模式，促使银行拥有数以亿美元计的 CDO 和 RMBS 风险暴露。建立这个资产垃圾场所对应的成本是什么呢？是监管资本吗？我们怀疑，鉴于瑞银自己的超高级 CDO 寸头大于其整个股本基数，其监管资本的要求一定处于相当低的水平。但是，2008 年 4 月的报道是否提供了更多更详细的建议呢？答案是：的确如此。在瑞银集团内部，资产负债表内的 CDO 头寸实施的是与银行账户相反的交易账户处理方式，这意味着它们的风险和资本费用的处理方式以 VaR 为指导标准（该报告表明了这样安排的困惑，并抱怨说"超高级证券总是被纳入交易账户，即本账户记载有意在短期内进行转售的资产，尽管事实上此时并未出现具有流动性的二级市场"）。瑞银集团利用连续 5 年的数据样本，从而计算出与超高级 CDO 头寸相对应的 VaR 值。直至 2007 年第三季度，次级 CDO 经历了非常小的波动，债券泡沫膨胀有增无减，VaR 数值碰巧处于非常低的水平。因此，用该报告的话说，"即使是完全不对冲的超高级 CDO 头寸，其对 VaR 值的影响也甚微"。这就是说，按照 VaR 评测，瑞银集团在 CDO 上的赌博被认为风险很小。对冲（避险）头寸，包括那些对冲不足的头寸，均被视为"VaR 中立"。这意味着其 VaR 值实际上被当做零。所以对于内部风险评估而言，所有那些对冲份额最多只占 2%～4% 的超高级 CDO 都被认为 100% 无风险。2007 年瑞银集团整个次贷投资组合最终占其当年证券损失的 60%，这至少显示出这类投资在瑞银集团的分量。被投资银行部的定量风险控制小组验证的模型认为，只需对风险头寸的 2%～4% 进行风险对冲操作就可以高枕无忧。显然，这样的模型分析被证实是极其有害的（CDO 交易员有很强的动机去相信模型，认为做 2%～4% 对冲比做 100% 对冲要便宜 50%；现在回顾起来，那些进行了完全风险对冲的交易只占 2007 年损失的 10%）。统计假设严重曲解，所谓的"零 VaR"头寸最终以惨痛损失结束。让我们再来看看这份报告："投资银行业务计划依靠 VaR 这个关键的风险参数。当市场出现无序状态之时，这种方法明显无法准确识别次级风险敞口大小。"

瑞银集团的次贷头寸（被汇集的 RMBS 和超高级 CDO 部分）经由 VaR 这架风险过滤器，堂而皇之地进入到银行资产负债表中。直到危机爆发，瑞银集团次级资产头寸的 VaR 值一直非常低。因此，次贷业务得以享受很低的风险估计和资本要求。为什么瑞银集团决意在 VaR 的监控下持有次级资产？或许你已经在怀疑其中的合理性，但 2008 年 4 月的报告简单明了地总结道："在银行账户下的会计处理会显著改变 CDO 业务的经济性，因为这会增加银行的法定资本要求。"换句话说，VaR 允许 CDO 部门（这最终使瑞银集团与死亡和毁灭共舞）通过使自身高度经济化，从而生产并持有大量令人厌恶的 CDO。到 2007 年 9 月末，当瑞银集团积累了大量超高级 CDO 以及相关的次级资产垃圾时，其监管 VaR 值仅为微不足道的 11.9 亿瑞士法郎，只占其总交易资产的 0.35%（几乎是 300:1 的交易账户杠杆率）；即使我们假设这些资产专门用于支持 CDO 这类资产，其杠杆率仍将处于 40:1 的宽松状态。最终，由于 VaR 的存在，使瑞银集团以极为低廉的资本成本持有了超过 500 亿美元的证券产品，而对应的却是被严重污染的低质量资产。假如这 500 亿美元证券头寸被监管当局规定以恰当的资本要求（比如 500 亿美元），瑞银集团就很有可能不会去持有 500 亿美元的超高级档次的次级 CDO，甚至连 10 亿美元都不敢。如果情况是这样的话，瑞银集团就不会承受那么巨大的损失，这个世界也会更好。

我们有必要提醒自己，VaR 在金融大崩盘中的责任不单单取决于它在决定银行交易账户杠杆率上所起的作用。正如我们所知，另外还有一个关键的作用管道（尽管它并不起决定性作用），VaR 透过它得以助长交易乱象，即 VaR 作为内部市场风险测量标准的初始且貌似永久性的角色。在世界各地的交易厅内，VaR 都被广泛用于决定持有某项头寸的可行性、交易室的交易限额、资产变现的时机以及机构高管对下属的授权及容忍度等。如果 VaR 得出"可行"的判断，交易员就会采取收购资产的行动（如果 VaR 不再认为"可行"，那么资产将被出售）。如果 VaR 值很低，资产积累情况就很容易发生。正如 2008 年的报告所显示的，在 CDO 业务中，低 VaR 值为瑞银集团在次级 CDO 上的赌博提供了充分支持。VaR 告诉银行操作人士，保留大量的超高级次级 CDO 是可行的。因为从统计学的角度来看，采取这样的行动并不需要承担高风险。在那些准备心甘情愿将瑞银集团的命运押注于次级市场未来的人看来，VaR 正好成为其有力的同盟伙伴。借助 VaR 异常低的风险估计，任何对于 CDO 业务的内部疑虑都被消除。这份报告写道："在 CDO 结构性业务和超高级业务交易方面，投资银行市场风险控制部门主要依赖于 VaR 和压力限制，从而为 CDO 交易室提供风险控制。"而后，报告又不留情面地贬低 VaR 说，"不恰当的风险度量被用于战略规划和评估"，而且风险评估模型被过分依赖了。面对类似于由 VaR 所导演的次级 CDO 狂欢舞会，如果你还怀疑由一种计量工具所起到的决定性作用，那就请你再回想一下，瑞银集团在保留高级 CDO 业务的政策上，给自己打上实施完全风险对冲的标签，但事实上只不过购买了其头寸名义价值2% ~4% 的风险担保。同时再回想一下，为什么这种貌似稳健的风险管理方式被认为绝对安全：VaR 正是这种以数据为基础的风险分析。这份报告还说道，"这种水平的对冲是基于历史价格波动的统计分析，表明所采取的保护措施足以使瑞银集团免受任何损失的伤害。如今，大部分的信用保护已被耗尽，结果使瑞银集团处于资产减记的境地"。当然，VaR 是基于统计历史数据进行的分析。要注意的是，"完全对冲"的借口使得那些大规模头寸被视做"VaR 中性"，并因此而被大肆累积（众所周知，这个过程使瑞银集团和其他银行更为方便地继续大量制造 CDO 垃圾）。

VaR、信用评级以及其他数字把戏，不仅成为毁灭性的次贷危机的教唆者，而且还在事前评价次贷的时候，就在为事后表明其进行了"严密的"尽职调查而装模作样。对 VaR 及相关分析模型的运用堪称了不起，原因不仅在于其荒谬绝伦的风险评定能够给冒险行为找到借口，而且还在于在真相暴露和产生了巨大的损失之后，人们总可以声称自己采取了最为可信和传统的办法，以为已经进行了完全的风险对冲。所以，使用 VaR 和类似的工具不只是因为它能帮助交易，还因为当你把 VaR 当做失败的借口时，全世界都会买它的账。"看！根据那个老牌的模型，这些赌博的风险很小。这个模型连监管机构也认可，被世界上最好的大学作为课程。我不可能因为采取大胆的头寸交易而被责怪。我谨慎地按照模型指示行事！"这话在经济危机时十分适用。自从它被大众认可之后，人们一直接受着这样的借口，宽恕导致各种混乱产生的行为。

甚至最杰出的人士也接受了这样的说辞。比如，瑞士联邦银行委员会（SFBC）。在一次对瑞银集团次贷危机的著名调查中（这项调查的结论与瑞银集团股东报告的主要观点不谋而合，如次级资产头寸被置于交易账户，对 VaR 的依赖导致低水平的监管资本要求，许多交易头寸被认为是"VaR 中性"，VaR 被最终证明严重低估风险），所得出的结论是，瑞银集团中的每一个人都坦承自己认为对风险进行了完全对冲。根据瑞士联邦银行委员会的调查，在持有超高级档次 CDO 的问题上，这种看法显得尤为突出。按照瑞士联邦银行委员会的看法，即使在已经累积了 500 亿美元的最糟糕资产的时候，瑞银集团中依旧没有人认识到他们正面临着巨大的危险。瑞士联邦银行委员会这样评论道：

> 没有证据表明，投资银行的管理层或项目负责人为了获得更高的奖金这一唯一目的，而故意招致不可预料的风险。同样也没有任何证据表明，任何负责风险控制运作的人在已经意识到瑞银集团所承担的风险时，假装无视这些风险。相反，负责建立问题头寸的人严格遵循着银行制定的风险管理与风险控制规程。当市场行情出现恶化迹象时，他们相信瑞银集团已经实施了完全充分的风险对冲。在瑞银集团 2007 年第二季度的账户上，显示出超高级 CDO 有进一步增持的痕迹，这进一步证明瑞银集团内部相关负责人普遍持有自认为安全的看法。

瑞银集团风险管理人员的"假定性稳健"观点主要基于 VaR 数据。VaR 看起来如此强健，以至于其后被人当做之所以犯错的借口。只要把低 VaR 值当做通行证，不管可能会造成多么毁灭性的后果，任何不负责任的金融行为都可以被当做是审慎安全的。瑞士联邦银行委员会证明，局外人很容易相信并认同"因为模型说没有风险，所以说我并没有故意去承受风险"这一脱责遁词。

瑞士联邦银行委员会认为，直到在次级资产的押注规模使银行的整个权益资本相形见绌之时，瑞银集团才发现疯狂累积次级资产的问题。瑞银集团的每一个人都笃定地信任低得异常荒谬的 VaR 值，遵循着高得离谱的 AAA 级信用评级。没有一个瑞银集团的人曾质疑过：在这种自欺欺人的借口之下，把大把赌注押在那些远离苏黎世、无家可归、身无分文的美国穷人身上，希望他们会按时归还住房贷款，这样的投资行为是否具有明智性。换言之，难道瑞士联邦银行委员会认为瑞银集团的员工都成白痴了吗？什么是最严重的问题？瑞银集团的银行家、交易员、风险控制经理（他们中许多人具有非常高的专业素养，在世界顶尖的学校接受过专业训练）仅仅因为某个统计方法，就把数以十亿美元计的证券投资组合划分为无风险、极少部分对冲或通过可疑手段对冲的类型？或者说，至少许多有脸声称 RMBS 与 CDO 没有问题的银行家、交易员、风险控制专家都完全意识到了风险测量工具的不可靠与无效，抑或玩"无风险"猜谜游戏更符合他们的胃口？

如前所述，瑞银集团的次贷乱象在所有投资银行中最为醒目。这个阿尔卑斯金融巨人的教训使我们很好地理解，为什么银行会遭遇突如其来、不可逆转的失败。他们（至少是他们中的大多数）手中持有太多低利率贷款的有价证券。他们的仓库里藏着大量等待被重新包装成 CDO 与 RMBS 的肮脏东西，他们保留了大量超高级 CDO。得益于 VaR 决定监管资本费用，他们收购了大量高风险的交易资产。由于是 VaR 在评估交易操作的风险，那些有毒资产在人为操控之下就被当做风险审慎进行管理。风险估测与资本要求很低，导致银行机构无尽的自满情绪，从而允许银行不受节制地玩耍着次级资产的危险游戏。

2007 年 12 月初，摩根大通发布的报告估计，各大银行在 2006 年与 2007 年期间，大约持有 2 160 亿美元的超高级 CDO。2007 年 6 月 29 日，美林的超高级头寸净敞口超过了 320 亿美元，此外还有 20 亿美元的 CDO 发起仓储（warehouse）敞口，以及涉及次贷风险的数亿美元贷款（请注意，我们说的净敞口是指，减去有信用担保的长期次贷交易敞口。如果这些风险对冲在最后没有起效，那么真实的净敞口会变得十分巨大）。在次级房贷市场彻底崩溃之前几天，美林的有毒投资组合规模远远大于其大约300亿美元的权益资本。2007年9月30日，花旗集团在超高级档次CDO的净风险暴露超过430亿美元（其风险暴露总体规模达530亿美元，250亿美元来自表外CDO头寸的合并项），加之27亿美元的CDO存储风险，以及另外几十亿美元的次贷存货（整体贷款等）。整个净次贷风险暴露大约有550亿美元。从2007年8月31日起，摩根士丹利的超高级CDO风险暴露净值超过110亿美元，额外还有以库存资产和整体贷款形式存在的90亿美元多头次贷资产。除去已作风险对冲的空头头寸，摩根士丹利的表内次贷净风险暴露刚刚超过100亿美元。

持有庞大的超高级次贷资产主要出于若干主要因素。与瑞银集团相似，瑞士联合银行保留一部分作为赚钱机器的高级次贷CDO也有其合理性，至少暂时说得过去（在CDO中有超过2/3甚至更高比例为超高级信用档次，而设立单项CDO的平均规模为10亿美元，在其风险"对冲"极为经济的条件下，银行就能不断吹嘘其大量的"无风险"头寸。此外，银行业愿意在资产负债表中持有这些资产，以便有助于实现CDO的出售和交易）。同时，一些银行向表外SPV提供担保以及"流动性投入"。这些SPV向投资者发行证券，并以超高级档次的次贷业务作为支持。当这些影子银行实体在价值下跌后的次贷资产中惹上麻烦的时候，发起银行不得不兑现承诺，将风险敞口并入表内。

银行由此卷入自斟自饮又自戕自害的旋涡：对发起设立CDO的巨额佣金的贪婪（尤其是当CDO是由低档级的RMBS所组成的时候），最终使一些银行被迫进行失控的资产减记，不得不消化异常巨大的超高级CDO头寸。鉴于其相对较低的收益水平和巨大的交易规模，找到愿意接手超高档次CDO的外部投资人并不容易。有时候，那些曾答应接手的外部投资者最终放弃交易，其中最有名的就是保险巨头美国AIG。它在市场前期一直愿意以极低的成本为银行的巨额超高级 CDO 提供保险。当美国 AIG 担心承担大量负债，并在 2005 年退出该领域时，银行实际上就成为"傻钱（dumb money）"理论中最后的受害者，其 CDO 头寸实际上正是来源于挪威市政基金、德国保险公司和其他典型的 CDO 投资者的退出。如果次级资产出现价值下跌，他们将输光内裤。

让我们更加深入地去关注，为什么银行认为有必要去参与这混沌肮脏而又惊险刺激的赌博中来？毕竟，华尔街和伦敦金融城遭受的主要损失都来自于与超高级档次的次级 CDO，而这也正是 2007—2008 年危机背后的罪魁祸首。此外，不断积累的 CDO 赌注就是对 VaR 的最好控诉。因此，对它的分析应作为重点写入本书。对于为何选择超高级档次 CDO 作为有利可图的投资，瑞银集团作出如下书面解释："融资性头寸（funded position）可以相较 UBS 内部融资带来正的利差（carry），而非融资性头寸（unfunded position）则可以获得正的价差（spread）。"融资性头寸是指在这部分头寸背后，投资者实际出资购买了债券，而非融资性头寸则是投资者没有提供任何本金。举例来说，融资性的现金式 CDO 利用出售债券获得的收入购买基础债券或贷款，而后者的现金流是偿付 CDO 项下债券的主要资金来源。另一方面，对于拥有非融资性超高级档次的合成式 CDO，投资者通过针对 CDO 的基础资产购买信用违约互换（CDS）获得信用保护（由此定期支付信贷违约互换费用），此间的 CDS 保费将作为支付超高级投资者利息的资金来源。合成式 CDO 中融资性档次所得本金收入将投资于无风险资产，与 CDS 保费一起形成现金流，用于支付投资者的利息。鉴于超高级档次的投资收益并不突出，这使廉价融资成为融资性头寸获得净回报的重要因素。对此，瑞银集团的态度未免有些模棱两可：

　　若干超高级头寸（无论是瑞银集团自己设立持有或从第三方购买）有大约 20 个基点微薄利差。也就是说，筹集这些头寸所需的资金成本（预计）低于那些头寸的收益。而对内部定价转移的更多需求，使现金头寸因负利差而更不具吸引力，这最终导致了对整个套利策略的重新审视。

换句话说，如果瑞银集团没有以如此廉价的融资成本向其 CDO 交易室提供融资，后者将很难建立起致命的超高级 CDO 投资组合。

当涉及内部融资问题时，2008 年 4 月的报告事实上强调了一个很大的过失，即允许以廉价的市场成本向其业务部门借钱而无视风险和流动性。为什么瑞银集团会这样干？报告中有一个现成的答案："在投行高管层看来，更严格的资金管理模式可能妨碍其发展计划。"如此野心，加之很长时期以来极为宽松的货币政策所导致的廉价融资（按照当时流行的看法，投资银行可以无懈可击地取得强大的成功），使 CDO 交易部门不受干扰地获取正的净利差。在此过程中，也造就了一个隐藏风险的定时炸弹。这在瑞士金融巨人内部所谓的"反向基础交易"背后的数字上清楚地呈现出来。

其他银行出现的问题似乎也与之类似。在 2008 年 9 月的一个会议上，来自穆迪的埃里克·科尔钦斯基向人们解读所谓负基点交易①（Negative Basis Trade）。数据显示，负基点交易出现大幅收窄态势。超高级 CDO 会支付高于 Libor 20 个基点的利息，而筹资成本却低于 Libor 10 个基点，对冲交易的成本（基于 CDO 购买信用违约互换）是 10 个基点。最后的结果是，对于获得完全风险对冲的 AAA 级资产而言，银行可以获得 20 个基点的年化净收益。几乎所有人称之为意外之财（free money）。这几乎等同于银行凭空得到了一只会下金蛋的天鹅。只要不断有人做多 RMBS 的信用违约互换，这个炼金魔法就会持续下去。

---

① 译者注：所谓"基点交易"，是 CDS 溢价减去同年期债券相对美国国库券等安全资产的息差。操盘人视两者相减后的基点（basis points）高低，进行诸如套利（arbitrage）或持有至到期（held to maturity）等交易策略。理论上，CDS 溢价与债券息差反映的都是企业违约风险，两者方向一致（CDS 溢价与债券息差同升同跌），但在一般情况下，CDS 溢价会略高于债券息差，前者减去后者因此呈现正数（positive basis），若 CDS 溢价低于债券息差，则呈现负数（negative basis）。

利差交易不仅可以获得盈利，还使银行获得大量的 CDO 证券化佣金。即使利差交易没有产生收益（比如，银行筹集资金成本上涨），银行仍可以通过包销和出售 CDO 收取丰厚回报（瑞银集团可以获得1.25%～1.5% 的结构化费用；其他银行的收费水平也大致相同，如花旗集团曾赚得占总交易额 1% 的佣金）。一旦作为第三方的投资者从高级业务中退出，CDO 的发起人就需要挺身而出来填补空缺。超高级档次 CDO 所带来的小额收入足以让银行运转，却不能满足其他投资者的获利期望。特别是当某项 CDO 向 AAA—AA 级投资提供了其他更高获利机会时，就会挤掉一些超高级档次业务。相较于其他信誉良好的竞争产品如国债，超高级档次 CDO 很难吸引投资者买入。人们愿意与山姆大叔结盟，却不会与 NINJA（无收入，无工作，无资产）次贷抵押借款人合作。风险溢价被评估为 10 个基点左右。摩根大通的研究报告指出，"在 2006 年和 2007 年，由于投资者疲软的投资需求，银行在包销时被迫持有 2/3 的证券，这导致其手中持有巨额的高级档次 CDO。"

自然而然地，人们会天真地问，为何银行会如此乐天地保留大量其他投资者都避而远之的证券。某高级监管官员认为，银行同意持有高级档次产品可以确保获得出售低级档次证券产品的佣金费用。对此他表示："在一个发起—分销的证券化模式里，你原本不会去持有大额头寸。如果市场强迫你去持有大额头寸，也许就在传递一个所有人都该留心的风险信号。"但这种说法也假定，银行关心所有与 CDO 头寸相关的风险。毕竟，AAA＋级不也同样有风险？问题是什么？这是意外之财，没错吧？

从一开始，超高级档次 CDO 就因对外部投资者缺乏吸引力而广受诟病。出于对创设和销售 CDO 的热烈愿望，银行可能被迫大费一番周章，使高风险的底层 CDO 能够享受可观的投资收益，以此来满足投资者的需求（毕竟，与相同信用等级的其他竞争产品相比，低级 CDO 正获得投资者更多的关注）。设立 CDO 的所有目的，就是为琐碎的垃圾证券赋予更高的信用评级。这样一来，那些原本想买垃圾资产但又畏首畏尾的投资者，就可以自欺欺人地采取购买行动。BBB 级别的 RMBS 从来没有成功吸引到外部投资者，所以银行别无选择地创造新的投资者，即 CDO。早在 2002 年，某抵押贷款银行家在证券化论坛上对与会者说，"我们曾告诉你们 BBB 级证券是一个好买卖，价差非常有利，但就是没人跟进。于是，我们创造了投资者"。直到 2005 年，CDO 才实质性购入了所有 BBB 级 RMBS，并将其大量转化为 AAA 版。通过 CDO，所有抵押市场被废弃的垃圾资产都被转化成了散发着香味的佳肴。

不过，即便垃圾证券已经摇身一变，不再人见人厌，但这并不意味着你不得不接受看上去还不算太差的收益。事实上，人们仍然要求高回报。所以，信用等级更低的证券被赋予诱人的收益水平，但在诱使人们购买风险最高的证券的同时，它们被开出了相对于其所预期的现金流更具吸引力的报价（别忘了，出售低级证券份额是为了让高级证券份额获得相当高的信用评级，这一点是至关重要的。之所以低评级的抵押证券资产池可以产生 AAA 信用等级的证券产品，唯一的原因就是有足够的投资者愿意购买从属档次的证券，并同意承担基础资产的第一波损失，由此给人以高级资产无风险的假象。所以，如果你想把垃圾资产包装成 AAA 级别的优质资产，你最好先找到愿意承担 CDO 最先损失的人，为此你要为这些人提供优厚的补偿）。由于基础资产和信用违约互换的现金流是固定的，银行的证券销售更倾向于低级别档次 CDO，这使超高级档次相对缺乏现金流乃至收益，从而更难销售。如果你需要对 CDO 的其他档次集中支付本息时，你就不应将这些产品的规模搞得过大，这意味着高级别档次规模会变得很大，而收益则很低。如果你或者他人打算进行这项投资，不妨将其归入极为稳妥安全的一类。这也正是风险测量工具发挥巨大作用的地方，它确认此项投资的风险几乎可以忽略不计。风险模型对发生极端事件的可能性视而不见，并假设次贷基础资产之间不存在相关性，这导致另外一个严重问题：风险测量模型促使次级档次 CDO 规模越来越小，以至于使顶层档次 CDO 规模变得非常大，从而有利于银行参与到超高级档次 CDO 的利差交易中去。

另外一个超高级档次 CDO 获得低回报的合理逻辑在于，银行不希望对那些愿意购买信用保险的投资者索要太高的价差，以此来促成 RMBS 的信用违约互换，以支撑合成式 CDO。如果没有这些现金流，就不会存在 CDO。所以，你最好不要向那些信用保护购买者索要更多的钱，以免他们甩袖而去。被制约的现金流必然意味着超高级 CDO 的现金流规模有限，而更多次级 CDO 的投资者则必须适当给予甜头。

当次贷危机爆发之时，许多观察人士震惊于银行内部曝光的超高级档次 CDO 巨额损失。直到那时，几乎没有人意识到这样一个事实的存在：即设计创立 CDO 的银行，同时也暴露于超高级 CDO 的风险敞口。人们原本认为，超高级档次 CDO 是超级安全、极端保守的，那些购买者必定也是惯常倾向于购买超级安全和极端保守的债券。这些证券产品似乎正是为那些乏味无聊的投资者量身定制的，这些人乐于在没有意外、四平八稳的交易中去赚些低收益。对于雄心勃勃大力发展的投资银行来说，超高级档次的 CDO 看起来没有一点吸引力。甚至那些热切追捧结构性融资的非银行机构也受到此观点的影响。吉莲·邰蒂，《金融时报》的美籍高级编辑和前资本市场版评论员，很可能是第一个采访报道次级 CDO 的著名记者。当 2007 年末超高级债券真相被揭露之后，她在震惊中被推向公众。邰蒂坦诚道：

> 几年前当我第一次听说这种资产类别时，我认为它大概会吸引规避风险类的机构，比如养老基金，但事实却远非如此。随着银行将 CDO 纷纷抽空，他们不断将其他部分的债务出售给外来投资者，并在他们的账户中保留了超高级部分。有时，他们这样做只是简单地为了 CDO 的运作，但是有时他们（这样做）还有另一个更重要的动机。诸如瑞银和美林用数以亿计的超高级债务将他们的账户塞满，然后把这些价差当做看似取之不尽的收益登记下来。现在你们

已经知道了：造成这些创纪录亏损的一个关键原因，不是极端复杂的金融战略或者说深奥的模型的失败，相反，它形成于对套利交易的一个巨大错误的赌注。其中的原因很简单，即使是一个一年级的经济系学生（或者《金融时报》的记者）都可以理解它：如果有人以一种让人宽心的名义，给你提供看似免费并且无穷无尽的钱，你真的应该感到大事不妙。

很多人最不能理解的是，发明这样一个超高级债券的必要性何在，与相当低的收益率对应的却是太高的（真正的）风险。是为了产生更多的收入吗？将一份信用等级被认定为超 AAA 级的证券产品当做极品来创建，一个重要原因可能是因为金融行业迫切需要超 AAA 级资产。正如你所知，在金融业真正的高信用评级金融产品很难被获得。直到有了 CDO，一个数量有限的资产家族（包括一些政府债券、企业债券）被认定为是超安全的。超安全的资产在担保人的融资、贸易和监管活动中担任了一个重要角色，如果你不能根据规模发现它们，那么你大概需要证券化的魔力制造一个新的超安全资产出来。没有这些安全资产的担保，你甚至可能无法贷款、贸易乃至让监管当局满意。用一个参与了 CDO 业务的学者的话说：

这种新银行体系的问题在于，它靠抵押品来担保存款的安全。但是，这对抵押品还有很多要求。外国政府和投资者对美国债券有大量需求，美国国债和机构债券也需要以衍生品头寸作抵押。而且，他们会需要抵押物在金融交易中清算和结算。AAA 级企业债券少到几乎没有。粗略地说，在美国债券市场上，抵押品的总量减去被外国人持有的部分后大概总量有 16 万亿美元，为衍生品头寸提供抵押的数量大概有 4 万亿美元。目前尚不清楚有多少需要被用以清算和结算。也就是说，回购规模大约为 12 万亿美元，对抵押品的需求已基本被资产证券化所满足。证券化这项拥有 30 年历史的金融创新就是促成了高效的贷款融资。

事实证明，除了为银行赚取很好的薪酬和回报，CDO 实现了第三个奇迹：它是一部粗制滥造出大量 AAA 级资产的神奇机器，满足了投资者对那些"钢铁般稳固的"抵押资产永不满足的贪婪欲望。2003 年和 2007 年之间，伴随着美国房地产业的繁荣兴盛，各家银行发行了 7 000 亿美元与抵押贷款相关的 CDO 证券产品。如果我们假设 80% 的 CDO 是 AAA 级的（超高级加上稍次一级），那么大概有 5 600 亿美元的新 AAA 级证券就这样被制造出来。要做到这一点，只不过需要领悟资产多样化的魔法和估测微小的统计损失。所以，这就有了一个很好的理由解释，为何隐藏在证券化业务背后的"发起—分销"模式，在事实上转变成"发起—少量分销、大量持有"的运作模式。本质上 AAA 评级对 CDO 交易员是有用的：他们可以据此向上司辩护其大规模累积的超高级头寸。如果部门经理或者银行董事会成员接二连三地问他们麻烦的问题，这些 CDO 交易员可以反击说，他们所做的一切事情就是不断积累最高信用评级资产，并在这个过程中为公司产生巨大收益。瑞银集团 2008 年的股东报告称：

> 2007 年 7 月之前，集团高层正在努力理解次贷部分的风险。风险控制和业务管理人员描述了 AAA 级别证券中的大量名义风险敞口，但这些风险敞口在低评级投资工具和证券投资组合的低压力损失中已经得到限制。集团高层信赖这些口头保证，而没有设法获取真相以及分析评估形势。

一些人辩称，这个事实与坊间盛传的 2007—2008 年金融危机流言相悖：创立次级证券的根本动机源于贪得无厌投资者的需求。背运倒灶并造成巨大破坏的 CDO 和 RMBS，被创造出来用以满足全球投资者的需求。在官方利率处于极低水平而房产市场异常火热的时代（这或许是金融史上最大的繁荣时期），它们搜寻着与抵押贷款相关的收益。在这些糟糕的抵押资产背后，银行开始了他们的工作：将其熟练的操控和营销技巧应用于顾客服务中。在这些次级结构融资交易背后，其实什么都没有，但银行由此获利不菲。在这个过程中，还款能力不佳的普通人也享受到了创新产品带来的好处，并有了拥有一个家的能力。可是谁又能想到，这种能够带来巨大利益的证券会变成魔鬼呢？

现在我们知道多达 70%（或许更多）的次级 CDO 被银行控制在其资产负债表中（或者有担保的表外交易工具——声称一旦行情不好银行便会收回），"贪得无厌的投资者的需求"一说听起来并不是那么令人信服，"贪婪的投资者的要求"的故事听起来缺少吸引人的说服力。一旦我们看了数据，我们便可以原谅我们之前作出的结论——真正贪得无厌的要求是来自内心而非外在。或许，没有一个外部人士真正对这项创新给予过关注。这样一来，CDO 的创立和交易，与其说是敬业的银行家对客户要求的回应，还不如说它们更像是一个内部人工造钱机器的润滑剂，只有银行家们才会从中获利。金融家编造各种方式来挣钱并没有什么错，只是说样的故事情节跟其他例子相比，可能不是那么值得赞美和纯洁。那些强烈怀疑投资者需求论的人用非常严厉的言辞驳斥说：

> 当银行家制造更多的 CDO 的时候，他们继续坚持着满足投资者贪婪需求的说辞。各种各样的行业辩护者继续让存在众多 CDO 购买者的神话永存，按揭换回的却是债券和次级按揭贷款。事实上，从 2006 年开始，几乎没有纯自愿的抵押债券购买者。这个"需求"是一出完全的闹剧。如果对 CDO 的需求是闹剧，那么有风险的 RMBS 和按揭贷款也同样是闹剧。这些全部与 CDO 相关的按揭就是一个骗局。然而，它强力地扭曲了按揭市场，对经济有着惊人的、破坏性的冲击力。在很多方面，CDO 的交易开始变得与庞氏骗局相似——新的债券被制造出来以满足 CDS 的短期售卖方和银行 CDO 销售员的要求。这些销售员已经找到最终接手债券的傻瓜——他们自己的银行，而最终则是纳税人埋单。

就好像 VaR 或者 CDO，银行的交易账户是不希望被那些普通大众所了解的。但正如 VaR 和 CDO 一样，银行的交易账户应当被更多的人知晓，以便公众更好地理解 2007—2008 年次贷危机。如果不熟悉交易账户的概念，那么要充分理解银行业务运转则是十分困难的。

从监管资本的角度来说，银行把资产划分成两大类别：银行账户和交易账户。前者是指那些相对而言较难快速清算和受制于信用风险资本要求的中长期投资组合（典型的例子是公司贷款，资本费用缓冲违约的可能性）；后者是指可以被立刻偿付的短期头寸，并且服从于市场风险资本要求（典型例子是金融工具、衍生产品，资本费用用于冲减市场价值的跌落）。众所周知，最初设立的银行资本规则仅仅涉及银行账户（例如，信贷风险）。但是人们很快发现，在一个金融交易规模日趋庞大、金融创新层出不穷的世界，这是一个缺陷非常明显的制度安排。市场风险开始本来不是那么庞大，但正好赶上信贷危机——这也是令银行彻夜难眠的首要原因。与机构或者政府债务人是否违约相比，债券或者货币掉期交易的价值波动更加触及投资者底线。换句话说，就监管资本的根本目的而言，交易账户变得不是很重要而是最为重要。20 世纪 90 年代中期巴塞尔资本协议 I 的修正，将市场风险资本征税纳入监管规则，而 VaR 在金融领域的统治地位也由此正式确立（资料显示，在 VaR 之前，交易活动仅占商业银行业务的很小一部分，占相关资产的比例不到 10%；2007 年，在 VaR 登上资本国王宝座近十年之时，那些跨国金融巨擘的交易账户占据资产负债表的很大份额，在某些案例中甚至占据几乎全部的资产负债表）。无论哪类资产归入交易账户中，它们的资本成本都被 VaR 所决定，所以当决定是在交易账户或者银行账户中安置某项资产时，这就成为了银行的一个决策依据。

尽管政策指引对交易账户资产和银行账户资产有明确的界定，但实际上银行在这个问题上依旧我行我素、擅自主张。在交易账户中，给一项资产安家落户绝非难事，唯一必需的条件则是银行要声明这项资产要么是基于交易目的而持有，要么就是用来对冲交易账户中的其他风险因素。这项资产必须要么不受任何可交易性限制条款的约束，要么可以做到完全对冲风险。另外，这项资产的头寸应该频繁变动和准确估价，同时还应受到有效管理。

结论是，如果银行想把某类资产放进交易账户，就算资产最初被置于银行账户，这样的机会也很多。事实上，即便 2007 年的危机暴露出一些真相，但那也还存在真实程度的问题。看上去更加像银行业务类型而不是交易账户类型的资产，却被完全隔离在交易账户中。归结起来，其中最关键的不同在于银行活动的资本花费究竟是通过 VaR 还是根据银行账户标准来估算（对不同类型的资产预先设定固定的风险权重）。这绝非一个小小的警告。这是因为，选择某条路径而不是另外一条，可能意味着更为代价高昂的交易操作以及更低的股本回报，甚至于使某些交易头寸难以为继。如果银行选择交易账户而不是银行账户来安置某项资产，这往往是一个安全的赌注，因为一个基于 VaR 的系统可以确保低监管资本要求（严格来说，一旦某项资产被归入交易账户中，那么就有两种可能的资本计算方法，即 VaR 和所谓的标准化方法。大多数银行会选择看上去比较先进的 VaR。别忘了他们发明 VaR 的初衷，以及为何一直在努力地进行监管游说）。

一般而言，对于一个给定的资产投资组合，交易账户习惯被假定其所需的资本数量低于银行账户。例如，在允许华尔街投资银行使用 VaR 来计算市场风险资本的问题上，美国证交会（SEC）就认为，新制度可能支持更高的财务杠杆举债经营，而在旧的监管制度下，杠杆率会低得多。当然，对于 VaR 这个注定用来生产微薄数字的工具而言，这是一个心照不宣的许可。同时，这也含蓄地表明，由 VaR 占主导的交易账户给银行制造了强烈的动机，设法将资产存放入交易账户。换一种说法，即银行在进行监管套利，就如同一个资本商品的购买者一样，视两类账户费率情况而随意将资产转入最优费率的账户。在很多观察人士看来，这种做法似乎违背常理，即通过运用交易账户，相同的资产组合居然具有完全不同的资本要求水平。毕竟，一项资产的风险水平（以及由此需要审慎数量资本的支持），并不会因银行的内部划分办法而简单改变。相同的证券（交易）不应该被视为具有不一样的风险水平和资本要求。既然资产的基本面特点没有发生一点改变，那么不论银行选择将它放入交易账户抽屉还是银行账户抽屉，交易杠杆水平保持原样才是合乎情理的。

从监管者的角度看，银行有权根据自己的意愿摆布资产，但这也并不是没有成本的。交易账户往往带有附加条件，交易账户最大的缺陷在于，资产的会计处理可能会不够友好，因为交易头寸必须实施不间断的盯市（marked-to-market）计算。如当市价突然贬值，银行的损益表会立刻遭到冲击。因此，在交易账户里摆布的资产越多，银行收入受到变幻莫测的市场及投资者行为的影响也就越大，这就有可能导致严重的市场震荡。相比之下，那些按传统古板的权责发生制计算银行头寸的损失，就不太容易使损益表出现坐过山车一样的剧烈变化。当然，当资产估值不断上涨时，根据不断变化的市值就会计算得到不断增长的会计盈余。因此，交易账户的最大缺陷也可能让银行在市场泡沫中得到意外收获，不仅资本费用控制在舒适范围，而且资产价值每天都在增加。其最终的结果是：在数量少得可怜的资本金之上，取得高额的报告收益（或者说，至少在短期内获得令人难以置信的高股权回报）。实质上，对那些在高杠杆交易中寻找快速横财的银行家而言，采取盯市方式记账的好处可以在出现市场泡沫时实现自我强化，而市价合并收益可以被转化为无关紧要的市价下挫统计数据，并据此进一步计算出较低的 VaR 值，从而为高杠杆交易游戏找到合适的借口。

种种证据显示，银行机构曾公开宣称偏爱交易账户。例如，2007年金融危机的前几年里，一个由贝尔斯登、美林、高盛和摩根士丹利组成的所谓"投资银行特别工作组"，写了封信给美联储理事会，旨在游说后者允许将银行资产继续摆布在交易账户中。华尔街的大佬们发现，根据交易账户或者银行账户不同的分类方法，相同的资产组合面对的两种资本要求具有本质区别（这意味着银行账户方法所需的资本更多）。由于美国遵循国际资本规则，如果美联储没有对交易头寸归入交易账户作出严格限制，那么一切都好办。为了支持自己的立场，投资银行抱怨称，使用银行账户方法可能在系统与数据方面花费相当可观的成本。这份文件揭示出一些令人震惊的事实，即这四家机构中的三家甚至根本没有设立银行账户，他们都只使用交易账户。而唯一一个设立银行账户的机构，也是随心所欲地将资产放置到交易账户中。很明显，这些世界上最具影响力的金融机构，其交易账户看起来似乎十分具有吸引力。我们已多次看到 VaR 是如何将交易账户转变成一个神奇的工具，以迎合投资银行降低资本成本的需要（可能在这个过程中隐藏着大量致命的风险）。基于上述概念和直觉推理，我们也就能更好地理解所谓"特别工作组"的含义了。

此外，美国证券行业协会（SIA）以及雷曼兄弟等投资银行也在不遗余力地进行游说活动。2003 年 8 月，它们写信给美联储理事会，表达其关于美国采纳巴塞尔资本协议 Ⅱ 对其业务不利影响的担忧。这份信件同样传递出对交易账户的偏爱：

> 投资银行通常基于盯市原则评估贷款等风险资产的价值，以及运用 VaR 模型等各种工具估算市价变动风险。其中 VaR 模型可以被用于测量被巴塞尔资本协议 Ⅱ 规定纳入银行账户的相关交易活动的风险（投资银行将所有金融工具放置在交易账户）。我们的分析表明：与巴塞尔资本协议所要求的运用加权法计算银行交易账户资产的风险资本相比，运用内部模型方法计算多种信用敏感资产的风险资本显得更加有效。为了让金融机构计算可靠的盯市价值及 VaR 风险估值，我们推荐运用交易账户法取代银行账户法。

那么，人们对华尔街强烈偏爱交易账户产生疑问了吗？

银行有强烈的动机把次级 CDO 和次级 RMBS 放在交易账户中，特别是最高级的和用于预防损失的部分。考虑到薄利多销的 CDO 市场已经吸收了大量的负面信息（尤其是最严重的那些部分），银行可以依靠 VaR 将这些资产分为有风险和无须担心两大类。根据盯市原则计算缺乏流动性的证券价值，很容易被圈子里那些极少数活跃的投机分子给支撑起来。交易账户处理方法提供了让人无法抗拒的诱人好处：通过多种方式（套利交易、结构性薪资、大量的人造 AAA 级产品、市场泡沫）构建起巨大的资产杠杆是有利可图的。另外的选择——将资产放在银行账户里看起来就缺乏吸引力。即使按照巴塞尔资本协议 II 的指引，在 2004 年中期发布的 AAA 级证券风险暴露头寸所需的资本要求也仅为总资产的 1.6%，甚至低于总资产的 0.56%。如果银行发现资本要求与 VaR 所提供的数值密切相关，我们就能体会到交易账户所要求的资本数量极为稀薄（当然，在很大程度上仍然不明确的是，哪家银行在危机前已经采用了巴塞尔资本协议 II，或者是仍然遵循巴塞尔协议 I 的规则，因此，银行账户方法处理 CDO 和 RMBS 的真实资本要求可能比上述提及的水平更高）。

金融风险专家理查德·瑞布纳多（Ricardo Rebonato）对银行在交易账户上高歌猛进的疯狂行为进行了解释：

> 对绝大多数证券资产而言，要么选择放在银行账户要么放在交易账户，二者间存在此消彼长的关系。特别是，交易账户要求较少的资本，但它要求严格遵循盯市的会计计价规则，因而这就有可能促使银行在市况比较好、流动性比较高以及能为任何资产进行定价时，将证券资产放在交易账户。你拥有选择权，而一直到 2007 年，你还可以根据自己的偏好进行抉择。当然，选择将金融工具放置在交易账户中，部分原因在于它要求更少的资本，另外一部分原因则在于，流动性是如此丰沛以至于你可为任何资产定价，因此在形势

一片大好的时候把资产放在交易账户里是合理的。

同样，人们也可以为将证券化抵押贷款放置在交易账户中找到冠冕堂皇的理由，因为在看涨的证券化抵押市场中，CDO 无疑具有良好的流动性，并且能够在任何时点都能被顺利变现处置。事实上，证券化总体上成为各档资产从银行账户转入交易账户的桥梁。证券化使当下难以出售的资产（如银行贷款、按揭抵押）转变为可交易的证券产品（如抵押支持的证券）。因此，证券化催生了大量的金融产品和名义价值，这使 VaR 更具有影响力。

事实上，越来越多的信贷资产可能已经摆放在交易账户中。例如，在一些法国大型银行（如引领世界衍生品交易的法国兴业银行、法国巴黎银行等），信贷衍生品资产占交易账户资产的比重从早前 2000 年的大约 35% 上升到 2004 年的 95%。这种变化与信用衍生工具的快速发明与使用相得益彰。因此，当这些银行开始经营更大规模、更加复杂的金融产品交易时，它们选择将其几乎所有的信贷衍生品都放到交易账户的保护伞之下。一些人认为，由于巴塞尔资本协议 II 对银行账户的资本要求高于之前 8% 的水平，这将导致很多银行将更多的金融工具转移到交易账户中（注意，在巴塞尔资本协议 II 下，一旦证券化资产的信用等级被降级，将会遭受更多的资本费用要求，相反则可能受到友好待遇。而一旦金融工具的信用评级调降至垃圾级别，那么这种优惠待遇就会马上终止。有人认为，这是促使银行决定停止持有股权级 CDO 的原因）。相似的效果也来源于对交易账户资产和银行账户资产会计处理的调整，如今二者都遵循公允价值（盯市计价）原则，这就抹杀了银行账户对交易账户所谓的优势。不容回避的结论便是，交易账户内部构成的混乱无序程度超过人们想象，它对获利头寸几乎来者不拒，这使那些为了达到高流动性、可迅速处理目的而快速发展起来的 CDOs 找到了安乐窝。为了迎合银行对交易账户的渴望（同时需要强化高杠杆率），监管者背叛和玷污了他们自己的风险监控精神。

从 2007 年的大灾难可以看出，监管当局自毁长城的做法是确定无疑的。那些原本被认定为具有足够流动性和交易性，能摆脱银行账户束缚的交易头寸，突然发现自己不能找到一个买家。事实表明，CDO 既不是定价透明也不是具有高流动性的（有人认为，如果银行可以在本次次贷危机开始的前十天之内卖掉 CDO，其损失可能要轻微一些；相反地，他们却在危机爆发后持续持有风险敞口，或者甚至从表外 SPV 买回已经卖出的资产，以确保投资者资金安全，并捍卫自己的信誉）。最终，证券化并没有使非流动性资产转化为可交易资产。英国议会的经济事务委员会在危机爆发后完成的一份调查报告中哀叹道：

> 由于交易账户的资产被认为可以轻易出售，因此其资产被规定了更低的资本要求。最近，交易账户已经将各种金融工具包含其中，如将非流动性工具打包而创造的 CDO。CDO 交易比较清淡，其估值通常运用定价模型来进行，而非通过活跃的市场作为定价估值的参考依据。因此，这些金融工具对那些原本为流动性工具所设计的体制的适应性就要差一些。的确，在金融危机中，市场参与者不愿意购买 CDO 资产，因此他们之间的交易实质上是不可能的。

Oliver Wyman 咨询公司的合伙人尼克·斯杜德（Nick Studer）相信，许多摆布在银行交易账户中的资产从来就不被认为会一直待在那里。这位公司的首席顾问这么评价道，"在这次危机中，交易账户遭受了许多损失，而这些交易账户经常没有风险资本要求，或者对资本要求的数量少于令人满意和可被理解的风险数量"。一些银行内部人士并不认同 CDO 应该归属交易账户的观点。在他们看来，这一做法就如同在对传统而久经考验的风险管理进行嘲弄。特别地，既然没有把 CDO 和 RMBS 严格置于信贷风险监管之下，银行所保证的绝不允许存在大量有毒风险，其实就变成内部悄悄默认了。一个真正的银行风险经理在 CDO 出现之前有这样的描述，"严格的信用分析是很重要的，对贷款风险的重视程度也很高"。但当新奇的结构性金融巨人出现在人们面前时，一切都变得糟糕透顶了，"随着 CDO 的逐渐发展，风险管理的缺口也慢慢变大。他们在市场风险与信誉风险两者之间感到坐立不安。"风险管理松懈所付出的代价就是对高风险资产实施高杠杆率。"我们几乎不需要什么资本去支撑它们。对这些摆放在交易账户中的资产而言，它们避免了应用于银行账户资产管理的僵化严格的信贷程序，而这些资产可能具有这样那样的缺陷。"

一旦赋予 VaR 监管次级 CDOs 和 RMBS 的权力，所造成的恶果便永远无法逃避，银行将会为自己的行为感到懊悔。原本被视为不容置疑的东西（CDO 和 RMBS 应该在交易账户中进行，CDO 和 RMBS 的风险应该通过 VaR 过滤），如今却变得令人极其厌恶。2007 年底，瑞银和美林宣称，次贷证券不再属于内部管理和 VaR 监管的内容，对其的风险管理方式从市场风险管理转变为信用风险管理。瑞银甚至对外告知，那些被调整至银行账户的风险敞口，其监管资本是如何被计算的：根据巴塞尔资本协议 II 的评级方法，资产风险权重取决于信用评级，而这些信用评级主要来自穆迪、标准普尔以及惠誉。银行巨头们在稍后有表示，VaR 既不是一个合适的头寸风险衡量方法，也不是一个合适的风险控制方案。通过从计算结果中排除垃圾债券，VaR 值就可以做到飞速下滑。例如，美林在 2007 年的日均 VaR 值从 8 300 万美元跌至 6 500 万美元，在 2007 年末，VaR 一度从 1.57 亿美元跌至 6 500 万美元。随着在次贷市场剧烈波动和市值突然下降，VaR 已不如以往那样仅要求微不足道的资本费用。近期市场指标的适用性大幅降低，也不再是波澜不惊了，但这可能对调整银行账户有好处。既然 CDO 已公然表现出流动性困难和滞销性，不再与交易账户的性质作用相匹配，那么就不难对银行行为的调整作出合理解释了。关键的问题当然是，为什么在第一时间它们被允许获得这些不合时宜的考量。

银行业被认为是处于严格的监管之下，比如对其银行账户和交易账户进行严格区分，特别是交易账户中涉及资金流动性变化有严格的详细审查。但是在 21 世纪的早期几年，监管者酣然入梦，完全放任监管。除非一项资产符合明确规定被归入交易账户，否则它都应该被放到银行账户中。但 CDO 的故事告诉我们，资格审查过程（主要内容包括：确定资产可用于交易，记录在案的高级经理对头寸交易策略的决定，对头寸实施有效管理的相关政策程序）并不是那么令人望而却步。甚至最高级别的管理者也承认，监管者并没有进行明智的监管。"CDO 和其他结构性金融产品经常被摆放在交易账户。尽管其具有公允价值，但明显其交易量非常少。大量缺乏流动性、透明度不高的债券使用交易账户，是另一个现有监管政策无意导致的结果。"美国联邦存款保险公司（FDIC）主席席拉·拜尔（Sheila Bair）对偏爱 VaR 的风险经理听众脱口而出。看起来，一旦政策制定者鼓足勇气呼吁加强对交易账户的控制时，银行家们就会想方设法让他们收回说法，并让后者站到中立立场。就像 2008 年年中报告中叙述的那样：

> 几年前，当全球监管者开始就是否要对银行交易账户采取紧缩性的监管规则而与大型投行对话时，他们就面临着敌对的反应。现在，信贷市场急速发展，银行业从中获取了极大的利润。金融从业者也更有信心去反驳那些对他们交易活动实施控制的新建议。"他们的确很生气"，一位西方国家的中央银行高官轻笑地承认道。

政策制定者似乎已经认识到：

> 从最近的市场动荡可以看出，银行系统那些与交易账户的漏洞正在被放大。这种枯燥的技术问题一直很难被发现，直到这些漏洞成为了造成大型投资银行损失的主要因素，这些问题才越来越凸显出来。

有趣的是，监管者可能假定许多银行的交易账户规模都相对比较小

（有人去看过一下吗）。很明显的事实是：

> 交易账户的问题已经不再被看成是一个小问题了。相反，这个问题的规模正被不断扩大，其中一个重要原因就是监管太过松懈。一位监管官员也承认，有关交易账户的问题过去一直被认为只是技术性的，"现在很明显，这个问题需要被给予高度关注"。

就像我们看到的一样，监管者在 2007 年危机中有几个方面的重大失误。在错误信任 VaR 应用于交易账户，特别是在制定交易账户政策以及防止被滥用方面，监管当局缺乏必要的警觉性。正是因为将 VaR 奉为市场风险资本之王，市场对交易账户滥用所带来的诱惑就变得不可阻挡。

银行肆无忌惮地随意将资产置入交易账户，最终导致危机的发生。银行的做法迅速使监管者认识到自己的错误，并表现出进行政策调整的意愿，但这种政策上的改变并非轻而易举。这些信息是政策修改者释放出来的吗？又如何收场呢？如果没有完全消除交易账户在资本成本上相对银行账户的比较优势，那么通过增加资本储备应对市场风险更令人望而却步，其最终只会是以失败告终。2009 年早期，巴塞尔委员会颁布了资本协议修正案。由于对 VaR 无法进行审慎稳健的风险控制达成共识，VaR 相关条款附加了诸如压力状态下的 VaR（stressed VaR，以便能更好地捕捉市场极端事件）和新增风险资本（Incremental Risk Charge，以便能更好反映信用相关的经济现象）等内容。一旦这些措施得到实施，交易账户的资本成本将提升三成到四成。一个关于消除 VaR 恶劣影响的更为直接的措施是：对于放置在交易账户中的证券化金融产品，必须承受与银行账户相同的资本要求，以确保绝对不会形成监管套利。

不过，除了那些补救措施值得赞许之外，最大最关键的问题依然没有得到解决。银行滥用交易账户所带来的问题并不限于交易账户本身。

问题在于基于交易账户的资本费用计算方法，而并非表面上使用一个被称为交易账户的东西。如果主导交易账户运转的机制不会轻易制造有毒杠杆，也没有构建在错误的基础之上，即便交易账目拥有大量资产也不会是个大问题。然而，在过去十五年间，交易账户被一种轻易制造有毒杠杆的错误机制所主导。目前，这种机制还没有被人们触及。即便不再以极端的方式，它仍然在交易账户中处于统治地位。在后危机时代，VaR 的话语权一定程度上可能被巴塞尔资本协议修订案削弱，但其分量仍然被人们看重。VaR 的结论可能不再是决定性的，但仍然发挥着不可忽视的作用。不可避免的是，这意味着致命杠杆在将来某一天可能卷土重来，再次统治金融体系。

在 VaR 的掩护之下，通过在资产负债表内外摆布 RMBS 和 CDO，银行在高杠杆流行风潮中赢得次贷游戏的权力（值得再次注意的是，如果反过来使用银行账户，即便不如 VaR 那般导致畸高杠杆率，同样也会形成很高的杠杆率；正如我们此前所见，巴塞尔资本协议 II 在评估高风险债务证券时也是极其宽松的）。我们又如何知道，那些关乎银行命运的抵押资产被课以极低的市场风险资本要求呢？好吧，首先，通过数据可以得出以上结论。那些 VaR 值仅为区区数亿美元的机构，却坐拥数百亿美元的 CDO 风险净头寸。即使交易账户中只有这些次级债券，市场风险资本要求也不超过净资产的百分之一（请记住，如果超高级 CDO 头寸没有进行对冲操作，净资产规模将迅速增长，因此 VaR 所提供的真实杠杆率实质上更加巨大）。在 2007 年中，美林证券计算的 VaR 值为 7 亿美元，而其 CDO 净风险暴露则大约是 350 亿美元。假设所有的资产都被放置在美林证券的交易账户中，那么这场 CDO 赌博的杠杆率将会是臭名昭著的 50∶1。这意味着，资本要求的数量仅为总资产的2%（不相信？好的，如果你愿意的话，我们将资本数字再加倍，可怕的有毒资产杠杆率依然达到 25∶1 的极高水平）。当然，美林的交易活动并不仅限于次级抵押贷款证券化产品。其资产负债表中反映的可交易资产价值 2 600 亿美元之多，其中很多与抵押贷款无关。在以 7 亿美元资本缓冲支撑的 2 600 亿美元资产中，仅有部分风险确定来自于 CDO 和 RMBS（除非有人建议所有其他交易资产的 VaR 值为零，但这是一种绝对不合理的观点）。这引申出一个推断，即次贷产品对银行整体 VaR 值的贡献必定显著低于 7 亿美元。因此，次贷资产的杠杆水平就很可能超过 50:1，甚至远远超过。当有人想用审慎资本缓冲应对有毒金融资产时，恐怕其想象力也难以超出 50:1 的杠杆率之外。

然而以上的计算结果或许能够帮助其澄清某些事情。我们可以凭直觉预料到，超高级资产组合可能都被赋予了不惹人注意的 VaR 值。只要最近一段时间市场没有什么坏消息和大幅动荡，银行就可以得到一个较小的 VaR 值。在其 2007 年第三季度监管报告中，美林表达了这种说法的赞同态度，"VaR 和其他风险量化方法大大低估了美国次级住房抵押相关债券和 CDO 风险头寸在极端混乱局面中的实际损失规模。过去，这些 AAA 级别的 CDO 证券从来没经历过如此惨重的损失"。换句话说，直到危机爆发，银行都处在 VaR 天堂之中。因此，假如 VaR 的确是被用于评估 CDO 的监管资本要求，那么 CDO 规模将在高杠杆效应中一路狂涨。银行似乎意识到，交易账户更友好，资本要求更宽松。次贷危机爆发仅仅几个月后，亏损的巨浪便淹没了全球金融大鳄。花旗集团公开宣称：

> 最初的商业模式是去分散所有的 CDO 风险，然而，管理层发现用最有利的价格去分散超高级档次 CDO 的风险是不可能的。正当管理层为这部分资产的信用风险感到满意时，资产负债表开始堆积大量头寸。这种风险暴露被标为交易资产而非是持有到期资产。相应的商业战略是购买和持有这些风险敞口；然而，在交易（盯市）账户持有资产的动机是最大化利用监管资本规则。这对于 CDO 套利有变相的激励作用。

著名的 CDO 记者吉莲·邰蒂也同意：

直到 2007 年中，市场都一直处于平静状态。银行的风险价值模型显示，AAA 级 CDO 资产损失的可能性极其微小——这意味着，它们几乎根本不需要任何资本储备。

吉莲·邰蒂还特别提到了瑞银集团的失误：

瑞银已经在交易账户中暗中囤积了数百亿美元的次级资产。由于模型显示风险损失微不足道，对于可能出现的金融工具价值下跌，银行并没有任何的预防措施。当这些次级产品的价格崩溃时，交易账户出现了数十亿美元的损失，而银行却没有为之备有任何资本缓冲。

对于那些规模巨大的次贷投资组合，其资本要求却处于极低水平。这非常有利于刷新投资银行股本回报率的记录：相较上一个投资周期的股本回报率，平均高出 200 个基点。正如我们所看到的，虽然按绝对值计算，源自超高级 CDO 套利交易的净收益是适度的，但这个游戏所要求的超低资本会使它们变得非常具有吸引力。这是因为，当面对一个微不足道的资本要求时，即使是微薄的利润也看起来很可观。正如一个市场评论人士所总结的：

金融危机爆发前，银行交易账户持有超高级和 AAA 级的证券化资产，由于它们所对应的 VaR 值非常低，该账户只需要很少的资本分配。名义上讲，持有这些被用于交易/出售的资产是为了证明其被纳入交易账户，但实际情况是，大量存货积累下来而且无法转移。因为在价差幅度很小时，相对于极低的资本要求而言，资本回报也是巨大的。因此，这些头寸的杠杆率处于异常高的水平。

事后看来，现在每个人都懂得 VaR 建议的资本要求低到何种程度。

当然，VaR 值的最低下限还有进一步挖掘的潜力，这是个根深蒂固的、内置的、类似 DNA 的模型。但它或多或少隐藏在大众视线之外，仅被少数几个业内人士所熟知掌握。尽管如此，一场系统性的危机席卷了数万亿美元的财富，而这种损失来自 VaR 所监管的风险头寸。在此之后，要清除这个模型隐蔽的麻烦变得更加困难。事实上，截然相反的事情已经发生。危机爆发之时，监管者和政策制定者竞相逃离，每个人表面上都试图通过公开攻击甚至否认昔日崇拜的工具以取胜于对方。荷兰央行行长、巴塞尔委员会主席诺特·魏霖克，是首位走上前台痛斥 VaR 的监管高官：

> 我想要强调，对交易账户风险敞口采取强有力的资本支持，具有十分重要的作用。对于大型国际银行而言，资产负债表规模在 2000—2006 年扩大了 2 倍多。许多增长涉及交易账户。的确，巨额银行损失源自于交易账户风险敞口，特别是高信用等级的 CDO 和高杠杆借贷。我们需要保证交易账户资本的基础构成与银行面临的风险是一致的。因此，我们需要对基于线性 VaR 分析框架的交易账户补充额外的资本。为进一步弥补 VaR 的缺陷，银行需要进行进一步的深入分析，并采取审慎的风险承担行动和筹集雄厚的资本储备。

翻译过来就是：VaR 允许像 CDO 这样产品在低资本环境下充斥在资产负债表内外，从而造成了巨大的混乱。因此，我们需要确定银行所实际拥有的资本数量，比危险的、有瑕疵的 VaR 所指引的资本数量更多。这好比罗马主教说出"上帝并不存在"一般让人震惊。没有巴塞尔委员会的支持，VaR 绝不可能有如此巨大的影响力。多年来，VaR 圣洁的优点被巴塞尔传教士热情地四处鼓吹宣扬，用 VaR 能够医治世间苦难和伤病的故事愉悦世界。我们接受持续不断地说教，认为 VaR 可以从市场风险的魔爪中拯救世界。但是现在，巴塞尔的高级教士们在一场信仰质疑的风暴中饱受折磨。我们大致可以想象到，在 2007 年末和 2008 年初，世界各国的中央银行家们集聚在瑞士巴塞尔，绞尽脑汁思考着如何应对发生在他们身边的经济金融困境。他们的目光死死盯着上天，用颤抖的声音哭嚎着："VaR 殿下，你在哪里？"

那么，银行业究竟在这场次贷冒险中遭受了多大损失？是的，损失巨大。让我们重新回忆一下曾经经历的事件。在 2007 年第三季度，瑞银集团宣布在美国住宅次级抵押贷款上的净损失为 44 亿美元（合计损失金额为 56 亿美元，其中 12 亿美元通过套期保值手段予以抵补）。这一损失情况已经相当糟糕了，但还是无法与接下来次贷危机全面暴露所引致的恶果相提并论。到了 2007 年第四季度，瑞银集团的次贷损失额达到 96.4 亿美元，损失分布主要为：超高级档次次级 CDO 损失额为 77.8 亿美元（包括无效保险承诺导致的 2 亿美元损失），次级住房抵押贷款证券化（RMBS）损失额为 7.33 亿美元（其中，瑞银拥有的 RMBS 净额超过 170 亿美元），次级 CDO 发起仓储业务损失 11.2 亿美元。其中，因实体企业信用等级恶化而计提的 6.83 亿美元对冲了瑞银的部分次级贷款损失。除了有毒次级贷款外，瑞银在美国 Alt – A 级住宅抵押 RMBS 和 CDO 的损失额达到 20 亿美元。Alt – A 属于"准次级"类。2008 年第一季度，事情进一步恶化和发酵，次级贷款损失额为 72.5 亿美元（其中，超高级 CDO 损失额 53.2 亿美元，RMBS 损失额为 21 亿美元，CDO 仓储业务获利 1.8 亿美元）。更为严重的是，"准次级贷款"业务上的坏消息接连不断。其中，美国 Alt – A 级住宅次级抵押贷款（RMBS 和 CDO）损失额达到 60 亿美元。即使到了 2008 年的第二季度，瑞银集团仍然处于亏损状态，次级贷款损失额为 8.48 亿美元（其中，超高级 CDO 损失额 7.56 亿美元，抵押贷款证券化资产损失额 1 300 万美元，CDO 发起仓储业务损失额 7 900 万美元）。同时，美国 Alt – A 级住宅抵押贷款 RMBS 和 CDO 损失额达到 6.3 亿美元。

美林证券的情况又如何呢？情况同样十分糟糕。在 2007 年的第三季度中，其所有的次级贷款损失额约75亿美元（其中，超高级CDO损失额达到57.5亿美元，11亿美元损失集中在CDO发起仓储业务上，5.44亿美元为RMBS损失额）。2007年的第四季度，美林证券的超高级CDO损失额攀升至88.5亿美元，CDO发起仓储业务损失额为10亿美元。美林证券2007年全年的次级贷款损失额（包括CDO、整体贷款、余值风险、RMBS等）约为200亿美元。到2008年第一季度，美林证券在超高级CDO上的损失为17.8亿美元，2008年第二季度，亏损额上升至34.5亿美元。

那么，花旗集团呢？同样不容乐观。在2007年第三季度：花旗损失了18亿美元（风险对冲后），包括CDO发起仓储业务、CDO头寸等。2007年的第四季度：次贷损失额达到174亿美元（超高级次贷资产损失额为145亿美元，29亿美元为CDO发起仓储与信贷业务损失额）。2008年，次贷损失额为150亿美元（131亿美元为超高级次贷损失，18亿美元CDO发起仓储和信贷业务损失），为对冲交易对手风险暴露另计提了57亿美元，Alt－A级债券损失达到38亿美元。

很多其他银行也遭遇相同的噩梦。在2008年末，次贷的巨额损失账单金额达到1万亿美元（包括自2007年1月以来全部减值和信贷损失额），仅CDO损失就达到数千亿美元。至2009年初，媒体披露的近半数次级CDO均已违约（当经济危机刚刚爆发的时候，在CDO发生损失或违约之初应高度留意，其损失或违约是能反映市场内在状况的标志；银行业在回顾过往时发现，很少有银行能在实际违约事件发生之初就予以高度重视，因此，当CDO市场处于崩溃过程中时，CDO投资者仍然持续增持CDO资产。但最终，违约事件还是不可避免地发生了）。对此，正如有关调查报告所指出的：

将近一半的复杂信贷产品都是违约的证券化债券资产中衍生来的，该比例在这轮投资周期的顶峰一度攀升至2/3。违约事件已经影响了价值超过3 000亿美元的抵押担保债务。在最初的3年里，市场交易笔数每年不超过 100 笔，且违约比率低于 10%。交易成交量在 2005 年上升至 133 笔，违约比率低于 20%，2006 年上半年交易 89 笔，其中 1/3 的交易发生违约。但是，市场交易量最高点出现在 2006 年下半年，达到 147 笔，2007 年上半年，达到 172 笔——违约比例分别达到 68% 和 76.2%。

综上所述，我们可以清楚地看到，诸多标榜"毋庸置疑"的风险模型和"无异议"的机构信用评级开始变得问题百出。简而言之，当银行业面临市场波动时，银行的资本后盾也难以应对。此时，只有通过私人资本注入、银行并购和公共救助等措施，才能防止整个银行业被次贷危机这场金融海啸所吞噬。

VaR 是全部问题的核心。从内在因素来看，基于 VaR 对 CDO 低损失率的预测，银行业最终批准参与 CDO 交易游戏。从外部条件来看，交易账户拥有的种种有利条件则促成银行积极参与其中。实际上，这场游戏被视为经过深思熟虑的成熟方案，其实银行早在多年前就开始酝酿计划。当你发明了一个看似科学的度量市场风险的方法，你千方百计游说议员，来说明这种方法可以在金融世界里广泛运用。一旦这种方法在交易室内取得主导地位，那么你就更加积极地进行游说，来争取其最终被监管当局采纳。之后，你会耐心等待某种有毒资产浮出水面，而这种资产的风险恰好被这种风险度量方法所忽略，并获准进行高得离谱的杠杆交易。VaR 帮助银行在 CDO 业务（以及其他高杠杆交易活动）上大发横财，这使银行悄悄隐藏和累积了大量的风险敞口，最终可能会引发极为严重的市场崩溃。对那些寻求快速"致富"和唯利是图的人来说，VaR 的出现是对其极大的鼓舞。如果你想在平静适度的市场虚假表象掩盖下制造危机，那么 VaR 就是个很好的盟友。

超高级 CDO 的故事不经意地反映了这一点。像超高级 CDO 这样的玩意儿在金融历史上从未出现过。人们认为这种资产工具不会出现多大问题，而且比国债和世界银行的债券更加稳健和安全。超高级 CDO 出现亏损被视做和棒球变成英国第一运动或者板球荣登美国人最喜欢娱乐一样，绝对是天方夜谭让人不可思议。超高级 CDO 的稳健程度被认为如磐石和铁盾一般不可撼动。VaR 也迫不及待地认同了这个观点。这个饱受赞誉的风险"探测器"肯定地说：是的，它含有超级安全的特质。然而，曾经被统计数据分析证明如堡垒一样坚固的超高级 CDO，最终以发动一场蒸发了数万亿美元财富的全球金融灾难而走下神坛。接下来，我们再谈谈隐藏风险。

直到 2007 年中，VaR 站到了其权力的巅峰。越来越多的监管当局支持 VaR，并四处宣扬其优点。风险管理和金融研究中出现的无休止的定量化趋势，让其较其他分析工具更显得完美。先前那些让 VaR 一度消失的历史性市场事件已经被遗忘，对这种工具的少量公开批评明显没有引起任何注意。长期以来，VaR 的功效让人难以置信（它能预见市场平稳，这种预测是排他性的），这也轻易证明其支持者是对的，反对者错了。近年来，一些中央银行家宣称，一个平稳有序的市场新纪元已经到来，而这些人居然没有受到任何质疑。与此同时，数学模型的计算结果也有力地证明了前者的说法，这同样也没有招致任何外界质疑。

对于得到整个体系呵护的 VaR，谁又能够勇敢地站出来质疑其可信度呢？这个到一定时候就会将银行业搅个天翻地覆的重型武器，已经变得越来越不可能被批判质疑了。如果这个模型说"没有风险"，那么整个金融系统就会对风险视而不见。如果模型说"稳定"，那么市场就仿佛变得的确四平八稳。如果模型说"前进吧，自由大胆地运用杠杆吧"，那么市场对资金的需求就是多多益善来者不拒。如果模型说"快去抢次级资产"，那么选择奔向次级金融产品的人只会越来越弱智。这个模型的所有预测不仅被证明都是正确的，并且持续支撑着全球无数企业和投资者开展市场风险评估。总之，VaR 就是人们争相传颂的神话。

所以没有人能看到极度膨胀的交易账户已经出现危机的端倪，而账户中所有可疑资产最终都被市场倾销。不管怎样，这难道全是 VaR 的错吗？如果是这样的话，难道就不能用没有争议的理论工具来分析吗？如果挥舞起 VaR 的魔杖，所有内部和外部的反对之声就会一扫而空。

然而，这个看似运作良好的 VaR，却是恶性发展的标志，而不是市场稳定的标志。就像一个气泡被吹出来，VaR 没有看到任何损失或者市场混乱，就打包票这个气泡能一直不破灭，这必然导致不可挽回的致命结果。所以银行注意降低 VaR 数值，因为它可能隐藏或者造成不可控制的可怕风险。这个可怕的结果不就在 2007 年中期发生了吗？CDO 和 RMBS 在统计风险评估中真的没有任何问题吗？VaR 其实是常规思维的解毒剂。另一方面，那些此前或许不会得到任何授权的决定，当 VaR 出现时却都一一获准。这可能就是 VaR 能被金融界接受并成为主导力量的主要原因。对于 VaR 而言，天空才是它的极限。让我们看看某位著名学者的评论：

> 为什么 VaR 能如此流行？因为 VaR 可以使坏的赌博变得合理化，为金融世界里的各色演员们带来实在的利益。如果让一个风险经理说服交易员去实施一个风险很高的巨额赌博，与其用常识去说服他，还不如用 VaR 诱使他欣然前往。不仅如此，想象一下，一位银行的首席风险经理在 2004 年说，如果减少银行的 CDO，他将失去工作。VaR 让他能挑战常规思维又能让他的老板们高兴。在管理高层中，首席执行官和董事被它的偏好所左右，因为他们听到的是他们想听到的。换句话说，VaR 正是他们在市场繁荣时期所需要的。

到 2007 年中期，金融世界已经变得完全被各种风险度量标准所主导。绝不夸张地说，我们把自己的未来命运放在了各种风险度量标准的手中。这些度量标准并不仅仅说金融资产像黄金一般，还说金融资产比黄金珍贵。但接下来的事实却是，这些资产连垃圾都不如，更别说银、铜或者铁。什么原因让这些度量标准用"比黄金还珍贵"的言辞将垃圾不如的东西伪装起来？难道不是我们允许它欺骗我们的吗？这很明显：VaR 正像特洛伊木马，先是让我们认为它是一个受欢迎的礼物，当我们以为它仅仅如此的时候，它却开始凶残地洗劫我们的城市。

在巨大危机彻底曝光之后，吉莲·邰蒂对这个真正重要的核心问题有一个简洁总结："在 2007 年和 2008 年，银行在交易账户中进行了大量所谓的超高级 CDO 交易，这使得银行资产负债表的泡沫越吹越大。"我敢说，如果不是因为 VaR 对交易账户的统治地位，吉莲·邰蒂绝不可能说出上面这句话。尽管债券的基本面特性并没有改变，但 VaR 仍使低资本门槛的交易账户成了冒险天堂。无论如何，VaR 的毁灭性破坏能力是任何人都无法否认的。

让我们想象一下没有 VaR 的世界。在这样的世界里，过度讲究的精确恐怕难以通过度量方法找到。银行的次贷头寸超过整体资本基础会被认可吗？更别说将其视为高枕无忧了。交易室规则和监管政策还会支持和鼓励瑞银集团持有超过 500 亿美元的次贷垃圾吗？回答将会掷地有声：不！除非瑞银集团及其同行愿意并且能够筹集更多的股权资本，但这本身就是一个不太可能的情况。一个没有 VaR 的世界是不可能发生2007 年次贷危机的。

请牢记：对 VaR 的控告并不仅限于诸如"VaR 允许银行 A 或银行 B 把大量次贷资产以高杠杆的形式放置于账户中"的论调。如果正是 CDO 业务本身要求发起银行保留超高级档次的债券（到目前为止，这是 CDO 最主要的部分），则 CDO 将很难被成功处置和分销，那么 VaR（通过使银行可以持有如此巨大的超高级档次 CDO）就会允许整个 CDO 闹剧继续下去，从而形成一个更大的市场规模。因此，一个能为大批超高级 CDO 提供极低风险估算的工具，成为推动 CDO 规模大到足够对全球金融稳定构成威胁的不可或缺的先决条件。难怪，很多人会选择用 VaR 来评估 CDO 风险价值。他们一定知道，即使对最棘手的垃圾资产，也可以通过人为操纵把风险大大低估。他们一定知道，对于 VaR 而言，说谎是轻而易举的事，而把垃圾资产包装成可以信赖的金融产品同样驾轻就熟。CDO 业务（不仅伤害了许多大型的金融集团，也伤害了很多不知情的无辜第三方）在壮大发展前，需要一个大骗子的协助。然后还需要一台神奇的机器，把脏衣服转变成鱼子酱。当市场风险出现时，全世界都找不到比 VaR 更大、更能隐瞒真相的骗子了。

第六章

VaR在华盛顿接受审判

间隙■媒体掩盖

■国会山真相

■空置的房间

■它仍在那里

2009 年 6 月 30 日，美国的高层政客首次（目前也是唯一一次）关注了我。在星期二早上，出版商的一个助理发给我一条以下内容的电子邮件：

　　我们的小组委员会当前正在调查金融风险模型在最近经济危机中所起到的作用。我们特别感兴趣想跟 Triana 先生谈谈他对 VaR 和其他相关内容的看法。如果您能够为我提供他的联系方式，或者替我们联系到他，我们将十分感激。
　　您能通过电子邮件和直接上门到办公室联系到我。
　　十分感谢！祝安，Ken。

Ken 的全名是肯·杰克布森，来自于美国国会"科学技术委员会"（Committee on Science and Technology）下属的"调查监管小组委员会"（Subcommittee on Investigations and Oversight）。我当时自然而然地被他的信息激起了兴趣。无须上网搜索，我就发现这是由一名强势国会议员担任主席的委员会，主要处理那些涉及最新领域的高科技问题。很明显，对方已经向 Wiley 出版商的助理提及了我在华盛顿出面作证的可能性（尽管很简短，但对于回到我所喜欢的城市，则是非常好的借口）。真正激发我兴趣的是，世界最先进国家的高层决策者表现出远见卓识，并勇于证实 VaR 是 2007—2008 年金融海啸背后的重要驱动力，而且还想要更深入地进行背后事实的挖掘。据我所知，之前还没有哪个国家的议会曾经把数学模型作为经济危机的肇因来进行听证。为了指证 VaR 的弊端，委员会不仅需要致力于弄清过去几十年所发生的一切，其自身也采取了某些具有相当开创性的改革措施。

　　我立即回复肯.杰克布森，并毫无保留地提供了协助。他再次强调，委员会急于尽快见到我（因为他们最初计划在接下来的 7 月组织一个有关 VaR 的正式听证会），并且以略带奉承的口气告诉我，"除了你，我们不敢肯定还有人曾经如此毫不含糊地预言了 VaR 的崩溃"。在那个夏天，我们交流了几封电子邮件，我提供了一些自己对 VaR 在信贷危机中作用的分析。Ken 在阅读了相关内容后，表现出越来越多的震惊。

为了完全弄清楚 VaR 在金融危机之前和期间所发挥的恶劣作用，仅仅靠"科学技术委员会"单枪匹马地开展调查肯定是不够的。到 2009 年 6 月，其他部门机构也纷纷指责 VaR 对金融市场造成了破坏。这些指责的源头夹杂着来自政治和非政治的目的。当然，抵挡这些批评的堤坝仍然很坚固，在某方面似乎惹怒了 VaR 的拥护者。之前人们对这个模型的批评，还从来没有到过如此严厉的程度，也从来没有过如此多的角度，更从未来自于监管部门。值得指出的是，最早关注 VaR 会全然失效的，恰恰就是在 VaR 所导致的市场海啸中遭到损失的银行，正是这些银行花费了 15 年来构建和不断完善这个模型。仅仅查看一下 2007 年第三季度的监管文献，你就会被各种放弃和道歉的言语所淹没，其中关于"VaR 失效"、"VaR 不是恰当的方法"的论调观点到处泛滥（而从那样看来，似乎传递的隐含信息就是，银行还没有到自己承认"对不起，是我们搞砸了 VaR"的程度）。

不久，局外人也早早地加入了对 VaR 的批判大会。但是正如我们所看到的，媒体已经几乎都羞于报道 VaR 和它在危机中角色的作用。外部世界对 VaR 的谴责最早来源于新闻渠道。2008 年 1 月的一篇文章报道大胆地以《VaR 死期已至》为标题。对于 VaR，彭博通讯社（Bloomberg）评论员 Christine Harper 的原文如是写道：

> 怂恿华尔街和冒进交易的风险模型（Risk – taking model）最终破产了。大家都意识到，没有任何运算法则可以替代传统的应付出的勤奋努力。VaR 没能检测出美国次级贷款市场的崩溃前景。过去 6 个月的经历暴露出过度依靠历史数据的金融技术存在重大缺陷。

接下来的 4 月，瑞士联邦银行委员会（瑞士的监管机构）也加入公众的救赎反省中，在某种程度上颂唱着迟来的"我的过失、我来负责"之歌："作为监管者我们不能否认，我们和银行一样，对模型有点过度偏信；否则我们本不会允许用 VaR 模型来测算对系统性风险所必要的监管资本充足率。我们其实都意识到了这类模型的局限性。"现在，我相信宽恕的力量，也深信真诚的反省所具有弥补疗效，但是深刻的反省忏悔要起到警示作用而远远不能仅靠心理上自我宽慰。这里，我们的高层政策制定者、成熟而经验丰富的监管者、金融城里的行业巨头们，都怯懦地认识到他们如何被明知有缺陷的计量模型和资产组合弄得鬼迷心窍、精神恍惚。对于人们的辩解托辞，我该说些什么呢？我所想告诉您的就是，如果您想在金融市场赚上一笔，那就用形式严格的统计数据来粉饰你所兜售的产品。这样一来，即便是严格审慎而冷静仔细的瑞士人也会买它。2008 年末，两家国际顶级的风险领军人物迫不及待地表达了他们对 VaR 的失望。由金融计量分析的拥趸转变而来的怀疑论者、企业家 Paul Wilmott（很有可能是世界上最负盛名和最成功的金融行业计量学培训者）在其发动的名为"名字和羞耻"的后危机运动中，对 VaR 直言不讳地批判到：

> VaR 被用来证明冒险是正当的。很明显，这是一个典型的容易发生意想不到结果的领域。嗯，对！有趣的是，那些所谓"意想不到的结果"总是显得异常突兀，甚至在事实面前也是如此，但它们却总是被扫到地毯下不见踪影。"不要摇晃小船，我的孩子"，一只手拿着雪茄，另一只手端着白兰地酒杯。风险管理者说，根据 VaR 测算，交易不存在风险，如此一来，交易规模轻易就变得越来越大……看起来，似乎 VaR 并不能捕捉到所有的风险……到底谁才是本应该考虑到抵押贷款违约风险的人呢？是除了那些靠隐瞒风险获益的人以外的每个人。

对于 RiskMetrics 风险度量系统的评价则是：

在将 VaR 传播给大众方面，它显然应该有一种负罪感。何不干脆把手枪发给正在埋头苦干的大伙呢？

几周后，一位前大型银行的风险管理负责人，顶尖的金融工程专家 Steven Allen 指出："不能再依靠 VaR 来确定市场系统性风险以及法定监管资本了。"

甚至连联合国都加入进来，指出了无法回避的明显事实：2007 年的危机剥去了 VaR 的华丽外衣，而且也使银行监管当局的威信受到不可避免的影响。以下是联合国 2009 年的表述：

> 从风险管理视角来看，人们抱着极大的兴趣关注有关对 VaR 有效性的质疑，而巴塞尔委员会则含蓄地承认其将修改系统性市场风险框架来弥补 VaR 的不足。从 20 世纪 90 年代早期以来，VaR 一直是量化金融风险管理皇冠上的明珠。如今其在巴塞尔委员会新指引中的地位下降，显示出对市场风险管理和市场监管进行重估的长远趋势。

换句话来说，VaR 已经受到各方高度质疑，即便是其巴塞尔的支持者也在轻视和怀疑它，可能至少我们都应该这样。

真正刺耳的抨击声浪来自于监管当局于 2009 年 3 月初期开始的危机调查。英国金融服务管理局汇总并高调推出了《特纳评估报告》（*Turner Review*）。这份报告将危机的肇因直指 VaR 及其所带来的毁灭性的杠杆。英国监管者所定下的调子给人以难以磨灭的印象：是 VaR 搞砸和结束了大好时光。银行资本条款应该接受彻底检视。对此，特纳爵士从一开始就直击软肋：

> 大约从 2003 年后，在交易头寸急遽增加的驱动下，很多银行的资产负债表杠杆率显著升高。与此相对比，按"风险调整"法（即 VaR 相对于权益股本而言）计算的交易杠杆率却没有出现相同

的增长趋势。两者的差异反映出，与银行账户相比，对交易账户的资本要求过低；而利用 VaR 对风险进行计量显示，相对于市场的总头寸而言，交易风险一直处于下降趋势。然而很明显，回顾历史就会发现，VaR 法对风险的测量是错误的，交易账户所对应的资本要求是不足的。

这位英国监管决策者认为，应该反思在监管规则制定上曾经对 VaR 的过分倚重，而且尽早开展对交易账户风险测算方式的总体评价。一时间，VaR 之前的种种缺陷不足都被展现在世人面前，而且显得那么浅显易懂（为什么当初它却是被决策层圈子长期狂热追捧的工具呢）。报告中，特纳提出了若干质疑：VaR 不能覆盖小概率、影响巨大的事件；VaR 导致银行的顺周期性行为；在银行面临系统风险层面的极限考验时，VaR 却得出低风险的结论。由于交易账户方法一直存在被滥用的情况，报告所提出的这些担忧引起人们的高度关注。"随着多年来人们所持有的不可流动、结构复杂的信贷产品不断增长，交易账户变得越发膨胀臃肿。如果将这些产品登记在银行账户中，则需要补充更多的资本。事实证明，当危机发生后，随着市场流动性的枯竭，VaR 具有高度的欺骗性。"换句话来讲，正如实际所发生的那样，VaR 的自身缺陷是明摆着的，但重要的是不要将它和其他与市场风险无关的东西混在一起而将事情弄得更糟。特纳爵士的态度似乎坚定不移：VaR 和有毒证券的结合就预示着金融海啸的来临。

2010 年末，《特纳评估报告》中提及亟须开展的市场风险资本检查开始着手进行，开展检查本身就意味着对 VaR 的指控。不过，这个带来金融灾难的模型至今仍未真正被监管者所抛弃。尽管如此，正如联合国专家所指出的，VaR 模型在金融领域的地位已经被硬生生地降级了。对于交易账户的修订旨在明确最低的银行资本要求，相对于 VaR 模型值而言，这个资本要求明显更高。监管者通过修订监管规则表明，VaR 推动粗陋地评估风险，允许了过大的杠杆率。VaR 导致了 2007—2008

年的噩梦，再难以值得人们委以重任。在特纳爵士发出对 VaR 的愤怒指责一年半之后，全球各大金融监管当局仍然对公开将其钉在十字架上饶有兴致。正如国际清算银行（BIS）的"二把手"（即总经理）所言："强化风险覆盖的重要性日益凸显。这次危机显示出需要进一步完善交易账户和证券化这两个方面的内容。目前在这两方面，监管资本要求都少于实际的市场风险敞口。而 2007—2009 年金融危机的主要损失主要来自于交易账户，特别是诸如 CDOs 这样的复杂证券化产品所持有的风险敞口。资产交易的强制性资本要求过于低下了。"为了用具体有力的证据来支撑其观点，这位国际银行界的监管高官编制了一张数字表格，用以显示在银行的整体资本要求中交易账户的贡献是如何被人们忽视的。2006 年末，交易资产占据了花旗集团 21% 的总资产，而同时其市场风险资本占据总资本费用的比例仅为 4%。法国农业信贷银行（Credit Agricole）相对应的数据则分别为 31% 和 6%。德意志银行更糟，分别为 32% 和 4%。法国兴业银行（Societe Generale）交易账户的杠杆情况甚至更刺眼，两项数据分别为 35% 和 4%。瑞士信贷的指标同样也十分类似，分别为 36% 和 5%。毫无疑问，VaR 大大推高了与资产交易相关的杠杆水平。银行正是以这种耗费极低资本成本的危险方式一步步迈向危机。BIS 的总经理再次强调了以下经常被人重复的信息：

> 很明显，基于正态假设和历史统计关系的金融风险计量模型技术无法应对在系统性压力下发生的极端事件。回顾相关性、波动性，以及市场流动性等嵌入银行风险模型中的假设条件，并不能在压力的环境下稳定成立。历史数据关系并不能为将来的风险发展提供良好的预测基础。

现在人们终于恍然大悟：VaR 烂透了。它在金融领域帝王般的统治地位导致了广泛、不相称的交易账户高杠杆水平（并不仅仅是交易账户，其间还充满了一些见不得人的肮脏东西）。但是，我们不禁要问，为什么之前你们这些监管者会如此长期地认可这样潜藏着种种弊端的机制？

金融监管当局应该勇于承担起反省和救赎的责任。因为，2007 年的金融危机就其根本而言是监管的危机。其中，既是由于规章制度上存在概念的漏洞（对 VaR 和信贷量化的依赖），又是因为对制度规则执行的忽视（对交易账户的滥用提供便利），银行监管者们允许大型银行的交易杠杆高企，最终使资产负债表受到有毒资产的侵害成为可能。一些人错误地将这次危机归责为"去监管化"。这种观点认为，只要是金融家们被较好地管束住，这场大灾难就可以得到避免。这种提法可能适用于这场危机中的一些重要方面，其中问题表现得最为突出的莫过于抵押贷款产业。然而，在面对因金融巨头的巨额交易损失而引发金融市场陷入一片混乱时，这种观点就难以作出更加合理的解释了。如果不是严格地遵守官方的资本规定，这些金融巨头就不会根据 VaR 模型的测算结果和对 AAA 信用评级结果的盲目信赖，对自身资产活动进行高度杠杆化。他们利用监管许可来选择某项资产在资产负债表中的摆放位置，如将抵押债务证券（CDOs）和住宅抵押支持证券（RMBS）保留在其交易账户中，以此来享受不同的监管成本。将一系列资产归为"可交易"类别，并以此作为对法律条文的延伸时，人们就难以辨别哪些交易活动是法律所不容许的或者是具有欺骗性质的（在这里，这种对法律规定的滥用似乎很难明确界定，比如谎报借款人收入作为次级抵押贷款还款来源的一部分或者与授予 100 万美元贷款给一个年收入 1.5 万美元的非法移民）。导致这场危机最直接的行为都植根于严格的官方政策，引发并助长灾难蔓延的恰是现有执行的政策规则，而并不是源于缺乏规则制度。

一些监管者辩称，若没有监管，这些银行会采取更加冒险的经营策略，其资本基础将更加薄弱。也许是这样的。但 VaR 和其他预先设置的政策规则可能已经提供了所有银行所期望的风险和低资本化投入条件。在严格监管表象的掩护之下，金融机构反而能够更加任意妄为地采取疯狂的冒险行为。

最后，我并没有成行去华盛顿特区。事实上，委员会最终也没有为我提供此行所需的机票以及我所期待的接待服务。我原以为让我自己承担开销有点过分。但是，关系更大的是，对 VaR 的听证会事实上并没有如期召开，从暂定的 7 月一直推迟到 8 月的国会休会假期。最后，这个具有历史意义的事件发生在 9 月 10 日，包括几个较之于我更有资历声望（或许对于 VaR 所起到的作用言论尚少）的专业人士出席了听证会。尽管对于不能完全和美国的政客们分享自己的观点而有点失望，但我在 9 月的那一天发现，自己可以通过肯·杰克布森告诉我的委员会网络直播来继续跟进。我天真地相信整件事将作为催化剂，让每个人都认识到 VaR 有多么危险和不可靠，以及多么急迫地需要对金融风险管理和银行资本监管规则进行根本修订，以摆脱规则缺陷和有害的分析模型。对于直播和听证的完整性我不怀疑，重大的改革即将发生，VaR 的影响力将大幅降低。多年来，行业内部知情人士和金融行家中已经普遍了解 VaR 的缺点，但是对于广大公众和绝大部分的政治团体而言，这些专业资讯却是无法得知的。我猜想，在委员会听证会这个公共平台进行辩论，可以在很大程度上通过金融媒体和社会公共媒体（目前对此事大声报警疾呼）展示 VaR 及其导致的危害，从而不可回避地将信息向广大公众传递。要是我最终能以个人名义参会，我将肯定会完全相信金融界一场具有改变整个世界潜力的革命性事件即将在华盛顿发生。这种兴奋感甚至促使我在非常流行的 Huffington Post 上推出了一个博客入口链接，以期望吸引奥巴马总统对此事进展的关注。可能后者还未能意识到，这场辩论的主题将直接关系美国的经济福利和社会福祉。

但令人困惑的是，有关 VaR 的听证会却并未引起外界的普遍关注，我的所有期待都落空了。我想，任何一家主流（或非主流）报纸、杂志或者电视节目甚至都没有提及这件事，更不要说以此为基础更广泛深入地报道 VaR 的幕后新闻了。《金融时报》和《华尔街日报》没有出专栏，也没有《商业周刊》的专题调查（尽管几周前他们刚刊登了我的一篇关于 VaR 的文章）。CNN 和 FOX 新闻也没有特别报道。这样的沉默真是"振聋发聩"啊！网上一些评论仅仅触及表面，而且很快消退，完全无法激起任何可持续的社会舆论。VaR 重新成为深埋不露、从不曾讲述过的隐秘故事。科学技术委员会全体成员明确地将缺乏报道披露形容为"疯狂"。通过电子邮件，肯·杰克布森和我以此来互相安慰。

怎么会这样？为什么被会无礼地、可憎地忽略？我是说，在 2009年 9 月的任何人的头脑中，还没有其他的话题比过去 24 个月困扰所有主要国家的金融和经济的失速崩溃更重要、更现实。人们怎么会对美国国会开展对经济危机重要肇因的听证毫无兴趣呢？特别让人感到纳闷的是，在危机的深层次原因至今尚未被真正揭示的时候，为何人们却失去了从根本上来探究此事的好奇心呢？那些除了喋喋不休谈论这场危机以外就无所事事的记者、评论员们，此时都到哪里去了？更让人感到不可理解的是，在听证会的专家见证人中，原本有一个世界著名的畅销书作家，同时也是（正如他时至今日一样）炙手可热的国际领军人物和思考者。按理说，他的任何发言评论和公众亮相一直是各种媒体争相关注报道的话题，甚至会同时被很多具有影响力的传统媒体和好几百个网络平台所评论。对于这样的名人而言，即便仅仅在听证会中去趟卫生间，恐怕也会引起一些评论员的关注。而当他在听证会作出最重要的公众亮相时，媒体的集体失语却让原本闪亮的聚光灯瞬间变得暗淡下来。究竟为什么会发生这种怪事呢？

恕我直言，谈及 2007—2008 年的危机就无法回避 VaR。至关重要的是，如果你想要被如实地告知，或要如实地告诉其他人关于这次危机的真相，你就无法回避，更不能忽视有关 VaR 的争论。你能想象在 10年前报道美国的会计欺诈危机而不谈及安然公司在国会上的听证会吗？

或者报道辛普森案例而回避马克·福尔曼（Mark Furhman）的作证吗？或者在报道第二次世界大战时，避而不谈纽伦堡审判吗？

我不必告诉你这场危机包含了金融诈骗，谋杀和更糟的灭顶之灾。难道媒体人不应该深入挖掘到底真正发生了什么吗？一些人会说，得了吧，客观公正点！不能期望记者也意识到如 VaR 一样的深奥模型的存在，更不要说完全理解它了。真的如此吗？对于华尔街而言，VaR 在过去 20 年一直是交易决策的风险雷达。在监管文献和年度报告中，它被虔诚地详列出来。当然，在过去的 15 年中，当决定银行交易活动所必需的资本时，VaR 一直是一项必不可少的决策工具。你是在告诉我那些报道经济和商业形势的人不应该了解这些背景吗？难道他们不应该去了解究竟什么是 VaR 吗？开玩笑！

在混乱无序的市场背后，很多主要的市场力量都具有明确的技术属性，比如 CDO、CDS、结构性投资工具公司（SIVs）、高斯相依金融模型（Gauussian Copula）、VaR 模型等。即便那些对此略知一二的记者也可能会由于担心没有彻底弄懂而尽量避开报道它们，同时更害怕它们的受众可能会在媒体报道面前茫然无知而转换频道、关闭网页或者放下这张报纸。对于大多数人而言，一旦说起金融危机就是放任泛滥的信贷投放，格林斯潘过度宽松的货币政策和华尔街万恶的薪金报酬结构。当然，上述内容的确点燃了导火索，直率地谈论这些话题的确无可厚非。但是，这不能成为忽视其他更深层次危机因素的理由，换句话说，另外一些因素在危机中甚至扮演了更为明确直接的角色。媒体对 2009 年 9 月的 VaR 听证会的集体失语，使公众仍然被蒙在鼓里，金融界的精英阶层刻意确信真相仍未被披露，其结果是人们共同朝着灾难循环往复的方向走上漫长痛苦的道路。

按照安排，纳西姆·塔勒布（如上所述，这位被广泛报道的世界名人，唯独在出席 VaR 听证会期间被媒体所忽略）作为著名的金融风险专家出席了科学技术委员会的听证会，而这位黎巴嫩裔美国人的宣誓作证拉开了声讨 VaR 的序幕。在听证会主席大胆的介绍（包括声明：
"过去的经验证明，经济学家们并不见长于数学精确性"，"这种据称永
恒不变的计量模型并未成功证明其真实性，相反它却隐藏了风险隐患而
非抵制它们；所有这些都付出了可怕的成本，""模型隐藏甚至鼓励了
风险，给成千上万的投资者和纳税人造成了损失"，"监管者采用 VaR
的决定为银行的过度杠杆化大开绿灯"）和法定的宣誓程序之后，塔勒
布大踏步走上前来。这位曾经的期权交易员身穿白色衬衫、深色西服和
领带，这种一丝不苟的着装搭配烘托了现场肃穆庄重的气氛。他在证词
中谈到：

> 13 年前，我就曾警告过，VaR 误导甚至鼓励金融机构以股东
> 甚至纳税人的资金来承担市场风险。我一直都在呼吁公众提防这些
> 计量测量方法带来的风险，特别是某些极端事件所可能造成的巨大
> 危害并没有体现在计量模型的分析框架之内。很多人说："让我们
> 量化测算风险。"与之不同，我的观点则是：让我们确认哪些风险
> 能够被测算而且应该由我们承受，而不是相反，在承受了大量的风
> 险之后才由专家证实这些风险可以被测量，并且方法有效可靠。根
> 据国际货币基金组织介绍，由于不当的风险管理，银行系统目前已
> 经损失了 4.3 万亿美元。其中，绝大多数最终将由纳税人埋单。

塔勒布尖锐辛辣地指出，"这些问题显然一贯存在，它们本不应发
生。在 VaR 刚被运用的时候，我们就知道它的缺陷。我并不是唯一一
个指责 VaR 的人，很多交易商，包括我的很多朋友，也都持相同的态
度。但人们没有听到我们的呼吁，监管者也置若罔闻"。

"VaR 是无效和有副作用的"，这位畅销书作家继续补充道，"它并
不中性客观。如果你给一个人一个数字，他将一直奉行尊崇这个数字，
即便这个数字是你随机提出来的。人类不能把自己的命运简单地托付给
数字。你不能向一个正在攀登亚拉腊山的人提供一张阿尔卑斯山的地

图，因为他肯定会按图行事而陷入困境。如若这样，倒不如什么都不给他。"同样，依赖 VaR 模型进行风险管理的结果很明显，"VaR 这样的计量风险管理与杠杆率紧密相关。当我们认为自己可以测量风险时，其实我们在无形中增加了整个社会的风险。一旦模型使你过分自信，你就会更多地采取债务融资行动，债务泡沫最终就会汹涌而来"。那么，我们该怎么办？

监管者不应该对模型缺陷放任不管，应该建立一个能够甄别和防范专家犯错的专门学术委员会。监管当局（巴塞尔Ⅱ）让我们难以摆脱对专家错误的依赖，其中不仅包括 VaR 而且还涉及信用评级。监管者的职责应该是降低模型错误带来的负面影响，这和药物监管的道理如出一辙：食品药品监督管理局（FDA）就绝不允许药品生产商在未明确毒副作用的情况下，向社会提供任何的药物。在经济领域，我们同样应该采取类似的做法。

当纳西姆·塔勒布完成"不问罪于人而全怨 VaR"的开场白后，下一个专家证人登场。衣着更光鲜（蓝色衬衫加上黄色与淡红色的领带）的华尔街资深风险管理者兼畅销书作家理查德·布克斯塔博（Richard Bookstaber）并不愿意控诉 VaR 的危害，而只是和很多金融计量专业人士一样，轻描淡写地指出模型众所周知的结构缺陷和不足。同时，他不仅对 VaR 模型所造成的危害不予谴责，而且还提倡在金融领域继续使用模型。"人们经常违反 VaR 模型的基本假设条件，结果导致 VaR 的风险测量结果出现误导"，布克斯塔博一开场便在为 VaR 开脱责任，"如果未来不再跟过去类似，则 VaR 将不再是测量风险的好方法。也就是说，除非真正遇到了大事件，VaR 的确是估测风险的好方法"，他继续狡辩道。在对 VaR 进行一番贬低责备之后，布克斯塔博进而设法将模型从为 2007—2008 年金融大海啸推波助澜的罪名中平反解脱出来：

不论 VaR 模型有什么不足，在这场损失巨大的危机中心，它们都不应该是最重要的肇事者。我们必须把眼光透过 VaR 看到人们在危机中犯下的愚蠢错误和集体管理责任。VaR 并不是问题的核心，不论其有什么缺陷，我们更应该将风险管理的失败作为焦点，而不是归咎于风险模型。

"总之"，布克斯塔博宣称，"VaR 的价值不可抹杀。如果必须要用一个单一的数字来代表一个投资组合将来的风险，VaR 值应该是个好的选择。同时，我们可以辅之以其他的风险测算方法，以弥补 VaR 在某些领域的力所不及"。换句话讲，尽管 VaR 严重失调，尽管我们需要针对其不足来补充完善并不断地发出免责声明，但我们绝不能摆脱这个模型。塔勒布毫不含糊地向华盛顿官方表达的主要信息是，我们应该彻底告别使用 VaR（在此过程中保护我们自己），而布克斯塔博的证词实质上是在为保留 VaR 作辩护。

最初的介绍性陈述并不直接切中要害，下面就是例行的问答环节。政客们好奇地盘问这两个金融"奇才"。在 VaR 支持者提出重头再来对模型进行修改完善，以便能够预测厚尾分布的小概率事件之后，听证会主席问道，这到底是 VaR 作为单一案例的失败，还是经济事件能被精确预测的失败。"对于构建绝对有效可靠的模型这样的想法，你认为在本质上是有缺陷的吗？"在让塔勒布陈述之前，主席提出了一个尖锐的问题。

"这就是我的生活"，塔勒布迅速地回答道："我已经查阅过 2 000 万批次的数据，这些是我能搜集到的每一个经济变量。我仔细查验这些数据是否存在一定规律以便能在样本之外作出预测。遗憾的是，这不可能。越是遥远的事情，我们越不能预测它。我们知道哪些变量比其他更加难以预测，因此较容易做好防范。但当我们用模型来模拟我们所在的复杂系统的非线性特征时，即便是我给你所有的数据，若当出现仅有 100 万美元的误差时，最后得出的概率也将发生显著变化。"

布克斯塔博先生，你觉得呢？"我不提倡试图通过增大概率分布的尾部来修正 VaR 模型。VaR 模型就是 VaR 模型，它起到自身所应起的作用，我们能做的最好的事情就是认识到其局限性，在其适用范围内利用它，而不过度吹嘘它。试图让它更加复杂精细只会带来更多的混乱。因此，要将 VaR 作为风险管理的一个工具，并以此为基础进行扩展。"再一次地，类似这样的说法（事实上，从 2007—2008 年危机之前就开始）持续大量地被人提及，至今不断重复；考虑到"VaR 有不足但不要杀死它"的想法似乎是这样的富有灵活弹性，这很有可能使未来长期存在"由 VaR 助长的灾难"。对于更多的中立观察家而言，针对一个计量分析工具，一次又一次倔强顽固地对其进行否定和责任追究，似乎显得很古怪。在那个 9 月的上午，政客们在面对布克斯塔博听取他关于 VaR 模型的权威解释时，很有可能也正是沿着这样的思路在思考。

或许是预见到纳西姆·塔勒布会对 VaR 进行痛斥，委员会另外也邀请了 VaR 模型支持方一位响当当的成员，以形成正反两方立场的制衡。作为知名的 RiskMetrics 金融风险软件分析公司的高级代表，格瑞葛·贝尔曼（Gregg Berman）自然不会对 VaR 恶言相向，而正是这家公司开发并狂热地推广 VaR 模型（RiskMetrics 系统诞生于 20 世纪 90 年代中期，由最初 JP 摩根的 VaR 开发小组分拆而来）。在听证会上，贝尔曼显然是在展示 VaR 阳光的一面，从而使辩论形成正反两方。这位风险计量专家辩称，"VaR 在揭示隐藏在复杂投资策略中的风险以及通过持续透明的方式与投资者沟通方面，获得了极大的成功"。贝尔曼认为，模型经常被决策者不恰当地使用：

> 尽管当前的 VaR 分析方法仅仅是被设计来估测正态分布情况下的短期市场波动，但监管者却试图重塑模型，以便在市场错位的情况下测量长期损失概率。我们认为，并不是模型需要被重塑，而

是监管者需要反躬自省。VaR 主要是用来做动态决策、构建投资组合、框定交易头寸以及揭示风险的。与之相反，银行资本被设计来免受"最坏事件"及其后果的影响。与其要求银行报告短期损失的概率，还不如要求其测算在监管者选定的一系列不利情况下（如 50% 的违约率，40% 的失业率）可能承受的损失。

贝尔曼似乎在说，应该在内部风险管理和交易决策中继续使用 VaR，但不能用于银行资本管理。且慢，在辩论将结束的时候，他谈到了这样的想法：

> 总之，对于银行和其他金融机构而言，VaR 是非常优秀的风险管理框架，对 VaR 模型的开发利用应该持续深入下去，但鉴于银行资本管理的不同目的，其更应该由政策所推进而不是依赖概率分析。

这个建议似乎很有道理。是的，贝尔曼先生公开想要使 VaR 继续存活并运行下去，但是他也认为，至少在其影响危害最大的领域应该排除 VaR。正如本书所述，成熟的机构能够以任何他们喜欢的方式来管理内部风险（即便不是由纳税人为危机埋单，机构的股东们也会想方设法让它们逃避损失），但是重大的、强制的公共政策决不能建立在存在深刻缺陷和潜在疑问的统计方法上。听到贝尔曼的上述主张不禁让我感到惊喜，同时也禁不住联想到，一旦那些更加顽固好斗的 VaR 主义者们听到或看到这位 RiskMetrics 公司代表的发言时，一定会向他叫喊"叛徒！"。

接下来是最后的听证环节，3 个参与辩论的专家（包括学术理论的经济学家）将争论引导回毅然决然地反对 VaR 的路径上来，这些声言让纳西姆·塔勒布感到自豪。长期资本管理公司（LTCM）前总顾问詹姆斯·里卡德（James Rickards）认为：

世界在近两年中进入了自"大萧条"以来最严峻的金融危机。肇事者的名单很长，包括了抵押贷款经纪人，投资银行和评级机构。这个悲惨的故事目前已人所共知。不为人知的是，在这些粉墨登场的演员背后，正是风险计量模型一直在说形势良好，而此时整个巴士已飞驰冲下悬崖。不幸的是，我们之前已经意识到过这种危险。在1998年，由于对冲基金长期资本管理公司（LTCM）的经营失败，资本市场开始处于崩溃的边缘。更加震撼我的是，金融领域根本没有因此而发生任何改变，也未吸取教训，而其中的教训本应该是很明显的：长期资本管理公司使用有致命缺陷的VaR模型而采取高杠杆交易策略。解决方法也本应是很明确的：风险模型应该得到修正甚至被抛弃，杠杆率水平应该被降低。奇怪的是，美国政府的做法却与此背道而驰。

里卡德总结道，"没有VaR向监管者和华尔街银行家提供的保证和安慰，危机就不会发生。模型背后最重要的假设条件（有效市场、随机游走、正态分布）是难以成立的。市场投资者并不理性，价格波动并不是随机的，风险也不是正态分布的。让我们一劳永逸地抛弃VaR吧"。然后，他将接力棒传给国际风险分析公司（Institutional Risk Analytics）的银行风险评级师克里罗斯托夫·韦伦（Christopher Whalen）。韦伦谈道：

当在模型中建立假设条件时，你已经从深池的边缘踏了进去，而这个池子却是没有水的。实际上，你已经进入了投机领域，偏离了投资内涵。如果你基于同样的假设条件来构建VaR模型并用以设计飞机和水坝，那所有物理上的结构都将失效，因为这些模型违反了基本的科学方法。如果我们盲信模型而不信客观数据，那就会遇到大麻烦。我的公司已经完全回避了计量分析手段。我们不去猜测，也不搞投机。允许经济行业脱离社会科学而随着证券市场的交易商走入邪路，这是一个大问题。

在那时，任何收看听证会的金融经济学家和金融理论家中坚分子都可能会在反对模型的合力声讨下晕厥。甚至是 RiskMetrics 公司的技术专家也会想将数学从银行监管中抹去。但是对于那些始终坚持支持计量模型的一方而言，希望仍然存在。毕竟，最后的发言者是一位经济学终身教授。就学术领域的发展现状而言，经济学已经成为一门以抽象的数学方程为导向的学科。那么肯定，这样一位经济学教授肯定可以找到充分的证据，以便将计量分析的理论大旗插在国会山上飘扬。对吗？

错！来自米德尔伯里学院（Middlebury College）的经济学教授大卫·克兰德（David Colander）毫不迟疑地站在其他专家的一边。

> 学者生活在一个充满假设的世界，因为这里存在着我们的研究动机。通过对这个虚拟世界的观察，我们撰写论文，提出理论观点。就经济家建立模型的方式而言，VaR 是更大问题的一部分。人们应该把警示标签贴在模型上，提醒我们不能过度地依赖它。我们需要一种共识来检验模型的合理性。当前的学术研究主要是基于研究者观点之间的共同强化，这种强化狭隘排他，并没有达成广泛的共识来对其进行检验。作为检验模型是否合理所需程序的一部分，我们必须把物理学家、数学家、统计学家甚至商人和政府代表们都纳入进来，以得到社会科学研究的支持。我们必须资助对模型使用价值的研究，其间需要经过很长一段时间，我们才能准确认识模型的适用范围和条件。

这位理论经济学家是在请求开展合情合理的检查和对模型进行警示吗？直到此时，任何一个金融计量专家本来都会满怀失望离开听证会。听到塔勒布不停重复其对模型的责难是一回事，而听见塔勒布以及如持类似观点的一群人群起而攻之则是另一回事。可能在此之前，在如此公开的辩论讲坛上，数量金融模型从来就没有遭遇过如此之多的非难之声。

可能是被那样的直率所感染，发出问询的政客们开始询问真正关键的问题。这个问题应该更早、更多、更加明确地被大声问起，而且不仅仅是在华盛顿特区，还应该在所有主要发达金融中心的公众机构中问及。

"我们应该完全信任数据模型吗？"委员会中有人问道，Riskmetrics公司的贝尔曼首先回答，"模型总是有用处的"。詹姆斯·里卡德的回答则稍显怀疑：

> 从公元前 200 年到公元 1500 年，宇宙模型就是地心说，即太阳绕着地球转动。这在当时不仅是宗教信仰，更加是科学信条。很多聪明的数学家探索了几个世纪来写出公式方程，但是当人们通过望远镜来观测数据时，他们所说的模型却与实际情况并不符合。他们说，那我们就对模型进行一下调整，并沿着同样的模型思路继续观察思考问题。但是，相关参数是完全错误的。人们对世界运行的理解也是错误的，太阳并不绕着地球转动，事实恰恰相反。这就是今天我对 VaR 的看法：即便你能够修正和改进模型，但既然研究框架从一开始就是错误的，那么模型也仍是难以成立的。如果是一个非系统性重要的对冲基金想要使用这些模型，完全没有问题，它可以随意使用这个在我眼中的巫术。但是如果你谈论的是一家银行或者一家接受监管的金融机构，这些模型就应该被禁止使用，因为它们在现实中根本就行不通。

在这个具有历史意义的听证会上，克里罗斯托夫·韦伦的最后的证言可以说精练概括了金融模型缺陷对社会的影响：

> 至今我们仍在为（20 世纪 80 年代）S&L 储贷危机付出代价，而这一还债的过程恐怕还要持续 100 年。人们可以想象，这种代价将会对经济产生巨大压力。可以说，金融模型化的成本将会扩

散至社会经济的各个层面。对此，我认为千万不能掉以轻心，否则包括消费者、投资者以及银行在内的所有人都将长时期为此付出代价。

非常可惜，由于新闻管制的原因，听证会上讨论的其余内容外界不得而知，成了国会山附近众议院办公大楼 2318 号房间内保留的秘密。在那个房间之外，极少有人知道当时里面发生了什么。对于组织者和辩论参与者而言，在一墙之外，他们极其重要的辩论实质上被忽略了。面对这样的现实，一定令人沮丧。这并不仅仅是个人自尊心的问题。正如我天真地期待这件事能对人们对金融危机的认识有所教益，使我们有所警觉到底是什么真正导致了这场危机，并致使风险管理和资本监管实践发生戏剧性的剧变。纳西姆·塔勒布和其他人也都这样满怀期望过。但最后，人们只能眼睁睁看着整个事件如何地不了了之，并让人们的期待化为泡影。这无疑成为有识之士心中沉重的负担。没有人喜欢被忽略，特别是当你想要披露事关全社会福祉和安全的信息时。

事实上，在这个进程中，所有的参与者都已经共同感受到了这种令人徒叹奈何的忽视和遗弃。看到有人在公开大胆地分析 2007—2008 年金融危机背后真实重要的肇因，而听众却踪影全无，这种场景不禁让人感到难过不安。似乎没有人有兴趣出席那其实具有历史意义的 VaR 听证会的后半部分。也许是因为在早上被听证会主席描述成"摇滚明星"的塔勒布和布克斯塔博的缺席，而最后出席的 4 位专家证人相对而言名气不大，导致了这样暗淡的上座率（当然也并不是说塔勒布和布克斯塔博出席之时是对着满桌的听众在作证），或者也可能就媒体看来，数学模型在这场危机中所扮演的角色并不在人们所关注的范围内。不论真正的原因是什么，在一个被人忽视、僻静的房间讨论关于全球金融活动最深刻的问题，真可算得上一件悲哀的事情。值得悲伤的还有，在随后的几天内（或者其他更多天内），在任何主流报纸的头版（甚至其他版面）都没有对此进行报道。尽管 VaR 被提交到了华盛顿，但它终究没有能够变得广泛知名。我不得不承认，对于主导形成并将继续形成决定我们生活命运的神秘力量，全世界仍然显得茫然不知。

如果监管者不愿意完全废除 VaR，新闻记者当然不愿去关注模型对于 2007 年危机所承担的责任（并且银行也不愿意脱离 VaR），唯一的逻辑结果就是，模型仍然会伴随我们，并将在以后带来超过 1 万亿美元的损失。事实上，监管机构的"系统性风险"部门的风险监控职能并没有得到丝毫的改进，这真令人震惊！VaR 统计表格仍然摆放在金融机构高管桌上的显著位置（仍然为摸着鼻子作出交易决策的人们提供一个印象，VaR 仍然是风险的黄金雷达，所显示的数字一定就能代表公司所披露出的风险），而 VaR 免责声明也四处可见（"这就是我们测量风险以及最低资本需求的方法，但是这种理论方法仍然存在许多令人失望的地方……"）。难道我们还没有吸取到什么教训吗？

正在我写这些的同时，我正在查阅高盛 2010 年度报告的第 79 页。该页下面一个整齐的表格告诉我，高盛 2010 年的日均 VaR 值为 1.34 亿美元，较之 2009 年的 2.18 亿美元有所下降。除了两次例外，公司 2010 年的 VaR 值置信度均为 95%，而 2009 年则一次例外也没有。将关注目光从华尔街转移至欧洲，将目光锁定在瑞银（UBS）2010 年年报的 135 页上。2010 年日均 VaR 值为 5 500 万瑞士法郎。UBS 2010 年的 VaR 置信度为 99%，且只有 1 次例外（2009 年为 4 次）。我回到纽约查阅摩根士丹利的 2010 年 10 - K 表格，在 101 页显示，2010 年这个美国金融巨人日均 VaR 值为 1.39 亿美元，和 2009 年的数字相当，其 99% 的 VaR 置信度在 2010 年从未被突破。

这个信息让我感到忧虑。与其说是 VaR 仍然以一种高昂的方式伴随在我们周围，倒不如说 VaR 重新又干出漂亮活了。更加平静的市场和更加健康的投资组合导致罕见的 VaR 断点（breach）。从统计上讲，VaR 似乎又开始运转良好了。VaR 的鼓吹者再一次能够夸耀模型对资产标的损失的准确估计。VaR 又回到了看起来不错的状态，理直气壮反对 VaR 的声音看起来似乎减弱了许多。总之，这一切让人忧虑地感到重新回到了 2007 年夏天之前。

第七章

应该主导世界的常识

反对革命的呼唤■不完美的巴塞尔I更好

■让我们对不可接受说不

■爱恩霍文叫板布朗

■但是，我们能承受吗

如果不是被看起来高深莫测的数学符号和分析所围绕，VaR 还能够被金融家和政客们热情欢迎吗？我对此表示深深怀疑。我对 VaR 在定量分析领域的声誉没有一点质疑。正如我们所知，这个模型之所以在早期特别准确，得益于其作为风险导向的广泛适用性，看起来它似乎能解决所有的问题。数学使人们确信，这种新的理论方法严谨可靠，可以确保金融交易安全精确。在通常情况下，得出以上结论本应彻底对照回顾相关专业文献，而在某些特殊情况，我猜测，结论的得出则是完全无条件的。VaR 的高技术外表，使其显得颇具可信度，而不需要接受进一步检验。这就是说，定量分析技术在当代金融领域占据了非常权威的地位；不仅仅出现了那些忠实遵循数学符号行事的人，而且还存在着一些（甚至可能有很多）数学模型知识极为有限的人。如果你需要一个工具来渗透市场，它当然应该能提供技术帮助，但前提是市场应实现定量分析的全覆盖。

造成这种局面的原因可能是多种多样的，具体包括：人们对这种貌似科学的研究成果的盲信推崇，不愿意挑战明显的诡辩之术，或者对个人的"软"智慧缺乏信任。无论这个金融模型被强力推广的背后真正原因是什么，但很明显，在诸多场合，如果涉及作出一些最具有决定性的金融决策时，常识的作用就被迫退居其次了。模型作为至高无上的标尺而被人们顶礼膜拜，对数学方程式把戏的虔诚崇拜，让人们不辨是非地拥抱接纳无数的愚蠢观念。比如，可以预先知晓一种有价证券未来的风险和回报，市场具有充分流动性和连续性，公司破产垮台和泡沫是不会发生的，或者完全可能预先测算出未来抵押贷款违约相关性。我深信，对于这些所谓的断言，在没有从源头量化的前提下，没有一个说法可以站得住脚，更遑论被广泛接受。如果说提出上述观点的是一个数学盲的出租车司机，而不是 MIT 的教授或者是 JP 摩根的定量分析人员，那我们肯定将其作为天方夜谭而一笑置之。然而，一旦相同的观点不是来自于一辆充满异味的出租车，而是源自神圣的象牙塔或者强势的大型投资银行，我们很可能就会略带疑惑地点头表示同意，并在这些人身上贴上天才的标签，慷慨地将诺贝尔奖颁发给他们。一项金融法则是否由数学化的外衣所装饰起来，将存在要么作为不入流的奇谈怪论而被拒之门外，要么被瑞典皇室隆重授予奖章的重要区别。

这显然并不是科学务实的态度。对待明显糟糕的理论观点，应该像对待出租车司机的不良建议观点一样，将它们快速抛弃。如果不用大量技术上的巫术把戏，这些观点就不能被证明是正确权威的，就会被当做偏离定理法则的荒谬无稽之谈。如果数学变成了让我们接受愚蠢想法的迷魂汤，那数学就成了某些人的危险工具。假如数学迫使我们背叛自己最纯正的直觉本能，那这样的数学就必须受到坚决抵制。

出租车司机们并没有将市场风险管理和银行资本管理的重任委托给VaR。但另一方面，他们也不会全盘否定 VaR 问世之前的做法。作为金融监管的标尺，巴塞尔资本协议 I （巴塞尔 I）看起来是非常合理，也是可以接受的。通过使用统计方法和不可靠的历史数据，将风险测量精确至小数点后三位小数，比起我们愚笨的出租车朋友，凭借显而易见的固有（甚至是不成熟的）常识来为金融资产分级，则显得更加不合理、不可接受和无效果。甚至连一个对金融一无所知的人都能明白以下至理名言：确保所有脏东西都得到相应的恰当处置。很多金融数学家和理论家可能都想让我们相信，次级 CDO（subprime CDO）将会提供一个看起来比国债风险更低的投资机会。即便如此，这仍不能打消我们对此观点愚蠢性的疑虑。这个说法显然不能通过出租车司机的测试，因此应该被拒绝接受。如果普通人都觉得悬，那么监管者和银行家理应慎重考虑，不要野蛮无理地将有缺陷的模型及其后果强行推销给我们。这样做会给所有人带来灾难。

通过运用新的高技术方法来代替传统通俗的分析系统，试图更加明目张胆地灌输诡辩之术，这种尝试根本就是荒谬的。由于缺乏协调，巴塞尔协议 I 国际监管标准难以适应真实的世界现实，遭到国际金融界的普遍批评。反对者指出，真实的风险没有被完全涵盖在这样简陋的架构中，需要更加精确和有效的设计。数学模型被认为能较好地覆盖风险。结果是，错误的思维模式认为：金融风险能通过一种奇妙的方法得到囊括覆盖，而这种方法可以从历史数据和统计假设得到希望的结果。此外，金融风险还能最大可能地被估测和分级。我们认为，尽管不能预测将来一项交易的风险，但能在不同的交易中进行区别对待，然后对其按风险等级进行分类。在这一点上，巴塞尔协议 I 完全正确。在未受定量分析桎梏之时（20 世纪 80 年代中后期，金融定量分析还没有完全占据统治地位），金融监管当局实施合乎事理常识的解决方法。巴塞尔协议 I 标准运用的真正价值，与其说是能很好地使各个风险类别组合得到较好地设计和组织（事实上，它们远没有被很好地设计和组织），还不如说是在于基于资产基础有区分地处置风险组类（如那些需要更多的监管资本金和审慎操作的组合）。

我们应该集中精力关注最不可接受的风险种类，而不是通过一些不恰当的方法来试图计量风险。与 VaR 和其他风险度量方法不同，饱受嘲笑诋毁的巴塞尔协议 I 揭示了正确的路径（当然，巴塞尔协议 I 主要针对的是信贷风险，而非市场风险，但是这里假定的是，巴塞尔协议 I 的风险分类标准都被同时用于交易报表和银行资产报表中）。因此，我们应致力于反对革命：重建原来的王国，像放逐拿破仑一样，将遭到淘汰的模型远远地抛弃。2007 年的危机就是 VaR 的滑铁卢；我们应找到遥远的圣赫勒拿岛，在那里让被我们罢黜的皇帝能够了却残生，防止它死灰复燃造成更多的祸害。

但是，仅仅重建旧的秩序和方法还不足够。对旧体系的完善重构也应该有序进行，这不仅仅是为了使新的政权秩序更加有生命力，而且也是为了限制被推翻势力再次卷土重来的潜在能力。作为君主的巴塞尔协议 I 必须了解，当其构建的系统在决定性因素方面表现优越，其自身也会得到不断改进。

　　巴塞尔协议 I 因为三大不足而饱受诟病指责。第一，它简单天真地将具有不同性质的资产类别打包堆砌在一起，极易带来更高的风险。举例子来说，就如将一笔成本昂贵的资金借给 IBM 或街边便利店（原则上，和 IBM 的借款相比，这鼓励借更多的钱给街头便利店，因为可以向后者收取更高的利息，对于相同的资本成本而言，计息水平越高，则权益投资的回报就越高）。第二，它将导致对资本不必要的征税。这是因为没有考虑到资产组合中，互不相关资产的多样性所带来的减小风险的益处。第三，它并不能很好覆盖市场风险敞口，而仅仅是关注于银行的银行账户报表。只有对第三点不足的指责才真正说明问题。当然，这并不是说其余两个就可以一笔勾销，因为原来的老规则倾向于较弱的借款人，多样化的结果必然导致错配。但无论从潜在趋势还是具体实践上来看，对这两个缺陷的修正却使问题变得更糟：相较于巴塞尔协议 I 不十分完美的归类，VaR 和信用评级在市场平静期更容易对外释放出错误扭曲的风险信号，鼓励市场参与者将大把资金投资于高风险资产（相当于把为街头小店提供借贷的经济性，与为一个没有工作、没有储蓄、没有收入的人提供借贷相提并论，甚至比这还糟糕）。为了设想中的分散化利润而允许过高杠杆率，这样的做法最终会令人自食苦果。尤其是这种多样化的因素是通过相关性统计概念估计出来的（系统运行主要是依靠浩大的资产历史数据，这些资产恰巧在近期又是互不相关的，资产组合的资本费用很低，一旦出现变故，往往需要同一时间整体变现，结果变成了一个戏剧化的风险扩大者）。彼此依赖的相关性，正如依赖波动性一样，导致了越来越少的资本金支持越来越大的资产组合。

　　因此，巴塞尔协议 I 是一个严谨优秀的监管架构。这是因为，对于那些批评者们指责它缺失的要素，它恰好没有包含。它并没有因资产组合的"多样性"，而降低对风险的评估和减少对资本的要求，也并没有被历史数据所暗示的"市场信号"所迷惑。与巴塞尔协议 II 和巴塞尔协议Ⅲ相比，巴塞尔协议Ⅰ是一个更具有弹性的监管体系。它并没有混淆统计上的相关性和真实的相互依赖关系，也没有将风险和波动混为一谈。在这些问题上，巴塞尔协议Ⅰ值得称道。那对相关性和波动性的评估是错误的吗？不，当然不是这样。在评估风险的时候，难道不应该充分考量资产的多样化和真实市场数据吗？不，当然他们应该考虑。既然如此，那为什么我们还要因为巴塞尔协议Ⅰ忽略了上述这些因素而表扬它呢？原因在于，尽管有时是有用的，但过多地接受这些信息来源，有可能让原本不可接受的决策变成可能甚至是受欢迎的。从根本上拒绝它们，而不是完全放任，凭着以历经磨炼的经验为基础来进行决策，使（或者应该会使）不可接受的结果成为根本不可能。在很多时候，若不赋予统计分析突出的地位可能会降低我们风险分析的精确度，这是完全可能的。但是，我相信，付出的代价是可以接受的，它可以避免极端严峻情况的出现。我宁愿满足于将一些潜在可用的信息排除在风险评估之外，也不愿意去冒银行账户、交易账户或者二者同时保持 100:1 甚至 1 000:1 的致命杠杆率的风险。对于保守型和准保守型的投资组合而言，这从根本上消除了形成较大有毒资产头寸的可能性，可谓是更加稳健的做法。而如果金融和经济系统允许前种情况的发生，它们的生存发展将会受到威胁。

因此，巴塞尔协议Ⅰ远较其倚重定量分析技术的继任者更加健康实用。从分析角度对其提出的所谓"改进"其实并没有多少必要。不过，巴塞尔协议Ⅰ还存在不少明显的缺陷需要修正。这个完美、高级的监管框架（让我们姑且叫它巴塞尔协议 1.5）到底会是什么样的呢？

巴塞尔协议Ⅰ一个无法回避的不足就是，它允许对发达国家的政府债券融资拥有无限的杠杆。因为，它对这类资产头寸规定的资本监管要求为零（经济合作与发展组织 OECD 的总部设在巴黎，成员由富裕和准富裕国家组成的；当巴塞尔协议Ⅰ提出时，其有 24 个成员国；在写作本书时，已有 34 个成员国）。有毒资产的高杠杆危害很大，但是对普通资产实施过高杠杆也同样应该避免。政府发行债券，即便是由最具发展活力的国家发行，不论是从信用还是从市场角度来看，都不是零风险的。即便是 OECD 国家，它们的债务违约概率也并不是百分之百为零。这类资产可能因全球投资者活动带来的价格无序波动而遭受价值折损。当然，这类违约风险与那些高风险资产相比不可同日而语（次级 CDO 市场价格可能为零，而 OECD 的债券在极端情况下也不大可能有如此跌幅）。尽管如此，风险仍不可忽视。因此，对于一家银行而言，将大把赌注放在政府发行的证券上仍可能会遭受到重创，甚至使其丧失业务能力，并引发广泛的金融恐慌。因而，监管者应该对此有所约束。购进意大利政府债券和美国国债绝不是毫无成本的。

通常而言，对政府债务而言，监管者将大度慷慨的监管资本要求，视为一种保障发达国家能够在任何需要的时候都可以筹集到资金的方法。很明显，使银行认为持有这些债券经济划算，是银行愿意借钱给政府的有力驱动力。因此，巴塞尔协议 I 的 OECD 官方成员们决定，通过帮助全球银行廉价地积累 OECD 债券，来帮助他们的国家更轻松地融资。巴塞尔协议 I 可能将 OECD 债务归到了正确的风险类别中（原则上，那类资产类别应该被放在最安全的类别之中），但是却将风险权重弄错了。后来的监管体制也没有准确修正这个问题，因为对于有最高信用评级的证券，巴塞尔协议 II 对其作出的资本要求是非常微小的，这使得发达国家债务（这些债务被赋予了顶级的评级）上的巨大杠杆能够得以持续下去。在交易环节 VaR 占支配地位的共同作用下，同时对复杂资产和政府资产非常低的资本要求，导致潜在的危险效应叠加。当复杂资产的杠杆成本过于廉价的时候，监管对政府资产也提供廉价的杠杆尤其令人不安。若是这种有毒的业务出现爆发性发展，引发金融的、经济的和社会的混乱通常因银行破产和经济政策刺激而对公众带来冲击。最后的结果很可能是，在那些激进慷慨的资本政策推动下，政府证券价格的波动加剧，使那些积累了大规模该类资产的金融机构遭受重创

（从实质上说，银行将面临致命的双重打击，首先是需要确认核销巨额的有毒业务，同时，其正常业务也将遭受影响和损失）。因此，在 VaR 仍广泛运用于各个领域的背景下，修正巴塞尔协议 I 对 OECD 债务的宽容态度显得尤为紧迫。

始于 2007 年的崩溃证实了以上所有的论断。由于影响波及到了抵押贷款市场，在一定范围内的主权证券市场也爆发了危机，特别是在欧元区。到了 2009 年中期，占据媒体标题头版头条的已经不再是次级按揭抵押贷款的巨额损失，或者是对华尔街救市的一揽子措施了，取而代之的是一些国家面临巨大的财政困难。这些国家主要包括希腊、爱尔兰、葡萄牙、西班牙、法国、意大利和比利时，它们需要解决巨大的财政赤字和公共负债。当然，这些困难由于前期私人经济部门的金融危机而显得更加突出。政府不得不对银行和其他公司推进代价高昂的一揽子救助措施，而在税收方面还遭受经济陡然下滑和失业率突然上升的考验。政府债券价格因违约风险上升而大幅下挫，这使得敢于持有它们的投资者受到了伤害。在 2010 年 12 月 31 日，FTSE 全球政府债券指数（Global Government Bond Indices）显示了以上提及的可悲情况，即一年期的政府债券收益率。

希腊：　　　　 – 20%

爱尔兰：　　　 – 12.5%

葡萄牙：　　　 – 7.3%

西班牙：　　　 – 3.9%

意大利：　　　 – 0.8%

不要告诉我发达国家发行的证券没有风险，或者它们在监管上配得上零的资本成本。

巴塞尔协议 I 的另一个显著的不足在于：在一个非常低的水平上，设定对资本要求的最大值和最小值。资本要求的极值为风险加权资产的 8%。这有力地暗示，对于那些被视为最危险的资产家族系列而言，监管资本占到总资产的 8%（而因此，需要 100% 的风险权重）。8% 的总资本要求，意味着杠杆率高于 10:1 的水平，如果资产配置很激进大胆，则这样的标准太过于宽松了。最高的资本要求应该被设置为 100%。这意味着，那些被列入最为致命风险类别的资产被假定在极端时期会失去它们全部的价值。这种假定可能在一些方面被看做是有点过分：即便是高度非流动资产也可以通过流动性处置收回一些价值，而非完全分文不值。但是，尽管这些情况似乎很少见，但严格按上限坚持资本要求，相比于原来 8% 的最高标准而言，有利于我们努力避免出现不可接受的情况。同时，这样做的主要目的并不是精确地计量风险，或者去设计一个非常公平的风险管理系统，使各类资产所需的资本都不会多于其应该的额度。很多时候，极高的资本要求看起来不公平，也没必要。重要的是，严格限制糟糕的交易业务，防止这些业务大量累积起来，或者是不会在没有相应大量权益资本的条件下，大规模地累积起来。那样的话，坏业务所带来的损失，就不会消耗掉原本用于支持好业务所对应的资本金了。每一笔交易都有其对应的资本金缓冲。正如他们常说的，这就是以眼还眼，以牙还牙。

这里，最核心的思想就是劝阻（discouragement）。对一些高风险类别的资产，尽管 50% 或者是 100% 的资本要求可能有些过分，但这样的资本要求的确是一种很恰当的劝阻方式，它使银行远离那些不计后果的赌博行为。市场和经济在大体上变得更加具有弹性，因为银行业以微薄资本承受有毒业务放任发展的可能性已不再可行。本质上，监管资本的主要作用变成了对不可接受业务的禁止。在缺少法律禁止某些业务的条件下，这是应对金融脆弱性的最好武器。

很多著名人士都会投票赞成这样的倡议。对于这点，著名的对冲基金经理大卫·爱恩霍文（David Einhorn）就是个例子。在 2008 年 3 月贝尔斯登倒闭后，在雷曼兄弟（爱恩霍文当时对其看空）9 月倒闭之前，这位成功的货币基金经理认为，这是由于监管部门要求银行积累更多资本造成的。他最具革命性的建议在于,对销售欠佳市场(no ready market)的低流动性交易提出 50% ~ 100% 的资本要求。爱恩霍文毫不怀疑地认为,在低 VaR 值的支持之下,过低的监管资本要求使华尔街沉沦下去。而不可回避地对监管规则的修正,将迫使银行提高对于可疑资产的交易行为的资本成本要求。同时,爱恩霍文补充道,资本也应该保持高质量,除核心权益资本外的任何其他项目都不能够叫做资本。换句话讲,绿光资本(Greenlight Capital)的总裁就是在捍卫一些显而易见的常识:对坏资产实施过高杠杆是糟糕的,绝不应被容忍宽恕。而可悲的讽刺是,这对任何人都看来是自然而然的常识,在现实中却总是"背道而驰"(爱恩霍文已经被塑造为一个堂吉诃德式的卫道士形象,一个反系统体制的特立独行的旧式骑士)。当这些为按常识决策而孤独地摇旗呐喊的人被贴上离经叛道的标签时,你才会意识到,在 VaR 主导下,金融领域已经变得多么疯狂和脆弱。

在这场争论的另一方也有一些卓越突出的人物。作为金融风险领域的佼佼者,他们能够找到巴塞尔协议 I 存在的缺陷来进行回击。对于他们而言,已经无法离开定量分析。要么给我历史数据和定量模型,要么什么也不要给我。这样的说法似乎更像是对定量分析进行顶礼膜拜时所唱的赞歌(注意,这些人现在已经是"传统主义者"阵营的忠实簇拥,假设风险分析管理方法根深蒂固;那些基于常识和本能对风险管理提出的建议,在当前来看就是"革命性的",直面挑战数学至高无上的权威地位)。

在那些反对变革的人中,有一些是野性难驯、顽固不化的反对派。对于他们而言,只有教条课本上说的才是公理。其他的一些反对派虽然明智宽容,但仍然热衷于定量分析。后者包括成功的风险管理大师阿伦·布朗(Aaron Brown)。2008 年中,在与大卫·爱恩霍文进行辩论之后,布朗捍卫了"风险敏感"银行资本监管的至高地位。较之基于基本面的评估,他按照人们熟悉的分析框架,以历史数据为基础,利用标准差（波动性）和相关性等统计指标，描绘出一幅更好的风险暴露图。除去一些老生常谈的理由，他还辩护称，VaR 是一种收集信息和改进公司内部协调沟通得非常好的方法。在他看来，你可以完全不看最后的数值（事实上，看来那并不像是一个完全疯狂的陈述……），而仍然能够通过计算过程获得充分的益处。和很多人一样，比起关注定量分析结果（VaR 所覆盖的范围，99% 或 95% 的置信区间范围），布朗似乎更加关注尾部风险（VaR 所无法覆盖的区域，1% 或 5% 的区间范围）。本质上讲，前者是值得信任的，而后者是无法预知的。我认为这是个大问题，特别是需要在利用 VaR 来确定资本要求的时候。VaR 或许是正确的，但 VaR 不能解释的仍旧是个谜。这样的说法对于风险管理的目标而言，可能是说得通的（建立奇思妙想的分析来作为对 VaR 的补充完善，以应对极端情况）。但当其用于资本监管的时候，由于没有（或者至少在 1996—2008 年没有）相应的辅助机制，这是相当危险的。这里，VaR 自身就是（或曾经是）所有的关键所在，因此如果 VaR 是错误的，那么资本充足要求就是错误的。也就是说，99%、95% 以及其他任何百分比对应的 VaR 数值都将是错误的。1%、5% 或是其他任何百分数所对应的尾部区域也肯定存在问题。说 VaR 真实地描述了事实，而同时又说仅仅在有 99% 或者 95% 的置信区间内成立，这样的说法并不能让人信服。VaR 会经常性地撒谎（我们所标注的 99% 的置信区间，可能在事实上只覆盖了 70% 或者是 60% 的事件），而那些被认为概率很小的因素往往导致非常坏的结果。VaR 不能完全覆盖仅有的问题。VaR 自身就存在问题，只要 VaR 仍然发挥重要的监管作用，那么对于所有的一切都将是个严重问题。

布朗将 VaR 比作一个保护金融村庄不被埋伏在外的怪兽所侵害的藩篱。这些怪物对我们来说是未知的（比如，"这些罕见的事件发生一次的概率仅为 1%，或者一年 2 次，很难去更多地了解它们"）；而在篱笆之内则是安全、确定的（比如，"这些正常事件随时都发生；它们对于我们而言很熟悉"）。怪兽之所以被当成怪兽的唯一原因就是，它们并不经常出现；也就是说，1%事件的历史数据远少于与99%对应的事件。但是这并不意味着所谓的99%概率事件不具有潜在危险性：过去的行为方式并不能表明，它们会一如既往地继续下去，情况可能会朝着糟糕的方向发展。我们认为自己控制和掌握着篱笆范围内的情况（就是说，市场损失绝不可能高于5 000万美元），但是实际上并不是这样：我们能够去测量并不意味着测量值就是准确的；一个不能切中要害的测量值所显示的风险水平，可能会比实际情况小得多。我们躲在篱笆的保护范围内，不仅仅是防范外面的怪兽，还应该小心内部的怪物。对于一个99%强度的篱笆，我们使自己错误地认为怪物埋伏在藩篱的外面，而实际怪物早已潜藏在内部，结果造成沾沾自喜而得意的村民被杀戮。风险测量者说，老虎（市场损失超过5 000万美元）仅出现在篱墙之外，所以我们可以高枕无忧。但是，总有一天我们一觉醒来会发现，这些野兽从内部将村庄撕扯得七零八落。我们觉得在篱墙内不大可能发生的事件发生了。一旦我们遭到老虎攻击，我们才会理解到，自己依赖于那些测量工具以及围绕自己修筑篱笆是多么的幼稚。如果我们使用错误的测量工具，村庄内发生的惨剧会让你惊慌失措并受到伤害；并不是仅仅在丛林中才会感受到不确定性和剧烈的痛苦。

那些鼓吹资本管理应该依据风险敏感度的人，选择了错误的方式来定义风险。数学估算的方法基于过去的历史数据，概率假设以及计算过程，这些都不算是什么问题。我们不应该过多地责怪统计学：当感到不安和不可靠的人们要采取行动时，占卜预测下一步行动将如何如何，其困难程度难以想象。

在与爱恩霍文辩论中，阿伦·布朗声称自己并不是要让银行总体上保有诸多资本金的忠实信徒。相反，他信奉的是动态的资本管理：如果你遇到麻烦，早点确认并及早从外部寻求投资者注入新的资本。你可以从相对小的资本规模开始发展，当遭受挫折时，可以动态地采取应对措施。如果适当地做了这样的工作，而且资产负债表坚实可靠，你将更容易吸引外部投资者。布朗补充道，贝尔斯登破产倒闭的真正原因是，当其遇到的问题向外部公开时，它难以筹集到更多的资本金。一开始就拥有更多的资本并不能够提供太多帮助，这甚至在资本回报方面还成为拖累，导致资本浪费。刚开始时资本不多，但能尽早、主动地通报遇到的任何问题，这才是一个最优的行动方针。这样，布朗不会投票同意爱恩霍文所中意的 50% ~ 100% 资本覆盖要求就不足为奇了。这些资本要求（罪过中的罪过）不仅是独立于 VaR 的，而且相对于布朗的看法而言，规模过于庞大了。

布朗的动态资本策略并不缺乏诱惑力，而我却担心它可能缺乏实用性。正如其他定量分析手段（如 Black－Scholes－Merton 期权定价模型）一样，这种方法会提出大胆的假设，认为交易资产随时都拥有无限的流动性。新的外部资本注入随时待命，只要我们需要就可以随时进行资本补充。对一些公司而言，情况可能会是这样；但另一些公司就另当别论了。也许，毫无保留地信任曾经完美的动态资本理论，好比是孩子般鲁莽无畏的举动。

如果通过对放宽风险敏感度和纵容资本要求所造成的有毒杠杆的原罪没有得到清算惩罚，那么动态的资本补充根本不会有什么帮助效果。如果允许用区区 1 千万美元的小规模资本，通过次级 CDOs 融资 10 亿美元，会造成不可挽回的损失。在损失第一个 100 万美元时，我在新加坡或挪威还能找到一家主权财富投资基金，愿意投入几百万美元到权益资本中。一旦有毒资产以这样的方式得到容忍并持续下去，你的命运就玩完了。这 10 亿美元（或许少于 10 亿美元）将很快缩水，最终无法满足海外投资者想要保持这艘正在下沉的轮船继续漂浮下去的愿望。

最好还是让我们来重新定义资本的主要作用。它既不能确保一家公司随时有充足的流动性，也不可能进行动态调整以避免车毁人亡。事实上，我们应该将资本的主要作用定义为，预防不可承受的潜在混乱情

况。贝尔斯登（和很多华尔街机构一样）在遭遇到这场危机的时候，
其资本并未得到较好管理。因为它持有了过多的销售不佳资产业务
（截至 2007 年 11 月，金额为 290 亿美元），而对应的权益资本过小（截
至同一天，金额为 105 亿美元）。公开的官方数据表明，贝尔斯登的资
本状况良好，但那仅仅是表明了监管是多么的松弛。重要的不是你究竟
有多大规模的资本（不论是最初拥有还是追加的），而是你以何成本购
买何种业务。如果放任有致命后果的业务交易，你的资本基础（不论
从规模金额上看有多少位数的"0"）将在金融灾难所带来的炽热岩浆
中被融化殆尽。我同意布朗的意见，贝尔斯登发现在短短几天时间里成
百亿美元的流动性快速消失，10 亿美元或 20 亿美元的额外资本根本就
是杯水车薪。真正的问题是什么导致了庞大的损失：是贝尔斯登和整个
华尔街过高的杠杆，是贝尔斯登和华尔街过高的有毒杠杆，还是 VaR
和其他计量手段主导下，金融领域对风险的容忍纵容？

在寻求健康避免不可接受后果的过程中，监管者应该重新重视银行
资本管理。金融监管当局应该回归早期的状态，拂去覆盖在巴塞尔协议
Ⅰ上的尘土，弥补它所存在的不足，将其运用于现代的金融世界。以模
型为基础的监管现在能够，并在过去和将来容忍那些不可接受的情况发
生。这是因为，它们很容易在过去和将来不切现实地低估风险，甚至更
加变本加厉，而且它们很容易受到操控。不妨回到 VaR 和其他数学把
戏还不能支配银行业发展的过去时光，巴塞尔协议 1.5 补充协议可以这
样规定：对信贷和市场业务的资本金要求，依据现代而详尽的风险划分
标准，按照业务风险属性进行明确区分，对不可接受的有毒交易施以高
额的权益成本费用。只要监管委员会认为合适，基于经济现实和资产表
现情况（为什么不呢）就可以对资产业务的风险权重进行修改。因此，
风险权重为 15% 的可能被修改为 20%，而在一年后又可能被重新赋予
10% 的权重，但是核心原则应该仍然被坚守，充分利用各个风险类别来
确保有毒杠杆不会再出现。巴塞尔协议Ⅰ背后的共识可能有一些简单机

械，但我们没有理由去放弃共识。反而，还应进一步努力使其变得更好，优于其他替代手段，更加与现代金融活动相适应。那些其他替代手段以精确化的名义，允许突破巴塞尔协议 I 的限制，那将不可避免地导致致命破坏结果如洪水般泛滥。

对于巴塞尔委员会在 2007 年危机发生后建议进行的监管规则细微调整，某位银行监管领域的学术权威并不赞同。相反，他建议对现有的监管体系进行彻底大检修，而不仅是风险权重的调节以及大幅提高资本要求。只要存在以数学方式定义风险的监管政策，银行就很容易最终拥有极端冒险的杠杆。因为决定监管资本规模的风险加权资产，仅仅是总资产的一部分："很多机构的权益资本水平为其资产负债表水平的 1% ~3%，而他们却声称自身拥有 10% 的核心资本水平。若没有被恰当地确定风险权重，出现后者数字就理所当然了。"不仅如此，监管当局也难辞其咎。

> 监管层已经不能对以下呼吁进行有力反驳，即关于资本监管必须更好地与银行面临的风险相适应，监管失调的影响已经被大大忽略了。监管层知道，降低资本要求的一个主要工具就是风险权重的调整。但是他们也同样知道，在风险管理方面，他们做得远远不够。

金融风险管理人员都是些受过良好教育的一流人才。他们不会主动暗示其设计的工具无懈可击，值得纳入监管框架，而监管决策层也不应轻易被数学的复杂外表所降服。如果一个模型将导致不可接受的结果，它就不能被容忍存在，不论这个模型的兜售者看起来是多么聪明。现在回到我们学术专家的证词：

> 当我们接受"银行机构风险模型设计者和风险管理者都是高度专业和非常称职"的观点时，我们需要意识到：在管理风险的过程中，银行自身利益与委托银行管理风险以避免系统性损失的社

会公众的利益并非完全一致。因此，风险控制者在专业上的称职，并不是要按照银行家的意愿构造监管体系的充分理由。监管者可能在风险管理领域相对来说不是很专业，但并没有理由去消除他们为代言公众利益所应起到的角色作用。

有时，更聪明的人也可能犯错。对此，我们不要让社会付出沉重的代价来证明这一点。

一些人会问，为什么在政策制定者对政策进行大修订的时候还要反对革新（counterrevolution）？难道在最新的银行资本管理规定中引入的共识仍然不够吗？为什么还要在监管者们都忙得自顾不暇的时候还要去搅和呢？毫无疑问，正如本书充分论述的，资本监管已经经历了一次全面的清理，对2007—2008年大灾难进行了修复。我们看到了对证券化业务的资本要求是如何陡然提高的；我们也看到了交易账户的资本要求增加了VaR的附加补充规定。难道这些都还不够吗？

只要在这个房间中那头捣乱的大象仍然未被提及和质疑，那就真的还不够。象征性地改进一下涉及计算的具体规则和程序的做法，以减轻对人们的蒙蔽诱骗的面目出现，这使原来的核心监管结构能够泰然自若地维持下去。一旦VaR和其他监管定量技术暴露出缺陷，巴塞尔协议当局都将这些不足当做技术问题，时不时对一些计算公式作出修改。但在总体上，监管当局对以模型为基础的思路方法却从未进行过质疑。不论是VaR自身还是整体定量分析技术，都没有从风险分析的基础和前提中被剔除出去。数学模型并没有在这场危机中遭受什么损失，它们被保留下来继续作战。通过进行非结构化的处理，监管者保留了分析技术的主导优势，同时却作出一副彻底地实施外科手术治疗的样子。局外人的愤怒情绪可能因此平息下来，相信现在的系统在应对冲击时更加具有活力。然而，最初最根本的罪恶（鼓吹金融风险是可以被测量的空想幻象）却仍然存在。

很多人即使面对失败，也要说数学模型很好，因为它们有其他工具作为补充。这类人通常会辩称，人们在辨识风险时不会仅仅依赖于模型，市场的警示机制仍然会正常运转，因此，那些依赖模型的人才应该被责怪。一方面，这些拥护模型的人告诉我们，模型很管用，合理运用模型更是要紧；而在另一方面，他们又告诉我们，完全信任模型是多么的愚蠢，听从数学将会是多么的鲁莽。这就好比一个销售人员不遗余力地将设备产品推销给消费者，而后又严厉地斥责客户使用这个设备。

在谈及 VaR、信贷评级和其他结构化分析方法时，经常听到这些说法：不要只依赖于模型，对此我们已经反复告诫了，要以其他的分析来完善我们介绍的模型。但是，这些不能解决问题。有缺陷、有害的模型，其问题并不在于其具有排他性，而在于它本身固有的问题。只要能成为支持某些交易和业务的托辞，那么糟糕的模型将继续被人使用，世界将继续处于危险之中。虽然你警告过不应孤立地只看 AAA 级的评级，但这并不意味着，人们就此会认为这个具备了 AAA 级图章的交易决策不是正当的。仅仅因为你警告过不应孤立地看待 VaR 的低数值，并不意味着，人们不会将风险雷达显示没有风险作为决策的托辞。如果你放任糟糕的模型，一些人就会因为自身的利益而拾起它、培养它。他们知道，极端的杠杆头寸和不负责任地累积有毒证券将会被宽容，如果恰巧市场系统风险和违约概率较低的话，这些冒险行为甚至会得到赞赏。有多少交易员会去仔细审查 VaR 可能忽略的风险呢？不论多么频繁、多么大声地呼吁告诫这些模型的危害性，这些坏的模型已经并将继续被使用下去，并作为可能引起混乱的一系列行为的辩解理由。这就是可悲的现实。如果你有所怀疑，可以看看 2007 年危机期间发生的事情，全球最有影响的银行机构用金融垃圾来充实其资产负债表。他们这么做，仅仅因为 VaR 和信用评级结果允许其这么做。危机过后，VaR 以及 AAA + 级的评级丢盔弃甲、信誉扫地。

唯一确保坏的模型不会影响到我们的方法是，停止使用它。不论你为其贴上多少警示标签，坏模型的影响始终都不是中性的。如果模型可以被用来作为某种行为的托辞借口，一些狡猾的家伙最终会发现并利用这一点，而根本不会顾及大量敦促不要孤立使用模型的建议。关键不在于模型究竟存在多大的缺陷，而在于是否能够做到避免使用众所周知的错误模型去支持有害的行为。

在对银行的监管中，完全废除 VaR、信用评级以及类似的可操控和有缺陷的计量分析方法，以防止出现有毒杠杆，将会是一条漫长的路。这本身自然是一件好事。然而，硬币还有另外一面。依靠直觉常识和基本面分析的替代方法可能导致更高的资本要求，对银行施加过多的限制，经济也因此会受到影响。监管者们已经充分认识到（参见巴塞尔协议Ⅲ）：依靠定量分析的监管规则必将导致银行资本不足，但他们对此的反应是否过度了？根据常识来管理风险可能会有效防范一种类型的金融危机，但很可能难以应对新问题的出现。过少的银行资本是危险的，但过多的资本也会出现问题。从政治家的角度看，指责过往危机中的监管体制，代之以另一种可能招致新问题的全新机制，并不是周全的举措。这难道意味着我们不应该盲目投入到常识的怀抱吗？我们应该在拆除定量分析框架之前三思而后行吗？摆脱 VaR 的代价是否太高了？

很多金融机构，以及学术和风险咨询专业领域的 VaR 专家都是这样想的。有观点认为，巴塞尔协议Ⅲ（通过要求更多的银行权益资本，以及其中包含更多的"真实"资本）将严重限制阻碍世界范围的经济活动。比如在 2010 年 6 月，国际金融协会（IIF）得出结论，巴塞尔协议Ⅲ将减缓美国、欧元区和日本的经济增长。2011—2015 年，平均每年降低 0.6 个百分点。2011—2020 年，平均每年降低 0.3 个百分点。换句话讲，对这三大经济体而言（分析时，中国的经济规模在 2011 年早期超过日本），在正式的巴塞尔协议Ⅲ发布十年之内，IIF 预期会有 3 个百分点的经济增长下滑。由于银行突然遭受资本要求冲击，其影响将更加集中于最初的几年，这看来是完全符合逻辑的。

IIF 的研究发现，越是严格的金融政策，越会导致更高的借款利率

（2011—2020 年，G3 区域年均将高出 1 个百分点）以及更高的失业水平（G3 区域共约 1 千万人），对非金融类公司的信贷也将受到限制：在很多给定的价格水平（扩散到政府债券）上，可用的信贷资源更少，中小型企业将承受信贷削减带来的痛苦冲击。

很明显，各国受到的影响各不相同。最重要的差别因素可能就是经济对银行的依赖程度。银行融资对经济活动的影响越小，新的银行监管规则对这类融资的影响就越小。同样，银行部门在国民经济的比重越小，银行部门收缩（潜在）对经济的影响显著性就越低。到 2009 年末，欧元区是 G3 中对银行最为依赖的地区。银行资产为其 GDP 的 350%，而日本的比例则为 170%，美国的比例仅为 83%。在金融中介业务中，美国是最多样化的国家，银行信贷仅占总信贷中介的不到 25%，和欧元区的 74% 和日本的 53% 形成了鲜明对比。因此，原则上美国似乎对巴塞尔协议Ⅲ的冲击并不敏感，而欧元区各国则最受影响。

为什么巴塞尔协议Ⅲ有负面影响？为什么它将会导致银行贷款降低、增速降低以及更高的失业水平？这里的"将会"（should）是一个很强烈的词，但是，新的政策中"可能会"（could）的确是一种更消极的提法（尽管坏的结果的准确程度难以从预期上准确地得到判断）。巴塞尔协议Ⅲ的内涵实质就是更高的资本要求，更多的实体资本，以及在某种程度上所允许的更小风险权重。这样的三个组合带来了对权益资本更高的要求，或者降低所持有的资产（同过去相比，相同的资产组合需要更多的资本；相同的资本对应的资产组合将不得不被缩减或调整）。当需要更高的资本充足率时，不论是这个分数的分子（资本）还是分母（风险加权资产）都必须作出调整改变，以满足达到所要求数值的需要。因此，既可权益资本增加，又可资产头寸减少。对更多的资本要求的满足，可以转变为将更多的收益留存下来，而不是对外部派发。鉴于权益资本比其他类型的外部融资代价高昂，银行将会以更高的信贷息差的形式，将额外的成本转嫁给贷款客户。这些影响都将导致

IIF 所警告的那种后果。因此，即使可能一些人会嘲笑着说：IIF 的大惊小怪和杞人忧天都是基于其自身既定利益（作为银行机构的公众扩音器，IIF 深受对巴塞尔协议Ⅲ的严格监管要求过敏的人群的欢迎），但事实上的确存在一些渠道和机制，导致一些不大好的经济后果（以及社会后果）的出现。

IIF 有时也会考虑反对者的意见。比如，为什么银行不能在内部消化吸收新的监管要求所带来的额外成本，而非要将其以更高的利率转移给其他人？或者更进一步，我们非要银行才能实现经济增长吗？在面对紧缩的银行部门时，我们就无法增长了吗？IIF 的坦诚是值得赞扬的。IIF 承认，即便是银行信贷活动受到更多限制（而在其他经济活动中，成熟和半成熟的经济体可以通过债券工具来作为其他金融产品的替代品），如果他们控制非利息成本（如像雇主补偿），银行可以原则上承担任何由巴塞尔协议Ⅲ所带来的阵痛，而不必去让每个人的融资活动和生活变得难受。当然，经济也将更好。然而，IIF 明确指出，不将高成本传递给外部是不大可能的，而银行的健康程度与经济活动之间的关联也不会被削弱。

并不是每个人都认同 IIF 对巴塞尔协议Ⅲ所带来负面影响的悲观评价。在 2010 年 12 月的一个报告中，巴塞尔委员会规划了一个光明的未来。在他们的结论中，经济增长仅仅受到新的资本监管的微弱影响。这项研究假定银行从 2011 年开始增加它们的资本金（而不是从官方规定的 2013 年巴塞尔协议Ⅲ正式生效开始），其间将有一个 8 年的过渡期（整个新的资本要求必须在 2019 年初被达到）。据估计，在此期间，按照折中预期，增加 1% 的权益资本，将使每个国家的宏观经济产出增长降低 0.17%（即每个国家每年经济增长速度的降幅为 0.02% 左右），然后增长将再逐步恢复。按照巴塞尔协议Ⅲ规定，2013—2019 年，最低（核心一级）权益资本比率将大幅上升 5 个百分点（即从 2% 上升到 7%），但实际上巴塞尔协议Ⅲ新世界并非起步于微小的 2% 之上。基于对大型国际银行的调查，巴塞尔委员会认为银行的核心资本规模大致处于 5.7% 的平均数值。因此，从这样的起点达到 7% 的目标，银行需要将它们的资本充足率提高 1.3 个百分点。所以，需要承受 GDP 总体下降 0.22 个百分点（1.3% × 0.17%），或者每年 0.03% 左右直到 2019 年。当然，这种影响并不会使一个国家就此沉沦。

另外有些人也赞同"巴塞尔协议 Ⅲ 不会杀死我们"的分析。此前有一篇论文曾分析了新的后危机时代监管规则可能的影响。布鲁斯金研究所的资深分析师道格拉斯·艾利奥特（Douglas Elliott）认为：作为对更高资本要求的回应，美国的银行信贷在总量上仅仅可能出现一个相对较小的变化，而且每笔贷款的成本上涨也非常温和（平均仅有 0.2 个百分点的幅度，如果我们考虑到官方利率水平上调 0.25 个百分点将会对经济产生多么温和的影响，那么如此涨幅几乎没有什么可担心的）。此外，哈佛大学的权威学者不仅欢迎更高的资本要求，还进一步地反对新的资本要求设定的漫长的分阶段计划，认为到 2019 年漫长过渡期不仅不必要，并且是潜在有害的，最好是实质性地注入新的资本。和其他银行家所坚持的相反，更多的银行资本不会自动导致银行信贷减少和利率升高。若更多的资本使银行更加安全稳健，这些机构的融资成本就不会过多地增长（因为在相对资本薄弱的情况下，股东和债权人对回报的要求也会更低）。

另一项研究结果来自哈佛大学和芝加哥大学。该研究指出，银行资本不足存在重要障碍：名义上，是危机引发资产大甩卖。如果一家资本薄弱的银行遇到了麻烦，作为应对措施，它决定收缩它的资产规模而不是去筹措更多新的资本，这样的甩卖可能不会导致全面危机。这就是说，问题还处于"微观"层面而不是"宏观"的层面。但是，如果多个金融公司同时受到冲击又怎么样呢？要是资产的甩卖同时进行，而不是孤立个案，局面又会怎么样呢？若都采取甩卖资产而收缩信贷的方式，将会导致信贷危机，若流动性都集中于与交易相关的头寸（可能会根本无法流动，因此价值会大幅下跌），市场将可能急遽崩盘。很明显，这方面最糟糕的情况可能就是，所有的银行都没有什么资本，但却都持有相同种类的有毒资产。

自然地，避免资产负债表剧烈收缩的最有效方法就是，使银行拥有更多的资本，以便在银行受到哪怕是十年一遇规模的冲击时，也能保持所需要的资本充足率：资本缓冲在原则上应该足够应对损失，而不必靠甩卖资产来维持监管规定的资本比率。同时，资本化程度越高，筹集额外资本就越容易，特别是资本基础主要由真实的普通权益资本（真实可靠的损失准备）构成时尤为如此。最后，政策制定者可以要求银行遵循科学合理的资本数额，而不是执行人为的最低资本充足率。这种方式为哈佛大学和芝加哥大学的经济学家所推崇。它促使银行以可见的方式审慎地增加实际资本，避免了资本充足率方法的不足，比如依赖"风险加权资产"的松散概念，以及确定风险权重的市场松弛标准（正如我们所知，当总资本不能上升或者不能下降时，如果银行决定将头寸调整为较低风险权重的资产，就会得到更高的资本充足率。不论资本管理规定看起来是多么的严格，对某些资产类别仅赋予微乎其微的风险权重的设计是糟糕的系统，必将导致银行总资本过低）。

但是，应该以什么样的代价来取得充足的资本呢？或者说，以什么样的代价来取得真正的权益资本？哈佛和芝加哥大学学者的答案直截了当：当提高资本要求时，预计贷款成本在长期内将受到一些影响，不过此类影响微乎其微。当然，这个看法违反了传统观点。传统观点总是认为，由于一些非常具体的原因，权益资本应该比负债成本额代价更高（权益投资的风险更大，因此需要享受风险溢价，而债务利息不会像股利一样可以扣税，廉价的短期信贷资金可能始终保持充沛，而对权益资本的投资却是有限的）。尽管如此，违背传统的观点似乎站住了脚。第一，随着银行杠杆的下降，投资银行权益资本的风险也将下降。资本结构中的负债越少，那筹集权益资本的成本就越便宜，因此就越能承担发行筹集更多资本的成本；第二，用权益资本代替债务所涉及的税收也不会那么繁重（假设债券利率为7%，而公司税率为35%，那么权益资本每增加1个百分点，提高资本的加权平均成本 7% × 35% = 0.0245%；因此，即便是权益资本每增加10个百分点将增加略低于25个基点的资本成本，确实无疑是一个温和的影响）。

在传统假说中，提高权益资本要求标准将使对其他主要行业的信贷成本变得更加昂贵。这些行业包括为国家内需提供动力，从事实际生产和提供工作岗位的实业公司。芝加哥大学的研究团队也同样指出了历史证据。银行曾经更加资本化，在19世纪50年代，美国的银行账面上的权益资本保持在40%～50%，到1900年，这个比率仍然有大约20%，数字下降到10%以下仅仅发生在20世纪40年代。如果这样继续发展下去，银行信贷会更加廉价吗？尽管存在这样的历史发展过程，学术上没有发现其中的相关性。

如果说权益资本的增加并不意味着大幅提升的融资成本，为什么银行（尤其是那些大型银行）如今对提高杠杆率又表现得那么如饥似渴呢？哈佛—芝加哥大学的研究者发出以下疑问："如果资本充足比率明显提高，仅仅对银行向客户收取的利率产生较小影响，为什么银行还大都感到是被迫保持高杠杆，为什么他们还要发展起一支游说大军，来抵抗提高对他们的资本要求呢？毕竟，非金融公司的金融杠杆要低得多，看起来也愿意放弃债务融资的税务优惠。"研究团队认为，问题的核心在于竞争。由于银行的内在属性，资金成本成为银行竞争优势的重要来源。相对于竞争者而言，一家银行最重要的优势就是获取廉价资金的能力。这与其他行业形成鲜明反差（想想电脑制造业），当在其他行业需要确定哪个企业将成为领头羊并更赚钱时，资金的相对成本不大可能成为决定性的因素。很明显，所有银行都得益于更宽松的资本监管（即他们都能同时享受更高的杠杆水平）。所以，从竞争角度可能无法解释为什么会出现积极的游说。相互竞争的企业都渴望降低资本要求，与其说是要消除对手的优势，朝着成就自我的自私道路前进，还不如说是走一条获取个体利益的共同道路。这也许不会给任何一家银行带来额外的竞争优势，但它确保整体都享受到了共同好处：与信誉和货币回报相伴而来的高权益资本报酬率（ROE）。

对"提高银行资本要求将削弱整个世界"观点的反对意见还来自另一个声名远播的学术机构，斯坦福大学。通过实证对比研究，3名斯坦福大学商学院的学者（与他们一起的还有来自于德国著名的 Max Plank 学院的第 4 位研究者）认为，提高银行资本要求将增加融资成本的观点是"谬误、不相干和无说服力的"。因此，提高银行的资本要求应该不会影响信贷可获得性和成本，也不会对社会有什么有害影响。另一方面，既然过度的银行杠杆是有害的，那么提高（特别是明显地提高）权益资本要求将为社会带来很大的净利益。

学者们联合起来对一些关于银行资本的陈词滥调予以驳斥，这些陈词滥掉总是反对银行应有更多资本。例如，有观点认为，银行拥有达到监管要求的资本是对资本的浪费，因为它在银行资产负债表中没有起到什么作用。这是把银行的储备和资本搞混淆了，银行资本是关于银行如何为自己筹集资金的相关活动（混合负债权益），这并不是没有用处和呆板的，而是形成了银行的业务资金基础，是非常有用处的内容（与信贷资产和积累的交易资产一样），而远不应该被看做不关轻重的角色。

类似观点认为，由于权益比负债要求更高的回报率，银行的资金成本将随着资本要求的增加而上升。怎样看待这样的观点呢？美德研究者们认为，这种观点同样难以成立。考虑到银行如今更为稳健安全，随着权益资本在银行的资本结构中占据份额的增加，权益资本的风险溢价将随之下降。用他们自己的话来说，"在评估权益资本要求改变时，任何坚持固定权益回报的分析和观点主张，在根本上都是有错误的"。即便是相对廉价的负债，权益部分有所增加，一家银行的整体资金成本也应该保持稳定，因为，随着积累的资本的增多，资本成本也将下降。

即便如此，但银行的股本回报率（ROE）难道不会下降，使股东的价值减少吗？在好的时期，股本回报率会随着杠杆的减小而下降。但是，股东会因债务减轻而在稳健可靠性方面得到补偿。因此，总的来看，他们不会感到状况更糟。谁说股本回报率是衡量银行业绩的一个理想指标？我们其实应该更加关注资产回报率（ROA）。对于高度杠杆化的银行而言，其股本回报率会比更加资本化的银行表现得更好，而资产回报率却不如后者。A 银行的资产回报率为 6.5%，资本占比为 10%，其股本回报率就比资产回报率为 7%、资本占比 20% 的 B 银行更好。但我们据此就能认为 A 银行比 B 银行更高效吗？

对权益资本施行更加严格的要求，会迫使银行削减贷款规模吗？不尽如此。银行的信贷行为不会作出大的改变，只不过在支持信贷活动的资金来源中，权益资本更多，负债相对较少而已。只要银行能筹集到监管要求的额外资本，它就能维持与过去相同的资产配置结构，包括其之前投放的信贷资产。如果能筹集到高于最低监管要求的更多资本，新的资金结构将在事实上导致资产的扩张，包括引起可能的信贷膨胀。所以，让我们不要想当然地认为增加权益资本缓冲垫，会在根本上限制银行的信贷活动。实际上，权益资本不足的银行业才会真正引发有害的信贷困境：资本不足的银行将陷入麻烦，即过度的杠杆化无法满足实业公司或个人对信贷的要求（看看 2007—2008 年的危机，可以预见"杠杆之母"最终演变为"信贷困局之母"）。不论怎样，质量都比数量更加重要。斯坦福大学—Max Planck 学院的教授们认为，杠杆程度越高的银行，合理决策也越少，而因为高杠杆带来高回报，其有被刺激承受更大风险头寸的冲动。与此相应，资本化程度更高的银行将会致力于更多合理的信贷，这可能会引起总体信贷规模的减少（因为不良贷款在减少），但却更加有益于经济。按照他们的原话来说：

杠杆化银行的股东，以及以 ROE 为基准获取酬劳的管理者，有过度风险投资的内在冲动，特别是在债务拥有政府担保的情况下尤为如此。在显著更高的资本要求下，从整个社会的角度看，银行很可能会作出更多经济的、合适的信贷决策，既不会过多也不会过少投入。在此程度上，银行能很快地达到更好的资本状态。提高权益资本要求同样应该不会对经济产生负面影响。

如果所有那些反对者（巴塞尔委员会，哈佛—芝加哥、斯坦福—Max Planck 学术团队以及布鲁斯金研究所）不怕去对抗传统观念，可以相信，他们将反驳"提高银行资本要求，将导致经济下滑"的教条。那么，一个降低数学模型重要性、更加倚重共识常识的监管体系（也在原则上使银行更加资本化），将有助于我们避免因过度杠杆和相关损失而带来的痛苦。尽管负面不利结果（信贷减少、贷款成本增加、资产甩卖）将会在一定程度和规模上出现，但正面有利的结果将是更为有益的。我们能准确计算出益处有多大吗？此前我们对更高资本带来的潜在负面影响进行了量化估计，现在，我们可以去估测更加审慎的资本规则，其潜在的正面影响究竟有多大吗？换句话讲，我们能够测算出，在不将 VaR 引入到监管规则的情况下，我们到底可以受益多大吗？

自然，我们在直觉上都可以完全感受到，一个没有广泛杠杆化的银行产业带给我们的裨益。畸高的杠杆负担会快速和突然地使一家银行倾覆，而一家机构出现的困境将很快扩散至其他机构，如此多米诺骨牌效应造成了大衰退和大萧条，最终迫使政府财政救助。如果说 2007—2008 年危机给了我们深刻教训，那就是它展示了这种令人震惊和毛骨悚然的真相。让我们现在用真实的数据来支持直觉上的判断。

我们再次回来谈谈巴塞尔委员会。在 2010 年 8 月的报告中，委员会得出一个结论：人们将从它出台的新资本管理规定中得到显著的正面经济利益。这样的"净收获"主要来源于，在实施更高的资本标准后，爆发银行业危机（以及社会生产的损失）的频率将变得更低。并且，这甚至还是在假设新政策带来的潜在成本为其上限的情况下得出的

（例如，研究假设银行将把所有成本完全转嫁给贷款对象，以维持原有的股本回报率水平）。报告结论还表明，在更为严厉的资本要求下，比如要求银行的权益资本占风险加权资产的比例为 10% 甚至 15%，正的净利益将仍然会产生。

2010 年 8 月的报告进行了两项研究：其一，银行危机的发生概率；其二，银行危机的折扣经济成本。因阻止银行危机爆发而产生的经济效益，可以通过经济崩溃的概率降低值与相应的危机成本相乘计算而得。借助一系列的学术测算，包括那些考虑到和不曾考虑一场危机是否可能带来持久影响的概率情况，结果表明：一场金融大海啸带来的累计经济损失中值是之前 GDP 水平的 63%（而在经济活动所受影响为短期暂时的假设下，这个数值变成了 20% 左右）。即一场危机每年发生概率每降低 1 个百分点，我们就能获得每年 GDP 的 0.63%（或 0.2%）的预期收益。

那么，以更加保守的资本要求来降低银行灾难的发生概率，这种做法究竟能进行到什么程度呢？尽管应该首先对计量经济学采取信任态度（和其他社会科学的任何分析游戏一样），但根据不同模型得到的相同结果是，在更高的银行资本化水平上，银行危机爆发的可能性将显著降低。权益资本和风险加权资产的比值为 7% 时，相当于危机发生概率为 4.5%；这就是大概的历史证据（每过 20 年，就会发生危机事件）。如果将比值由 7% 提高至 8%，危机发生概率会降至 3%。而当该比值升至 11% 时，系统性的银行危机每 100 年才会发生 1 次。若想危机发生概率降至"零"，那就要迫使银行去忍受 15% 的资本目标。在那之后，更高要求标准所带来的边际利益将处于一个稳定的水平。

根据巴塞尔委员会的 2010 年 8 月报告，更低的监管资本要求所产生的总体经济收益将是非常有限的（不仅仅是在避免经济产出损失方面；更加坚实有力的资本基础能在市况不佳时期，更好地承受损失，从而降低经济产出的波动，而在市况好的时期限制信贷行为，由此平滑信贷周期、消费和投资）。那"净"收益是什么呢？正如我们之前所提到的，假设任何银行的高资金成本都可以通过提高贷款利率的方式转嫁出去（100%地传递），假设股本融资和债务融资的相对成本不受银行审慎资本化的影响，那么，资本比率每增长1个百分点将使信贷息差中值提高13个基点。如果这些假设不成立（例如，如果不是100%传导给贷款对象，银行仍然内部留置了一些新监管要求的成本），那么息差增长就会自然地低于13个基点。在金融中介成本中，这是怎样在经济活动中实现转化的？报告指出，每1个百分点资本比率的增长，将通过这种方式转变为每年中位数为0.09%的经济产出降幅。基于这一点，我们可以大致计算出，在巴塞尔协议Ⅲ采取更加严格的政策立场后，每年产生的长期净经济收益。

假如资本比率从7%上升为8%，净预期收益将为GDP的0.9%；如果该数值达到10%的水平，收益水平将为1.7%；如果我们敢于去实现15%的比率，那么经济预期收益将为GDP的1.9%。

这些估计给人非常深的印象。如果银行因过度杠杆而遭遇困境，就会相应失去很大的经济产出。尽管如此，这些估算让我们将经济损失数字化，而这些损失正是由VaR成全高杠杆所导致的。

根据先前的分析，很多金融学术精英并不认同高杠杆，同时重视金融监管者在确保杠杆率不至太高所承担的角色作用。即便是最强硬的反对者，也并没有感受到巴塞尔协议Ⅲ对增加权益资本的努力已经接近足够。他们谈及新的规则时说，"当向着正确的方向前行时，巴塞尔协议Ⅲ仍然允许银行保留非常高的杠杆。我们认为这很麻烦"。

在对资本的争论中，我惊讶于这些教授的直率，以及他们面对反对意见时的勇敢。除了前面谈到的学者，还包括一群在2010年末致信《金融时报》的声名显赫的经济学家（包括一些该领域的权威，甚至诺贝尔奖获得者），他们认为：更高的资本要求并不会导致社会和经济的不适，也不会给银行带来其不可承受的负担。

但是我在想，这些金融理论家们是否认识到，他们的争论涉及在金融领域使用理论模型。事实上，过去 15 年以来，资本监管要求都是基于数学模型。而这些模型，都毫不令人吃惊地展示了其缺陷，不仅导致无节制的高杠杆，而且任由银行沿着宽松的权益资本自由之路疾速前行。因此，提高权益资本要求的主张自然而然就暗含了反对模型所讲的立场。而反对模型的主张至少暗示了，应该很严肃地反思模型在金融领域中的作用。在其他情况下，这些用于资本监管的模型还包含着理论家所笃信的意识形态和工具。如果这些模型失效，那么这些意识形态和工具也都会失败。这样一来，那对于金融理论原则而言又意味着什么呢？

难道这些勇敢的教授不应该从"更多权益资本净是好的，而杠杆净是坏的"跳跃到"现有的金融理论太多次地让我们遭受失败，促使我们重新思考如何教授和出版这些理论"吗？对于很多人来说，这可能过于离经叛道。这不仅仅是实事求是，而且从社会视角来看（对于这些学者而言，很明显，高杠杆是个可怕的东西，它带来数不清的伤害），这还是一个积极的进展。

一些核心学术圈外的人已经实现了多次思想飞跃。纳西姆·塔勒布是批评资本监管数学模型的名人，也是断言模型分析将带来严重灾难的预言者。而我则是另外一个例子。如果那些声名远播的大学教授也能更新自己的观点，难道不更好吗？

简单问题复杂化的危害

在人们的认知范畴里，金融风险属于一个简单的知识领域，或者说它是一门信奉原则相当简约的学科：金融风险是不可测量的，或者说是不可预测的。历史不会重演。曾经伤痕累累的经验教训并不值得多么重视，某些资产在本质上风险更高，应该避免过高的杠杆，而太高的有毒杠杆则应该被完全抛弃。当人们翻阅旧的风险手册时，很容易就可以发现如"净资本规则"或"巴塞尔协议Ⅰ"这些简单的原则。这些似乎有些过时的监管规则肯定是不完善的，但它们并没有背离风险的简单特性。人们将风险视做相当简单的事物，并相应作恰如其分地简单化处理。这样做的好处在于：用不着去玩太多复杂奇怪的花样，不需要太多离经叛道的假设。没什么特别地，没什么太与众不同。风险以及风险管理，其实是任何人都能理解的东西。

尽管简单的风险规则尚不完善，但它们有助于避免糟糕的结果，你只需遵循这种简单化的原则即可。当人们把简单的事情搞得越来越复杂时，非常糟糕的后果往往就会接踵而至。一旦你把简单复杂化，它就会蒙蔽你的双眼，让你忘记教训。更糟的是，它甚至可以让你混淆敌我。简单问题复杂化的主要不足在于，噪声被引入到决策过程中，污染破坏了一个纯粹的决策环境。这好比一张美丽的图片被污渍污损后，变得无可救药。同样，在风险测量中引入过多复杂的定量模型，人们就容易失去思考的焦点，迷失在数学方程的海洋中，失去了原本直接有效的思考方式。不妨想象一下，在使用定量风险模型进行计算时，我们参考了多少数量庞大的资料文献吧。到底这些复杂的计算过程最终产生了一点有用的东西没有？如果没有直接敏锐的洞察、准确明了的度量或者中肯正确的预测，我们可以从庞大的数字海洋和统计符号中甄别提炼出有用的信息吗？不仅如此，风险测量的过程还可能遭到难以容忍的风险夸大的干扰。金融风险是如此重要，我们不能因简单问题复杂化而分散了宝贵的精力，甚至因此采取怪异荒诞的应对行动。

很简单，那些热衷于复杂工具的人，最有可能倾向于冒险并把事情搞砸。这些人将注意力投向具有误导性的指导方针（试图找到可量化的精度）。他们这样做，不啻于给自己的眼睛蒙上一层雾，使自己的推理变得模糊不清，远离了金融现实。没有遵守简单、真实、远离灾难的风险原则，而是将问题复杂化，交易商最终可能接受完全相反的一面：虚假且会导致混乱的格言。通过设法将简单问题复杂化，一些人成功创造了一个虚拟的平行宇宙，远离现实中真正的股票和衍生产品交易。本质上讲，复杂的交易商是在进行盲目的市场操作（仿佛带上撒哈拉大沙漠的地图进入尼泊尔冒险）。这就是为什么有这么多次，透过复杂的透视镜，本来有巨大风险的交易被视做没有什么风险。

只要尊重风险的简约特性，你就可以避免很多麻烦。如果你虚心接受"实现数学精度不可行"的观点，你就不会把你的决策立足在依靠数值精度的模型上。如果你虚心接受"历史不会反复重演"的观点，你就不会用过去的经验模式来作为决策的基础。如果你谦卑地接受一些资产本质上是有毒的，你就不会一味地信任模型，认为这些资产不会带来麻烦。信奉简约的人也不会去花钱购买 VaR 模型或信贷机构的次级CDO 评估报告。那为什么不谦虚地遵守保守且原理简单的金融风险规则呢？为何偏偏要为了复杂的发明而分心？一旦被分心，你就会远离公义的正途，滑向令人茫然和困惑的邪路，难以作出正确的抉择。

最后的结局是不好的：注定失败的定量分析工具占据了统治地位。在次贷危机爆发前的三十年，金融风险从未被正式研究、量化并讨论过。数以千计的前科学家转行成为风险分析师，全球风险分析专业协会如雨后春笋般涌现，专业会议和论坛每星期都在举办，首席风险官应运而生。然而，最终的结果是诞生了有史以来最差的市场催化剂。金融风险分析复杂化所产生的影响不是中立的，而是对最终的结果起到了塑造作用。所有这些专业课程和会议，以及所有将风险分析科学化的行动，都在无情地侵蚀着"风险是简单的"这个观点，并无情地重新把它定义为一项复杂的工作。不久，这种复杂化的版本成为整个行业的共识。

此时，整个金融体系建立在了数学巫术之上。

可以说，复杂性的适用范围更大，或者说更积极。许多人从融资的复杂化过程中获益很多。对于一些人而言，对复杂的颂扬有助于给 VaR 戴上资本国王的王冠。在其他人看来，这样做则足以支撑整个金融风险分析行业。另一方面，采取简单的金融风险分析方式难以带来明显的好处。遭受金融活动复杂化最大负面影响的那部分人（按照模型投资于有毒资产的养老基金，承担危机救助开支的无辜纳税人），没有什么组织性，也不知道是什么力量在塑造市场。他们不能反对和防止金融活动的复杂化，因为他们从来不知道这正在发生。

玛丽·凯特·斯蒂姆勒（Mary Kate Stimmler），加州大学伯克利分校哈斯商学院博士候选人，对复杂化对金融决策的影响进行了广泛的研究。她的结论是，银行采用定量的风险度量手段将导致更大的冒险行动。

她的研究基于所有公开上市的美国银行 1994—2008 年的数据，结果表明，当银行采用新的不确定性方法测量风险时，它们的风险承受度会变得越来越高。借助专业分析软件以及来自于年度财务报告中的其他风险术语，斯蒂姆勒对年度报告中所涉及的风险度量工具（如 VAR）、风险的定性描述、风险管理的讨论等，都进行了出现次数的计算。她使用自己设计的分析模型发现，一家银行越重视风险衡量，它就会变得越追求风险，也就会越倾向于加大杠杆率。斯蒂姆勒得出的结论并不陌生：对模型的有组织采用，改变了企业层面的决策框架。VaR 在交易室的存在塑造了交易员及其管理者所采取行动的类型。同样一个人，在面对 VaR 能否产生真实影响的不同情况时，将采取不同的行动。复杂性改变了人们的想法，复杂性决定了最终的结果。

当然我们知道，对玛丽·凯特·斯蒂姆勒的研究结果有一个很好的解释：之所以在研究样本期间，银行所采用的风险度量导致更大的风险偏好和杠杆效应，原因在于这些特定的衡量标准恰好都有一个隐藏和低估风险的内生结构功能，在不知不觉中推高资产负债水平。1994—2008年，VaR 一个主要的风险度量指标，导致了银行采取大量风险和高杠杆策略。因此，任何此类分析都将不可避免地得出一个结论：银行使用风险模型将放宽风险和杠杆的管理标准。正因为如此，VaR 导致了银行大量的高风险和高杠杆行为。

但是我们可以超越这种偶发性的结论，得到一般性的规律认识。一定程度而言，随着数字精度得到不断提高，风险分析师往往会不顾定量模型的内在特性，作出轻率鲁莽的分析计算。风险模型让人们会变得更加自信满满，得意忘形，误以为自己能征服风险，觉得自己拥有战无不胜的高超智慧。他们认为，自己能通过定量分析工具预见未来，根本不需要再去顾及极端事件发生的可能性。此时，显露出任何丝毫的胆怯小心都会遭到拒绝和反对，而胆大妄为则被赞扬鼓励。谨慎似乎意味着弱势、过时甚至不懂科学，数学的确定性伴随着勇敢。人们手握数学模型这把利剑，跳上定量分析的骏马，勇敢地冲向金融市场厮杀。风险模型煽动和鼓动那些追求荣耀的人。一旦你认为可以通过统计分析和数学手段玩转赌博，而不是认为赌博的结果是不可预见的，你自然会倾向于投入更多的赌资。你可以让自己相信那套你能理解的理论，相信自己能计算出赔率和概率。显然，这比说服自己相信赌博是个不可预知的谜，要感觉好得多。有趣的是，斯蒂勒姆指出，金融学的训练让人们更倾向于信任，表面看起来更加复杂的事物。那些接受过更复杂教育的人，会天然地倾向于选择更复杂的东西。她通过实验室测试发现，对于有金融教育背景的人而言，当风险可以用复杂的数学模型来解释时，相较简化模型，他们愿意承担更大的风险。另一方面，对于没有金融教育背景的人而言，不管是采取哪种风险分析手段，他们都会承受相同的风险。这些研究表明，偏见是金融文化领域的独特现象，它仅仅对拥有金融教育背景的个人产生影响，并只与投资决策相关。如果这个过程表现得更加复杂，那么它就会显得更加真实、更值得信赖。显然，这种心理特性是极其危险的，原因在于：它使原本不切实际的坏模型更容易被接受和运用于实践。正如我之前所说的，之所以 VaR 会广泛流行，原因就在于其拥有大量的数学装饰，特别是在关键的早期，很多人被灌输了这样一个观念，即面对定量金融分析工具，我们一定要虔诚地跪伏和无条件接受。

按照斯蒂姆勒的假定：复杂性以令人费解的理论模型外在形式，大大扩展了人们印象中的金融可预测边界。这种假设进一步衍生出人们对风险的认识深化过程，其间的逻辑演进从最初旨在避免和最小化风险的风险缓解，一直到如今旨在衡量风险的风险管理。通过研究从 1961 年到 2008 年的金融教科书，斯蒂姆勒刻画了这一演变过程对风险和不确定性的金融教学方式的影响。她发现，认为银行应该预留足够数额的资本覆盖风险的传统建议，逐渐被假定未来事件发生概率可以被精确计算的方程所取代。金融教育的量化发展趋势是促成如今风险管理逻辑深入人心的关键，并对金融实践产生实质性的影响。

斯蒂姆勒关于金融复杂化演进路径的心理学解释，比一些愤世嫉俗的解释更令人感到担忧。许多人觉察到在采用和推动 VaR 模型的背后，实际上隐藏着赤裸裸的利己主义。这些人在接受使用模型的时候，并没有对数学的神奇作用抱有任何幻想（他们知道这个模型是不健全的），但鉴于自己可以从模型的广泛使用中获益良多，所以他们宁愿将不同意见秘而不宣。

不过，斯蒂姆勒的研究意义似乎并不止于此：复杂性本身可以成为一种瘾，以至于蒙蔽和损害决策过程。人们可能仅仅基于模型之所以是模型而信任它，大学关于金融的理论和定量教育可能产生了自欺欺人的误导作用。那些接受高级金融分析方法教育的人，可能再也无法接受其他的思考方式。即使是与真实世界接触，也可能会妨碍他们认识到复杂的教条是多么不近情理。纳西姆·塔勒布和高季·马丁在 1998 年发现，根据他们的跟踪研究，所有参与了对冲基金交易的大学金融和定量经济学教授，最终都押注于市场极端事件。按照自 20 世纪 50 年代以来就被奉为经典的标准金融理论，这种做法被认为是不恰当的，然而在现实中却不停地反复重演。这不是随机事件。对于非学术性的投资者而言，采取与那些教授相同投资策略的人恐怕不到其中的一半。这些教授对复杂的理论永远持顶礼膜拜的虔诚态度，在学习完这些教条之后又同样一字不差地传授给别人。对他们而言，采取简单路径是令人深恶痛绝的，遵守简单的风险规则似乎显得十分粗鄙浅薄。缺乏复杂数学引理的简单推理已经在很久以前被抛弃，取而代之的则是采用大量随机微分方程。这仿佛意味着，即使你已经走出教室，来到肮脏的现实世界，但是只要你没有遵循理论路径，就相当于不可原谅的背叛。一种被误导的对神圣学术的盲目忠诚感，可能会妨碍你实现自己的自由意志，也会阻碍你按照自己的意愿进行推理，从而远离本遭唾弃的道路。你强迫自己按照制作精确的撒哈拉地图去尼泊尔徒步旅行，因为这就是你在学校所学习到的东西。如果有人试图将你从困惑中拯救出来，递给你一幅尼泊尔地图，你可能将他们视做落后的勒德分子①而予以拒绝。原来，尼泊尔的地图上没有一个数学方程式，而在撒哈拉的地图上则充满它们。并且你会说，这就是撒哈拉地图的优越性所在，也就是为什么你要完全依赖它的原因。

　　与那些玩世不恭、自私自利的支持者相比，金融模型的狂热信徒更具危害性。前者可能会受到制约，而后者则无可救药。如果这类人越来越多，市场和经济就会遭到严重侵害。

　　在 VaR 问世之前，金融风险管理是一件简单的事，风险规则毫不粉饰地尊崇简约的特性。在当时的人们看来，现实是什么样就是什么样，而不是所谓应该是什么样。他们并不自认为能通过数学天赋发现更深层次的真理，他们谦卑而不傲慢，坚定而不浮躁。有时，风险也会被

---

　　① 译者注：勒德分子（Luddites），反对技术进步者。尤指 1811—1816 年英国手工业者，反对使用新的机器和方法。

严重误判甚至被低估，但出现的问题并不是结构性的。虽然问题是有，但基础仍然牢靠。他们没有暴露出更明显的漏洞，他们就像严厉、谨慎、锱铢必较的家长，也许的确是有些无趣，但这个家庭不太可能被毁了。

相比之下，VaR 更像招人喜欢但却挥霍无度的叔叔：无法抗拒的迷人，但容易沉溺于靠巨额债务融资来维持奢侈的生活方式。人们放弃了旧的审慎方式，被招摇而复杂的世界所诱惑。于是，现在是由耽于奢华的叔叔，而不是负责任的家长，掌管着家庭事务。规则发生了天翻地覆的变化。很多昂贵的玩具都采取赊销的方式买回了家。香槟流了一地，也没有人去把瓶子扶起来。VaR 取代了原来简单的风险规则。这就是为什么损失最终不可避免，但人们始终不明白其中缘由的所在。

自肯尼思·盖布德（Kenneth Garbade）尝试在美国信孚银行构建 VaR 模型以来，已经过去将近 30 年。在雷蒙德·梅和迈克尔·爱恩霍文合作开发出摩根大通的 VaR 模型之后，20 年过去了。梯尔·古蒂曼（Till Guldimann）首次将他的 VaR 版本公之于众，则又过了 15 年。在此过程中，全球监管机构逐渐被 VaR 所深深吸引。如果你用心阅读了本书，你大概已经知道我的看法：VaR 总体上会产生非常负面的影响，没有它金融体系会更好。在风险控制领域，VaR 可能会产生一些正面作用，但它绝不能扮演主导角色，更不应该起到决策作用。

让我们自己来作出判断。在拥护者看来，基于以下几个原因 VaR 被视做造福人类的发明：VaR 加深了银行内部对风险承受能力和投资组合构成的认知，它可以适用于不同类别的资产；它创建了一个统一的行业风险语言框架，使交易头寸和机构之间的比较变得非常方便；它可以帮助分析市场趋势；它从市场中汲取源源不断的有价值信息。即使是那些认为 VaR 难以正确评估风险、对市场活动的统计分析注定无效（认为 VaR 在信息内容的数量方面不会有高价值）的定量风险经理们也会指出，基于以上谈及的正面价值，VaR 模型应该继续得到使用。

    这些正面的作用能弥补 VaR 的缺陷吗？到目前为止，我不这么认为。一件工具，它可以导致 100∶1 甚至 1 000∶1 交易账户杠杆率，可以宣告不必担心人类有史以来设计的最毒资产，甚至还严重低估风险以至于对交易损失的误判达到 10 倍甚至更大（坏消息发生的次数多于模型所预见的 10 倍或者更多）。这样的工具，绝不应该在风险控制工具箱，更不用说在任何监管规则中，扮演最重要的角色。VaR 不仅完全忽视了最糟糕的市场危机，而且还在其中起到推波助澜的作用。我们怎么可以继续使用这种工具，而且还给予其至关重要的位置？我们到底是欢迎危机还是抵制危机？我们是在构建稳健的金融体系还是脆弱的金融体系？我们偏好于安全还是偏好于灾难？我们是为经济繁荣欢呼，还是为大规模失业叫好？我们是希望拥有安全的银行还是愿意眼睁睁看着银行陷入危机？我们是赞同资本主义还是希望看到社会混乱？如果一件工具有助于隐藏和曲解风险，并且帮助那些整天忙着疯狂冒险而不计社会成本的人，这样的工具就不值得信任。把世界的命运交付在 VaR 的手中，是金融历史上最不负责任的决定。如果敌人想伤害我们，他们完全可以利用 VaR 来摧毁我们的生活。我们何时成为自己最坏的敌人的呢？

    我承认，在诞生之初，VaR 的确可能对金融业产生了一些积极作用。不止于此：VaR 的问世似乎被人们美化了，而那些参与开发设计的人则只不过做了需要他们做的事情。在 20 世纪 80 年代末和 90 年代初，市场风险的规模和复杂性大幅增长。此时，创建一个广泛使用的风险模型的想法应运而生。这的确是件苦差事，其中花费的时间难以计数。不过，既然风险是如此重要，即便你本能地怀疑金融分析的作用，也应该从多个角度对它进行分析。不过，同样的过程本应该同时唤醒了人们对 VaR 潜在损害的认识。事实很清楚，这个前途光明的数学小天才长大后很可能成为破坏力巨大的邪恶怪人弗兰肯斯坦（Frankenstein）。VaR 仅仅扮演了短期的正面角色。最初对 VaR 的开发研究本应让人们认识到，对市场风险进行建模分析，其结果注定是失真的，甚至会带来巨大的麻烦。然而在事实上，VaR 带着破坏性特性，逐渐在有着缺陷的全球金融体系占据了统治地位。对 VaR 研究分析本应该得出这样的结论：VaR 应该彻底报废。雷蒙德·梅爵士和丹尼斯·韦瑟斯通试图对一些严肃议题进行彻底研究，但其结论却错了：如果 VaR 已经证明，它的发明并不是人们想象得那样有价值，而是一个严重的错误，那么继续采用它就是在犯罪。VaR 值得发明，但同样也应该及时抛弃。真正重要的问题应该是："情况会变糟糕吗？怎么变？风险会被低估吗？程度如何？"最新爆发的金融风暴促使金融从业者、学者和决策者们在采纳和接受数学模型之前，问自己一个简单的问题：这种模型会不会对金融、经济和社会造成危害？任何定量建模工作都应该通过测试。如果结果不能令人满意，就应该予以无情否决。应该说，这就是此轮金融危机所展示的积极意义所在。

友情奉献

VaR 得宠的原因

——对纳西姆·塔勒布的访谈

时间定格在 2011 年 7 月。VaR 曾经掀起的投资浪潮已经暂时退去，而危机带来的惊恐紧张氛围也有所缓解。现在或许到了反思的时候了。这也正是为何邀请前期权交易员、畅销书作者纳西姆·塔勒布来参加对话节目的原因，期待这位已经奔走呼号多年的预言者谈谈自己对危机以及 VaR 缺陷等话题的看法。为此，我首先回顾一下整个事件的原委：1995 年，塔勒布公开向外界告诫 VaR 可能造成的危害，但结果却徒劳无功。还有什么好说呢？16 年之后，事实证明了他的先见之明。这场危机是怎么发生的？在所有曾经质疑 VaR 的人中，塔勒布是发声最大、最引人注目的一位。事实上，他准确预言了 2007 年国际金融危机的爆发（他甚至预见到大规模政府援助计划的实施）。无疑，他是最有资格来谈论这个话题的人。

问：为何这么多年来 VaR 一直在金融体系大行其道？为何人们至今仍在使用它？

答：主要原因在于，金融体系存在道德风险或代理人问题。与医药公司研制销售药品不同，学者不会因为向人们兜售思想而受到惩罚。同理，风险管理专家也不会遭到惩罚。正因为如此，金融产品的软件提供商可以多年来一直为所欲为，代替了原本需要积累多年经验的启发式方法（heuristics）。假如软件在市场上得到认可，这就成为他们的功劳，更多的软件产品就可以售出。如果软件不管用，他们也不会承担任何不利的后果。为此，我们应该废除人们以社会损失为代价的自由选择权，使其更具有约束性和体现社会责任。

我们面临的问题并不只是 VaR，而是大量"宽客"（quants，指计量分析专家）正在代替更具理性、更有经验的市场专业人士。这就是简单明了的明示知识（declarative knowledge）和更复杂的专业知识之间的区别，而对于后者而言，如果没有长期的从业经验，你很难将其中的丰富信息进行有效传递。

尽管没有从业经验，但金融学教授仍可以教授 VaR 方面的知识。因此，它（明示知识）可能更容易流于平庸。

但这里有一个"它帮助就业"的问题。我在各种培训项目中的教学经历令人沮丧；学习数量金融学的学生只想学习数学，而不是金融，更不是知识本身。他们所感兴趣的只是学什么东西能帮助自己找到一个工作，而对了解真相一点不关心。教师则将能帮助这些学生就业的东西兜售给他们，根本不去考虑这些人将来会用学到的知识摧毁经济。

问：您在多年前就预见到这场危机，并向人们提出关于 VaR 的警告。为何人们没有听从您的劝告？

答：首先，从个体角度，人们接受我的观点；但从集体角度，人们却没有理会。之所以这样，一方面是因为其中有我和你曾讨论过的责任发散机制，另一方面也有"别人在用，为什么我不能用"的羊群效应。

其次，专业机构也难辞其咎，比如金融分析师协会（CFA）和规模有限国际金融工程师协会（IAFE）等。他们忙不迭地传授或改进投资组合理论等现代金融工具知识，并给它们打上"专业技能"的标签。按照他们的说法，除此之外没有其他专业知识（事实上，启发式工作方法通过积累经验和学徒方式进行传授，而不是通过授予证书的方式）。这些专业协会并未认识到，他们正在鼓动人们去冒本不应该承担的风险。

问：你有没有解决之道呢？

答：事实上，我从阅读启发式方法的相关研究资料获知，面对复杂的问题往往只需简单的解决方法。在错综复杂的现实世界里，复杂的解决方案往往会牵连出更多的棘手问题，因此会螺旋式地导致越来越严重的苏联式官僚难题。我认为，一个有效的解决方案是，遵循一个古老的原则来消除代理人问题。

"船长与船共存亡；船在人在，船亡人亡。"

人们应该像（美国政治活动家）拉弗·纳达尔那样，起诉任何一家引发危机和造成社会损失的金融机构。这样就可以消除那种"别人就在那样做"的争论。

再提供一点背景知识。当我完成《黑天鹅》一书时，我听说过各种自欺欺人的无妄之言，比如"假如给我些更好的东西，我就可以维持现状"等。但当人们真的处于危险境地之时，他们却不再说这样的傻话。如果飞行员声称手上没有喜马拉雅山脉的地图，但会用仅有的沙特阿拉伯地图，人们绝不会同意乘坐这架飞机飞越喜马拉雅山脉。他们宁愿取消飞行，徒步前往目的地而不是待在飞机上。但在金融市场，他们却会犯类似的低级错误。为什么？

原因就在于，当你乘坐飞机旅行的时候，飞行员就端坐在驾驶舱里，而在金融市场，我们却是在乘坐没有飞行员的飞机。就这么简单。不妨将所有的飞行员都赶上飞机，让他们都来一起承担飞机坠毁的风险。

华尔街资深金融计量分析专家的观点

阿伦·布朗（Aaron Brown）

阿伦·布朗是华尔街一家世界顶级对冲基金——AQR 资产管理公司的风险经理，也是《华尔街的扑克牌》（2006）、《华尔街金融史》（2012）等书的作者和《一个充满机会的世界》一书的合著者。布朗是一位顶尖的数量风险分析师，拥有丰富的实践经验和突出的市场业绩。尽管他也提出过对 VaR 的疑虑，但如果非得要定义他的身份的话，他更应该算作 VaR 的支持者而不是反对者。有人可能会问，为什么邀请他来为一本指责 VaR 是危机罪魁祸首的书撰写文章呢？我想，读者会从中获益匪浅。这本书已经充满了指责 VaR 的证据，何不干脆为读者提供不同的观察视角呢？此外，阿伦·布朗亲历了 VaR 兴起的整个过程。而且，与其他许多 VaR 忠实者不同，他非常严肃慎重且风格优雅地阐述自己的观点。即使我与阿伦·布朗就 VaR 的责任和能力存在分歧，我也不能让读者（和我自己）失去这样一个聆听这位风险专家意见的机会。

VaR 的诞生并非来自于某人的灵光乍现，而是一个曙光渐露的缓慢过程，这也正是为何很难将此归功于任何特定的人或时点的原因。不过，促使 VaR 发展的原动力则可以得到确认。准确地说，它发轫于 1987 年 10 月 19 日的股市崩盘。为了解释这个时间节点为何如此重要，我们需要回顾一下四分之一个世纪之前那些愤愤不平的宽客们（quants①）。为了理解这些人的愤懑之情，我们甚至还需追溯到三个世纪之前的 1654 年。

1654 年，两位伟大的法国数学家——Blaise Pascal 和 Pierre Fermat——相互通信，探讨一个由来已久困扰人们的数学难题：如何在一个突然中断的骰子比赛中分配赌本？比如，两个选手均出资赌本的一半，用以奖励最先赢下 7 局比赛的选手。正当一位选手赢下 6 局，另一位选手赢下 5 局时，这场比赛被突然中断了。

Fermat 指出，此时还需两局比赛才能确定最后的赢家。如果用 W 表示已赢 6 局的第一个选手赢下一局比赛，而用 L 表示失败，这两局比赛结果的可能组合是 WW、WL、LW 或者 LL。在现实比赛中，如果出现前两种情况，第二局比赛也就没有必要再进行了，因为比赛结果已经明了。但 Fermat 认为，这并不重要，如果两位选手被强迫要求把两局比赛都赛完，赌本的分配结果都应该是一样的。第一位选手将会在四种可能情况下赢得三次（除了两局全输的情况之外），因此他应该获得四分之三的赌本。

尽管 Fermat 身为律师，但采取法律手段来解决这个赌本分配难题的却是 Pascal。他从法律角度推理认为，如果比赛达成平局，那么赌本就应该平均分配。假如第一位选手赢得了下一局比赛，他理应赢得所有的赌本。如果第一位选手输掉了下一局比赛，双方打成平手，所以大家应该平分赌本。大家不妨可以考虑一下：不管第一位选手在下一局比赛中是赢或输，他都应该赢得赌本的一半，下一局比赛则决定另一半赌本的归属。因此，第一位选手可以获得一半的赌本，再加上另外一半赌本的一半，总共是四分之三的赌本。

在两位数学家的通信过程中，Pascal 发现一个令人兴奋的焦点，即双方采用不同的方法得到了相同的结果。这个发现激发了人们在数学思维上的急剧变化。之所以称其为"激发"是因为，这个变化太过快速

① 译者注：宽客指计量分析专家。

以至于还不能完全归因于这些信件本身。许多人或许会对这种看法有所保留，但 Fermat 和 Pascal 的确已经为新思想的诞生播下了种子。在 1654 年之后的十年间，人们将类似于教区出生率和死亡率等各种原始数字引入到此类问题中，开展对人口分布学、政治学等领域的深入分析，此后简便明了的概率分析学说在法律纠纷、哲学研究、统计方法等领域逐渐普及，概率研究被当做数学的一个分支，精算概念被引入到年金计算中，而人们则采用条件推理——所谓的"贝叶斯定理"——来处理日常事务。

混淆的概念

这种思想上的变化是启蒙运动的重要组成部分。它不是一个重大发现，相反，它源自于两个概念的混淆。在雅各布·勃努力（Jakob Bernoulli）所写的《猜度术》（*Ars Conjectandi*）一书中，长期频率是个枯燥乏味的话题，而 Fermat 则以此为题发表了一篇数学论文。另一方面，Pascal 坚称双方赌客理应接受一个公平的赌资分配结果。当讨论掷骰子话题时，由于理性的判断需要与长期频率相印证，人们很容易将这两个概念混淆。但对于不可复制的事件——如美国总统大选——又如何验证呢？为何我们都用"可能性"（probability）同一个词来指代可重复试验的长期频率和对不确定一次性命题的信任度？

将两个概念相混淆的不合逻辑之处已经在过去数个世纪被多次指出，通常人们都认为是自己第一个提出此类观点。现代读者最熟悉的一位叫法兰克·奈特（Frank Knight），他表示我们应该使用"风险"（risk）一词来指代频率的概念，而用"不确定性"（uncertainty）来指代信任度。约翰·梅纳德·凯恩斯大约在同时期提出了类似的观点。一个世纪前，数学家泊松（Simeon Poisson）则使用了"可能性"和"机会"的提法。在此半个世纪前，法国数学家、哲学家孔多塞则使用"天赋"和"信任的理由"的概念。后来，鲁道夫·卡尔纳普（Rudolph Carnap）提出过分怪异的"可能性₁"和"可能性₂"，也称其为"统计"和"归纳"可能性。在 20 世纪早期，人们开始使用"偏好"（propensity）和"倾向"（proclivity）两个概念。到了 21 世纪初，美国前国防部长唐纳德·拉姆斯菲尔德提出了"已知的未知事"（known unknowns）和"未知的未知事"（unknown unknowns）的新概念。并非所有人都用同样方式分辨频率和信任度之间的区别，但他们都承认存在两种类型的"可能性"。

数学家设法通过对概率理论进行深入研究来解决上述难题。不幸的是，直到 20 世纪中叶，人们提出了两套十分缜密的理论体系，一套基于可重复试验而另一套则基于主观信任度。没有任何一种数学方法能够将这两种理论体系融合在一起，两者的研究方向也是完全不同的。

我作为一名学生接受了出现于 20 世纪 70 年代的计量分析训练，并在后来成为所谓金融圈的"火箭科学家"（rocket scientists）。这个称谓很傻而且不准确，但与如今相比，当时这个说法有其独特的内涵。那时，1969 年阿波罗登月带来的荣耀仍在闪闪发光。对于那些实际参与这项冒险事业，并为人类知识拓展作出巨大贡献而非局限于技术领域的火箭专家，我们感到由衷钦佩。作出相同的伟业就是我们梦寐以求的目标。

有几个原因令金融界的火箭专家们愤愤不平。我们感到，绝大多数计量分析师使用质量低下的数据和糟糕的逻辑推理来得出自己都不敢打赌的结论。数学工具被用来验证各种危险的荒谬观点，你甚至可以找统计分析师来证明对一个问题的两种相反解释，比如抽烟是否导致癌症或种族歧视是否真实存在，等等。太多的"宽客"将专业技能当做一个知识堡垒来抵御对真相的探求，而不是将其作为一个工具来探索真实的答案。这个世界似乎变得越来越糟，而宽客们就是其中的一个问题所在而非解决之道。毫无疑问，鲁莽无知的年轻计量分析专家让人觉得这种情况越发严重，但我始终相信计量分析基本上是正确的。

统计学家的类型

使用长期概率概念的"频率学派"统计学家并不能告诉你，如何计算那些正在发生事件的概率。不过，他们可以提出一种判断，并告诉你其判断不成立的长期频率的最大值。比如，一个长期概率论者可以告诉你，他以1%的置信度拒绝接受某处河岸会在来年决堤的说法。这或许意味着他进行了一次深入仔细的调查。或者，这也可能意味着他将99份真实的陈述放入一顶帽子并附加了一张写着"明年河岸不会决堤"的纸条。如果他抽出了关于河岸决堤的陈述，那他就是完全正确的。毕竟，在帽子中的100份陈述中有99份是正确的，从中抽出一张错误陈述的概率少于或等于1%。频率论统计学并不要求统计学家实际指导任何关于他在讨论的话题。频率论统计结果的可靠性并不取决于显著水平，而是取决于工作的热情和严肃程度。到目前为止，对前者的要求体现在每一篇学术文章之中，而后者却被遗忘或者要求很低。

理论统计学的另一个阵营属于贝叶斯学派（Bayesianism）。这套理论的基石在于主观置信度。在20世纪30年代，意大利数学家Bruno de Finetti引入置信度的概念作为概率的频率解释。他所钟爱的例子是，确定10亿年前火星上存在生命的概率。看起来，这种概率不可能得到定义，更不用说对其进行估算。而De Finetti则声明，这个命题不仅存在有统计意义的概率，而且人们还可以知道确切的答案。假设有一项星际考察就会在明天揭晓答案，并且设立了一项保证金，担保假如"10亿年前生命确实曾存在于火星"的观点正确就支付10美元。如果答案正是如此，那么你可以因提出报价而最终得到10美元，或者接受报价最终付出 10 美元。你必须设定一个买入和卖出相同的价格水平（如有必要，可用枪指着你的头）。如果这个价格水平是 0.1 美元，那么说明你相信事件发生的概率是 1%。

金融计量分析专家们认识到，概率计算结果取决于你打赌所用的货币。比如，假设火星考察的资金来源于项目自身发债筹集，而债券面值以火星殖民者所使用的火星探险货币（mec）计价。按照今日的汇率计算，一火星币兑换 1 美元。如果确实在火星上发现存在生命的证据，那么由于火星上有用物品或重大发现的可能性以及火星适宜居住的几率上升，一火星币的价值将飙升至 10 美元。从逻辑推理而言，如果你会用 10 美元的保证金兑换 0.1 火星币，你就应该愿意支付 10 火星分（今日价值 0.1 美元），来作为当发现火星存在生命时所需支付的 1 火星币保证金。所以，按照火星币计算的话，你认为火星在 10 亿年前存在生命的概率是 10%，而按照美元计算的概率则是 1%。概率取决于赌注本身是什么。在大多数统计学教科书中，这个让人不安的事实被隐藏起来。这些书籍要么假设存在一个完美的、在全世界各地各种情况下都有同等价值的计价单位，或者只是使用一件简单物品作为赌注。这两种假设都对解决现实问题没有用处。

同样，金融计量分析专家还对谁是你的赌博对手感到担忧；对于一个酒吧里的傻瓜，或一个外空生物学教授，或者一个在你家后院玩飞盘的年轻人，你可能会提出完全不同的赌博报价。你所设定的价格水平不仅取决于你所相信的事情，同样也取决于你认为对手所相信的事情。甚至由于你设定的赌价取决于你如何感受未来世界，因此你是一个什么样的人也同样重要。简单而言，我们决定了在自愿参与的公开赌场中可以实现市场出清的概率水平，此间设定的机制可避免长期输钱。因此，一个事件可能存在多个概率，而其间的区别由不同市场或不同的计价货币所决定，但不同概率之间的差异程度仍会受到套利的约束。概率总会有一个幅度足够的买卖价差以防止做市商亏损。这并非意味着在估算概率时存在外部噪音，实际上概率的定义中就天然保存了不确定的特性。如果你不能为一个命题创造或者令人信服地假设出一个活跃的赌博市场，那么这个命题的概率就难以准确定义。

这与频率论统计学家的考虑有些不谋而合。假设一个频率论者以5%的显著水平告诉你1 000件事，那么我们很难说其中超过50件事是错误的。不过，如果950件事没有什么价值或者你已经知道真相，而其余50件事很重要但处于未知状态，那又会怎样影响你的判断？频率论者的分析结果只是对那些仅仅关心正确事件数量的人有意义，比如那些在每件事情上定下相同赌资的人。一个频率论者不需要明确货币或赌博对手来定义概率，不过他仍然需要这些东西来把长期频率的判断转变为有利于做出现实决策的信任度。

金融计量分析专家的意见

我不想再去重复那些逻辑推理，但金融计量分析专家早已认定，现实中并不存在一个完美定义的概率分布。不论是频率论学派或贝叶斯学派，任何一个概率陈述都取决于什么事情重要。对于实际问题而言，有许多事项都很重要，所以你需要一些计量分析工具来将它们联系在一起。比如说，你需要用不同的货币来对每件物品进行计价。但钱并不能买到所有东西，在一些特定环境中，钱甚至一文不值。不仅如此，在不同的结果中，重要事项的相对价格也会发生变化。此外，除了理论研究，你绝不可能精确地知道所有可能的结果，也无法了解自己如何看待这些结果，同时也不可能有足够的数据样本来对极端事件做出有意义的概率估算。这些都不是影响概率计算的细枝末节问题，它们在统计理论和实践中占据了非常重要的位置。

对于一位贝叶斯统计学家而言，每一个人都会面临不同的概率事件，而在实际的概率运用中，贝叶斯统计学家经常不得不依靠不正常的无信息先验（加总结果不等于 1 的概率分布）以及为了方便数学计算而非主观信任度选择的概率分布。对于一位频率论统计学家而言，每一个事件就会有一个概率，没必要期望一组独一无二事件的置信水平会加总得一。在理论上，频率论的概率分布加总为一，但在实践中，所有学派的统计学家都将异常值排除在外。一些情况下，这些异常的观察结果可能是数据错误，也可能是无关紧要的意外事件，在另一些情况下，这些反常现象可能昭示了一些比正常数据更为重要的数据意义。不论何种情形，异常值都很少被拿来与其他数据一道按照相同的统计方法进行分析。事实上，概率分布仅仅针对非异常数据，故而不会一定是加总为一的情况。

金融计量分析专家们相信，概率分布状况是与理性的主观信任度和长期频率相符合的，但它并未包含所有的可能结果。不仅如此，即使在概率分布的适用范围内，完美准确地定义概率也是不可能的。对于同一个事件，很可能有不同的概率结果，但这些不同概率结果之间的区别是受到约束的。我们相信，利用最为精确合理的数学工具可以对概率进行定义、估算和限制。

这种世界观加上其他因素促使金融计量分析专家们远离学界、政府和商界，把眼光投向那些更为自信且成功率较高的特别是获得长期成功的宽客们。一些带有频率论色彩的人往往会受"优势赌博法"①（advantage gambling）的吸引，利用一些对你有利的极端情况进行赌博游戏，其中最为著名的例子就是"21 点计牌"（blackjack card counting）游戏。这些人希望通过对长期频率变化情况的把握来赚取钞票。人们说你不可能赢下所有的人，但宽客们发现你真的可以赢下所有人。

在关于赛场赌博方面，金融计量分析专家与贝叶斯学派的观点立场非常相似。体育比赛赌徒中的宽客很少担心比赛一方或对方赢得比赛的

---

① 译者注：即在赌博过程中，利用合法手段取得数学概率上的优势地位。

概率。他们可以很轻易地通过预测其他赌徒的主观预测结果而赚钱。比如，预测一场洛杉矶湖人队和西雅图超音速队之间的 NBA 球赛比分无疑是一件让人苦恼的工作。但是，如果你知道这场比赛是在洛杉矶举行，这里肯定有更多的人期望湖人队赢下比赛，同时湖人队是一支在全国都有大批粉丝的梦幻球队，那么即使傻瓜都知道有许多人把赌注押在湖人队一方。这意味着，分差将会进行调整以至于对超音速队下注更为有利可图。这个原则实在是太简单而难以真正有效，但它却说明了其中概率分析的特点。可以说，宽客们使体育赌彩业出现了根本性的变化。

一旦赌客被发现利用概率计算取得赌博优势，他往往会遭到赌场驱逐，或者面临更糟糕的结果。相反，体彩赌客则受到博彩当局的欢迎。他有助于设定更为准确的分差，也可以帮助博彩当局维持赌博平衡以免承担风险。优势赌博论者更多是那些具有反社会倾向的独侠客。他们指望通过计算长期频率获胜，不喜欢去预测人们的行动。体彩赌客则与周围的人相处融洽，经常参与或者挑起一场赌博。他们希望通过预测别人的行动来获胜，却对需要预测频率的事件感到心里没底。

以上这两种赌博我都尝试过，但最终自认为属于扑克牌选手类型的赌客。在赌博的时候，一些社交技巧是必不可少的。你要设法让自己得到邀请去参加一些好玩的游戏，然后才能从输家手里赢钱以及避免被欺骗或被逮住。作为一名优势赌博论者，你不能对他人持无动于衷的态度，当然你也不需要那些在大公司里才需要的社交技巧。一个专业的扑克牌选手必须要面对各种赌博游戏中的挑战：骰子、拉米纸牌、高尔夫等。如果你在扑克牌游戏中赢了别人的钱，那么别人就会期望你参加别的活动，以便从你手中把钱赢回去。如果你拒绝别人的要求，你就会被别人当做骗子或者一门心思只想赢钱的人。我对这种情况有所体会，但我知道，假装是个体育迷是确保下次受到邀请打赌的前提条件。可以说，假装成一个牌技不佳的扑克牌选手有作弊的嫌疑，但装扮成一个热情的体育迷却是博彩游戏的一部分。之所以两者有所区别，原因在于：

前者是故意误导别人从而达到赢钱的目的——欺诈；后者则是试图做一些别人希望你做的事情——客套。在赌桌边上，扑克牌手既要计算长期频率，又要算准对手的下一步举动。

一举成名

20 世纪 80 年代早期，大量金融计量分析专家来到华尔街工作。那时，华尔街的宽客数量寥寥无几。我们像对待赌博一样对金融业进行了重新塑造。金融业发生的改变可以被看做是 20 世纪 80 年代的老式胶卷照相机与现代数字照相机之间的区别。它们外观相似：两者都有镜头、快门和闪光灯，都需要电池甚至是相同型号的电池，人们拿着相机拍下度假、聚会和孩子们的照片，两类相机的价格都差不多。但对于制造相机的人而言，两种相机可谓相差十万八千里。它们按照完全不同的原理工作。历史上华尔街一直都高高在上，普通人往往都匍匐在它脚下；而自从宽客出现之后，他们彻底改变了华尔街的生存游戏法则。

那些频率论的优势赌客思考着，如何能从市场的无效率中挖掘金矿。他们认为自己可以在擅长的领域赌一把，或许能通过长期频率的计算大赚一笔。他们着手研究证券市场，而不是猜度市场参与者的行为。他们不关心谁是自己的交易对手，而是专注于是否存在市场漏洞。让他们失手的情形大概只会是，市场极端失常迫使他们抛售自己手中的交易头寸给投资者或交易对手。因此，通常情况下，市场可谓是他们的知心朋友，而人们则是其潜在敌人。作为反社会的独侠客，宽客们倾向于成立不需要公开融资的小型封闭型对冲基金。

那些贝叶斯派的体彩赌客则在关注市场是否失衡。他们认为，自己可以找到那些本应该发生却没有发生的交易，并通过实现这类交易而赚上一笔。他们关注处于交易另一方的对手，而不是证券本身。他们希望通过预测人们的行为来赚钱，当然也会在市场不利的情况下输钱。贝叶斯派的赌客们来到证券市场，发现这里正是他们想找寻的地方。

可以说，我同时具备以上两种赌客的品性，而且似乎更倾向于走同时关注市场低效和市场失衡的中间道路。像我这种人，最终的结局不外乎要么坐进了投资银行的交易室，要么自己创办企业。

此后若干年，市况日渐趋好。所有这些金融计量分析专家都赚了一大笔钱。1987 年 10 月 19 日，一场市场雪崩让宽客们几乎血本无归。让人感到震惊的不是证券市场会在一夜之间暴跌超过此前两倍，所有市场里的行家都对市场的肥尾分布理论（fat tails）心知肚明，没有任何人能在证券市场中保持不败。问题在于，整个证券市场发生了价格重估，而正是这种市场重估完全摧毁了宽客们的投资战略。我们中的绝大多数人都持有只要能守住仓位就能盈利的交易头寸，但最终我们还是没有能够坚持住。

金融外行通常以为市场交易机会是慢慢流逝的。比如，如果一项资产被低估了，聪明的交易员会将它买入，并设法推动市场价格回归到正常的公允价值水平。然而，现实情形要更加复杂。市场价格一开始可能不会发生变动，甚至掉头向下，然后才在某个时点突然发力上涨超过公允价值水平。事实上，市场中各类金融产品的价格瞬息万变，其复杂程度远远超过人们的想象。市场中往往会突然发生一些令人完全意料不及的事件，使价格走势发生陡然变动。一个总体上还算靠谱的市场基本判断在于，市场价格的调整会对热钱造成损失。热钱可以改变市场价格走势，而市场走势也同样会反作用于热钱的流向。

这里，我想列举一个关于地球的例子。大量研究发现，市场是非常有效率的，但这些研究需要关注长期的大规模投资组合。对数量级水平为 0.1% 的市场失效或市场失衡而言，测量是很难的。但即便如此，按全球经济 100 万亿美元的规模计算，市场失效或失衡的规模也可能达到 1 000 亿美元的水平。与之相似，如果将地球压缩至篮球大小，它可能会变得比弹力球还光滑平稳，但从人的角度来看，它仍像高山大海一样粗糙不堪。

利用市场失衡来获利就像利用势能的作用把石头从山顶滚落至大海一样。当你这样干的时候，高山和大海都可以被忽略不计，你可以轻易地将市场失衡抹平。但人们并非真的就是依此行事，他们更可能把水从山上引流下来，去推动水轮车或者启动水力发电厂。这种做法并非是为了实现平衡。不管如何，山上的水都会自己流淌下来。总之，你可以通过控制水流来改变流水下山的进程。因此，自然界中并没有任何法则说不能永久性地进行水能的开发利用。与此相同，没有任何理由认为那些利用市场失效或失衡来赚钱的人有助于经济变得更为高效，或者面对稍纵即逝的市场机会不赚白不赚。追逐暴利的市场交易总会发生，但至少在一定时间范围内，与之相反的交易也在同时出现。

让我们想象一下，许多人都在同一条河流中汲水，相互之间不存在协同配合的机制。这就像在金融市场中的个人和机构投资者一样，他们没有相同的价值衡量标准或计算方法，也没有一直的短期风险利润最大化目标。有的人从市场这条河流中引水发电，有的人则用来浇灌庄稼或抵御洪水，等等。很容易理解的是，田鼠和农夫的目标属于背道而驰，再好的计划也很难实现兼顾两者利益的平衡；河岸决堤、水量不足或过高、电厂污染以及成千上万种可能性，都会导致灾难的发生。巨大而突然的自然灾难很容易在转瞬之间就将河流两岸所有的东西席卷一空。同样，金融危机也会威胁到每一位市场人士，而不仅仅是波及那些专门从事高风险投资的人。当然，在面对某些特殊极端事件时，常规性的应对是远远不够的。此时，你应该警惕灾难可能正在临近，应该立即调整经营战略着手改变现状加以应对。

正是这样一种极具挑战性的工作吸引着那些金融计量分析专家们，其工作的核心就是设法发现适当的计量分析方法，以便在正常的市场中赚得钵满盆满，并在周期性的市场危机中存活下来。和以往一样，我们这类人通常被分为三个阵营。

探究风险的奥秘

从一个管理小型对冲基金的频率论者的视角来看，问题的关键在于资本，你需要足够多的资本才能挺过艰难的市场调整时期。另一方面，你也并不需要太多资本，过多资本意味着你需要召集更多的外部投资者。这种对资本的两难态度让我们需要好好对风险作一个定义，即在一定时期之内，通常为一年，在一定概率条件下你可能预计到的最大市场亏损。它不取决于你的当前交易头寸，甚至也与你的交易策略毫无关系。比如，你可以持有一个高风险的投资组合，同时也确定了一个将亏损率保持在一定水平之下的止损值。频率论者将其亏损率概率与债券违约情况相比较。举例而言，如果你认为当前投资的下一年最大亏损值为100万美元的发生概率为0.5%，同时每年BBB级债券的违约率也是0.5%，你就会认为你可以筹集100万美元的资本来运作这项投资策略。你可以观察市场中BBB级债券的成本情况，这样你就可以知道你的运作成本了。

对于在交易室工作的扑克牌选手而言，每日盈亏情况是其关注的重点。我们将风险定义为盈亏标准差或一些更为直观的统计数据。这种做法使我们被归入"价值"阵营，原因在于我们每天都要以市值计价来评估盈亏状况。基于技术原因，我们实际上在严密测量各种交易头寸在每日开盘和特定市场中的价值变动情况。对于从事结构性金融产品交易的贝叶斯派而言，其交易周期通常超过一天，但仍短于对冲基金的交易周期。他们喜欢将风险与收益进行比较。较之损益指标，盈利指标可以对投资活动的经济产出进行更为准确的评估，并在市场流动性减弱的情况下更能反映投资活动的客观状况。不过，盈利指标的实现还需视许多假设情况而定，同时数据也很容易被内部操控。

1987 年危机过后若干年，市场的记忆开始消退，人们的担忧从极端的市场价格变动转移到风险的累积上来。投资机构变得越来越臃肿复杂。即使在各个投资领域的风险都得到了较好管理，但只要市场中的投资交易在以不同的方式做出同样的赌博行动，任何一家机构都随时可能爆发危机。当然，有些机构危机的暴露只是对 1987 年危机的一种曲解——毫无关联的交易活动失败并不是因为他们都在进行相同的赌博，而是因为市场调整的力量是如此巨大，以至于原本正常的市场环境遭到了彻底破坏。

鉴于市场秩序中存在自上而下的指令系统，当市场面临调整之时，投资交易活动往往面临快速简单交易指令的巨大压力。此时，宽客们四处寻找快速有效的指令性工具。他们发现，市场价值是唯一能够在各类交易活动中都能被准确一致定义的衡量工具。每个人都在计算交易活动的损益情况，但在不同的交易活动中，资本和盈利的内涵往往千差万别。不过，没有人知道如何将一家机构所从事的不同交易活动的概率分布情况整合在一起。现实中没有任何数据和模型能胜任这样的工作。不过，我们可以监测某家机构交易活动损益指标超过特定限额的频率。因此，我们将对资本的计量方法———特定概率和额度下的亏损值——移植到对价值的测量上来。风险价值（VaR）由此诞生了。当然，这个名词本身或许让人难以理解：价值本身并不存在风险。但那些玩资本运作的家伙们喜欢称风险资本（capital at risk），所以我们也萧规曹随，在用价值替代资本之后，发明了 VaR 一词。

两大意外

首先，坏消息迎面而来。人们发现，计算 VaR 是一件异常困难的事情。你需要在每天交易开始之前，为每一个交易策略、交易员、交易室甚至整个投资机构设定一个 VaR 值。回过头来重新审视 VaR 值是没有意义的，问题的核心在于这个数值是在做出交易决策之时发挥作用。通常在计算过程中，有些数据难免会丢失，同时也会出现许多错误。为此，会计人员在交易结束后需要花费几天的时间才能让损益表平衡，而VaR 则需要在交易发生前就有一个价值预估。不仅如此，即便拥有了准确的数据，市场风险价值仍然很难被预测。

通常，对 VaR 值有三种检验手段。第一，你需要获得在标准误差范围内准确的断点数据（breaks，即损失额超过 VaR 值的天数）。第二，断点之间需要在时间上相互独立。当断点发生数月后都未再次发生之时，你会希望得到相同的断点频率。第三，断点需要与 VaR 的取值水平相独立。通过这三个检验中的两个是很容易的，但同时通过三个检验却很困难。总的来说，没有人对 VaR 断点的准确与否持有十足的把握。

除了宽客之外，没有人关心数据准确与否。只要有人感兴趣，我们就可以为他们提供任何貌似正确的数据。即便如此，我们仍出于职业自豪感或者那种锲而不舍的固执，在孜孜不倦地研究如何改进计算，而不是仅仅将 VaR 视做一种有用的智力训练来看待。我们发现，人们所依赖的数据是不可能完全准确的，而且我们对于概率分布中心的风险状况也是知之甚少。每个人都在担心尾部风险，但他们实际上却还根本没有对高概率风险实现掌控。如果我们认真分析一下优势赌徒、扑克牌手或体彩赌客的赌博计算，我们或许能得到一些新的启示。我们与后勤部门建立人缘，从财务主管以及审计人员那里学到很多东西。我们设计使用了一种所谓"扳机"（trigger）的计算程序，如果发现有数据与预测值相比出现异常情况，则立即发出风险提示，但当数据重新与预测值一致时又可及时恢复正常提示状态。为此，宽客们经历了若干年不懈努力，最终才实现每日及时为所有交易活动提供 VaR 值。

接下来，好消息接踵而至。当你最终获得了一个确切的 VaR 值时，它就即刻显示出无与伦比的实用价值。与以往所有人、所有工具相比，VaR 和 VaR 断点数据变化情况成为更具价值的风险信号。在形成这种认识之前，对冲基金已经运行了 40 年。成功的基金经理普遍都很富有。突然之间，对冲基金亿万富翁的数量爆炸性增长，而这些小型资本池成长为金融市场中的决定性力量，相比一些大型金融机构甚至政府都更具影响力。自此，金融行业的盈利成倍暴涨，并受到大众的广泛关注。VaR 正是点燃华尔街宽客时代变革的导火索。

VaR 的没落

一旦 VaR 的价值被发掘出来，人们实际上就开始滥用甚至埋葬它。对于不懂计量分析的非宽客人士而言，VaR 很难计算，因此，他们并不在意如何计算的问题。这些人基于有缺陷的模型和低质量数据就随意地计算出一些数字。这些数字要么是滞后于市场表现，要么需要后期修正，但没有人在意这些，也没有人去真正使用这些数字，而这些数字也未曾通过后期验证。

同样，我们也见证了大批毫无风险管理背景，甚至没有任何市场经济经验的宽客涌入金融行业。他们自称为"金融工程师"，其中许多人在履历中自诩为金融业的"火箭专家"而沾沾自喜。尽管有些新生代宽客对风险有了更深的理解，并在很大程度上促进了金融业的进步，但其他更多人却一门心思扎进如何最大化盈利的模型计算中，而对理论或数据质量问题毫不理会。他们只想着如何解决能够赢得大笔薪酬的计量模型问题，而不是进行风险预测。可以肯定地说，为了挣钱，他们甚至愿意去从事机械的物理工作。

真实的 VaR 值会给保守慎重的金融机构带来麻烦，因为这些数字往往会发生难以预料的变化。你不可能改变计量分析师在计算 VaR 值时所运用的复杂运算法则，因此你就无法指出是哪些特定的事件或交易头寸导致了 VaR 值计算结果的变化。对于一个敢于冒险的宽客而言，任何好的风险测量都应该让人感到意外。你唯一的选择在于，在交易发生之前就感受到风险测量的出人意料之处，或者是对市场随后作出的反应而感到意外。但是，对于宽客和风险规避者而言，难以解释的数字是不方便的。相较混乱和不便的现实真相，稳定、确定和理性的虚构假设则更容易受人青睐。

一个相关的问题在于，金融监管和审计人员喜欢看到，各种数据是在一个可控的系统中，经过可靠的程序计算出来的。计算 VaR 值需要层状运算法则以弥补因数据缺失和错误带来的缺陷，同时这些数据需要进行经常性地检查修订。VaR 值还必须逐步形成和保持相关特性。当然，这可能会与人们对计算的控制和确认要求形成冲突。另外一个相关的问题在于，没有一个简单的方法可以有效控制 VaR 的计算。如果 CEO 要求降低 VaR 值，如何做到这一点就显得很微妙复杂。

另外，有人将 VaR 视做风险测量的尺度，事实上它难以胜任。原因之一在于，VaR 仅仅对概率分布的中心区域进行测量，而风险则主要存在于尾部区域。此外，VaR 值并不表示你所能承受风险损失的最大值，它实际上是你在最糟糕日子所损失的最低值。最重要的是，一个低 VaR 值的投资组合或交易并不比一个高 VaR 值的投资组合或交易更安全。低 VaR 值只不过意味着，你可以在一个更小的区域做出可靠的预测。降低 VaR 值就是在挤压概率分布中心区域的风险，就仿佛更加用力地把东西握得更紧一样。在一些情况下，这是件好事；但在其他一些情况下，你可能会因此打烂手里的东西，或者不小心把东西从手心里挤出来，甚至于你的手还可能因为握得太紧而疲劳痉挛。与此相似，降低 VaR 值可能会降低尾部风险，也可能增大风险。

巴塞尔 II

　　VaR 兼容了优势论赌徒和扑克牌选手两种概率认知理念，而那些体育博彩类型的宽客们又是在如何思考市场风险的呢？他们可以归入贝叶斯理论阵营。如果不是因为这些人的存在，那些熟悉长期概率分布的频率论者就不至于蒙受损失，而是会在市场中大获全胜了。那些体育博彩宽客不仅认可 VaR，而且还利用其大获其利。事实上，对冲基金和证券交易室一直在使用 VaR 进行交易操作，并且在风险管理方面取得了长足进步。不过，在大型金融机构内部，VaR 已经被重新定义了。

　　在体育博彩宽客看来，风险应该由对盈利水平的威胁程度来衡量，而不是视公允价值的变动情况而定。于是，他们设立了新的规则，以便对 VaR 进行回测检验（backtest）。当然，这种测试并非针对客观的公平市场交易，而是针对不同的计量模型和不同会计准则下的估值水平。他们仍将其称之为风险"价值"，但它实际上已变得更像是风险判断。

　　相较扑克牌选手，体育博彩宽客所关注的期限长度更长；收入水平是按季度和年度来计算的，而交易员则要时刻思考市场价格的每日甚至日间变动情况。VaR 值按照 95% 置信区间进行逐日计算。一个经典的经验法则在于，如果要做到稳妥地估算一个参数，需要 30 个观察样本。95% 置信度的每日 VaR 值可以在 600 个交易日中——两年半的时间内——拥有 30 个统计间隔来进行测算。对于体育博彩宽客而言，他们更倾向于计算 99% 置信度水平的 10 日 VaR 值，而对其进行准确估算则需要 3 000 个交易日或 15 年的时间来确认。这种现实使得 VaR 从一个客观数据转变成一个信仰。优势论宽客也一直采用长周期和高置信度，但他们却从来不会对风险资本进行回测检验。他们相信，自己已经拥有了非常好的模型。

　　当然，那些贝叶斯派的体育博彩型宽客并不傻。他们知道，VaR 就是一种市场判断，而这种判断就是他们赖以成功的本钱。现实状况究竟如何并不重要。如果你已经在一些小规模的资本投资上取得了可观的利润，你就会得到很好的资本回报。这将会推高你的股票价格，同时降低你的债券收益率。只要你可以让投资者感到心满意足，你就可以筹集到足够的资本来掩盖可能发生的任何损失，也可以向自己的员工大方地分发红包，以便留住和吸引那些能够创造更多利润的人。看起来，这分明就是一个良性循环。也许，它听起来有点像旁氏骗局，而它也的确不是我所期望的经营模式，但只要有合适的人选来管理风险，这种模式还是可以有效运行的。短期来看，人们或许会对利润见仁见智，但最终还是会觉察到利润和现金流之间存在微妙差别，并最终相应调整他们的行为模式。

　　以上正是内嵌入巴塞尔 II 资本准则的 VaR 模式，前者的理论基石几乎充斥着类似 VaR 的概念。将 VaR 视做风险度量工具本身没有多少理论意义，但它却拥有难以匹敌的实践运用价值。不仅如此，对 VaR 值的计算可以促使市场交易的信息系统加以改进。这种努力在许多方面也促进了风险管理的改善。人们开始通过签订交易轧差和抵押品协议等方式来消除交易对手风险。金融市场的结算状况也得到改善。对于那些我们在 2008 年所遇到的各种问题而言，假如没有之前 20 年间所进行的金融革新，那么这场危机带来的危害将会更加巨大。

　　当然，VaR 模式的运用也带来了不幸的一面，那就是 VaR 的计算成本相当高昂。为了激励银行愿意采取行动，监管当局不得不许诺降低资本要求。这种做法起到了一定作用，其背后的逻辑在于：如果你改进了风险管理体系，你就可以被允许持有更少的资本。不过，当人们开始系统深入地研究风险时才发现，金融市场中的风险数量事实上远远超过人们的想象。对于没有按 VaR 模式管理风险的银行而言，8% 的资本充足率水平实在是太低了。明智的办法是提高整个银行业的资本要求水平，同时对执行 VaR 模式的银行给予相应的优惠条件。然而，这种思路在政治上是不可行的。于是乎，各方进行了魔鬼式的谈判来试图达成规则上的妥协，以使应用 VaR 模型的银行可以将资本充足率水平降至8%以下。达到这一目的有很多途径方法。回测检验不再被严格要求，或者几乎是废止了。在巴塞尔Ⅱ早期草案中作为关键要素的压力测试也被一带而过，在巴塞尔Ⅱ的资本要求中充斥着乐观的假设。

在巴塞尔Ⅱ的形成乃至实施过程中，2002—2006 年市场波动性显著降低也起到了一定的作用。每当人们发现了更多风险时，市场波动性就出现降低，以至于所计算出来的资本要求水平可以保持稳定。当然，每个人都心知肚明，市场波动性可以再次升高，使得资本要求升高至8%以上。人们期望这种情况直到新的资本规则开始实施之后才会发生。在这种情况下，只有政治目的才会促使提高非 VaR 银行的资本要求。

我对那些参与此过程的人们报以同情之心。巴塞尔Ⅱ的实施极大改善了风险管理，而资本要求水平也没有降低，只不过没有提高到与新的金融环境形势所适应的程度。巴塞尔Ⅱ并不是导致最新一轮金融危机的原因，相反它使这场危机的爆发变得比以往更加温和。另一方面，我能够理解为何大多数人相信是巴塞尔Ⅱ加剧了危机的爆发，以及为何本书的作者指责 VaR 是本轮危机的肇因。

VaR 的问世实际上促成了超出金融层面的变革。对于概率分析中存在的诸多问题，你需要先定义价值标准。你应该小心阐明让这个价值标准具有存在意义的环境，以及明确你从有价值数据中所能获得的运用结果范围。关键的步骤在于，你接下来需要估算自己的观察样本处于正常状态下的概率水平。直至你能够准确完成以上工作，你才能对外发表你的估算结果，让人们自己去决定如何做出最终的交易决策。一旦你拥有了一个可靠的计量分析系统，你就可以有把握地在大量数据的基础上做出预测。这将比传统的忽略 VaR 计算的概率分析更加可靠。更重要的是，VaR 值及 VaR 断点的变化情况将会被人们证明是充满信息含量的，甚至比人们想象得更富含有价值的信息。

　　当然，证明 VaR 的价值非常困难，远远难于按照标准的统计分析程序计算未经检验的数据。但我确切地知道，没有任何方法能得到信心十足的统计结论。如果你不能勇敢地依据统计结论作出决策，那我也就无能为力了。

致　谢

　　本书的问世要归功于许多人。当我说出本书的构想时，威利出版社（John Wiley & Sons）的帕姆拉·基森（Pamela van Giessen）女士就满口赞同，她很快意识到这样一本书的必要性何在。在我成长为一名作者的过程中，帕姆拉给了我决定性的帮助，向我提供了许多非常有价值的建议和支持。她的出版社团队也同样一如既往地展现出合作精神。在此，我要对艾米莉·赫尔曼、斯坦奇·费希克塔和塞门·布兰克给予我的有力支持表示衷心感谢！

　　我要感谢纳西姆·塔勒布和阿伦·布朗给予的紧密合作。这两位金融精英向我展示了他们的真知灼见。他们既是成功的市场人士，同时也是优秀的思想者。对于我们大多数人而言，要实现其中任何一个目标都比登天还难。但数十年来，他们在这两个领域都建树颇丰。

　　我要感谢我的父母，是他们给予我无私无尽的支持。他们乐于见到我写作，因为他们知道我喜欢。同时他们也很高兴地看到，某人的观点会经由一个信誉卓著的传播平台在世界范围内流传。

　　我要感谢艾洛伊·加西亚（Eloy Garcia）教授，他在美国大学第一次将 VaR 的知识教授给我。他在 1996 年的课程迫使我专心学习衍生品、风险管理和金融模型知识，从而改变了我的人生。作为这个世界上最为痴迷的财经书虫（每当搬到一个新城市，他做的第一件事情就是外出寻找最好的专业书店，并顺理成章地成为那里的常客），加西亚教授还高度评价了本书写作的价值和重要性。

最后，我要感谢那些一直致力于维持金融体系良好运转，并保护其免受贪求意外之财的家伙破坏的银行家和监管者！